静待花开

家庭教育指导用书

朱梅林　主　编
武晓伟　副主编

图书在版编目（CIP）数据

静待花开：家庭教育指导用书 / 朱梅林主编 . —北京：知识产权出版社，2019.9
ISBN 978-7-5130-6407-1

Ⅰ.①静⋯　Ⅱ.①朱⋯　Ⅲ.①家庭教育　Ⅳ.① G78

中国版本图书馆 CIP 数据核字（2019）第 182736 号

内容提要

珠海妇女发展研究会成立五年多来，发挥高校学科专业资源优势，在珠海市及高新区开展上百场家庭教育讲座、工作坊、沙龙的基础上，组织既有教育学、心理学专业背景，又有丰富家庭教育实践经验的专业力量研究了家庭教育学的课程体系，编写了本书，希望引导家长掌握科学的教育理念和方法，在教育孩子的同时也实现自我教育。本书分上、下两篇，上篇为家庭教育的理念与思维架构，下篇为家庭教育的课程体系，是一本教育意涵深刻又通俗易懂的家庭教育手册，既有国内外家庭教育领域中最前沿的理论和知识，又贴近中国家庭教育的现实，能够为家庭教育实践者有针对性地提供指导建议。

责任编辑：李海波　　　　**责任印制：刘译文**

静待花开：家庭教育指导用书
JINGDAI HUAKAI: JIATING JIAOYU ZHIDAO YONGSHU

朱梅林　主　编
武晓伟　副主编

出版发行：	知识产权出版社 有限责任公司	网　址：	http // www.ipph.cn	
电　话：	010—82004826		http // www.laichushu.com	
社　址：	北京市海淀区气象路50号院	邮　编：	100081	
责编电话：	010—82000860 转 8582	责编邮箱：	lihaibo@cnipr.com	
发行电话：	010—82000860 转 8101	发行传真：	010—82000893	
印　刷：	北京嘉恒彩色印刷有限责任公司	经　销：	各大网上书店、新华书店及相关专业书店	
开　本：	720mm×1000mm　1/16	印　张：	16.25	
版　次：	2019年9月第1版	印　次：	2019年9月第1次印刷	
字　数：	248千字	定　价：	58.00元	

ISBN 978-7-5130-6407-1

出版权专有　侵权必究
如有印装质量问题，本社负责调换。

序言

　　家庭态是生命的层级性递进延续的基础和社会稳定、繁荣发展的最基本要素，社会越发展越凸显家庭教育·学习态的重要性：社会发展的竞争性、国家间的竞争性、学校教育的竞争性等，归根结底都是人才之间的竞争，而人才皆源自良好的、有远见的家庭教育·学习态环境，即家庭教育·学习态塑造了人才的雏形，为人才的摇篮。

　　全社会都开始重视家庭教育，家庭对孩童的教育尤其重视，可以说是费尽心思、不遗余力。但家庭教育的方向，即为什么教育；家庭教育的内容，即教育孩童什么；家庭教育的思维和方法，即怎么教育，这些实质性的重要内容却缺失或非常模糊，并极易受环境浮动因素的影响，基本是跟着所谓潮流走，可以形容之为：一个视力模糊、腿脚不好的教练试图教导一个懵懂的孩童攀登珠穆朗玛峰！

家庭教育，一方面是教育者，另一方面是学习者，二者应该同向而行。教育者应提前学习、提高自己，超越学习者的实际状况，比学习者至少领先半步、一步、几步，即教育要导引、指领；学习者则要能够跟得上，且步履稳健、越来越快，最终超越教育者。能不能跟得上，能不能超越，则取决于学习者的主动力、能动力！所以，家庭教育是家庭"教育和学习"，这是同一个事物的两个方面，割裂开来认识是严重的理念错误。因此，家庭教育的完整表述应该是家庭教育·学习态：教育态和学习态同向；从前者指领、后者跟随，再到后者超越；后者的主动力、能动力至为关键！

现代社会的发展凸显家庭教育的重大意义，然而家庭教育·学习的施教者由于历史或传统和现实及个人原因，绝大多数仅有希冀孩子的愿望，并不具有成就趋近愿望或实现的过程教育能力，多种因素致使其教育能力不足，甚至严重欠缺，这就提出了家庭教育要现代化的问题。这个问题有两个方面：一个是家庭教育的功能转移为社会功能，由社会机构来完成，或由社会功能机构举办家长教育学校，使家长成为合格的家庭教育·学习的教育者；另一个是建立家庭教育·学习的非标准化指导性架构体系。其实，这早已经是现代社会发展和家庭发展的迫切需要。可以说这一问题的两个方面会影响到每一个家庭，会影响到21世纪中叶我国现代化事业宏伟目标的实现。

教育的目的是满足社会发展需要和指领社会发展方向，目标是培养适应未来社会发展的竞争性人才；学习是为了应对未知，应对未来。

教育·学习强，则中国必强！

梁培忠

珠海市高新区党委委员、管委会常务副主任

前言

教育不只是学校和老师的事情，任何人的成长都受到家庭教育、学校教育和社会教育三方面的影响。在这三者中，家庭教育给予孩子一生的影响要远大于学校教育和社会教育，家庭教育好比植物的根苗，根苗茁壮才能枝繁叶茂、开花结果。良好的学校教育是建立在良好的家庭教育基础上的。良好的家庭教育会融入孩子的血液，深入孩子的骨髓，对孩子产生深远并难以估量的作用。

高尔基说："爱护子女，这是母鸡都会做的事。然而，会教育子女，这是一件伟大的国家事业了。"因为我们的下一代成为什么样的人，不仅影响一个家庭的前途和命运，影响几代人的幸福，而且影响整个国家的前途和命运；不仅影响当代的社会繁荣与进步，而且影响国家的长远未来。

家庭教育绝不仅仅是家庭和个人的小事，不是每个家庭范畴的微观问题，而是事关国家与民族兴衰的大事，是一个国家民族大业的宏观问题。习近平总书记曾说"家庭是人生的第一个课堂",他在《习近平谈治国理政》第二卷中,特别对家庭、家教和家风及其相互关系的问题作了专门论述,可见他对我们全党和全社会都要注重家庭、家教和家风建设问题的良苦用心。

2019年1月18日,在2019年全国教育工作会议上,教育部部长陈宝生对家庭教育提出新要求,"要加强对家庭教育工作的支持,通过家委会、家长学校、家长课堂、购买服务等形式,形成政府、家庭、学校、社会联动的家庭教育工作体系。家庭教育专业性强,需要科学系统的指导,今年要研制家庭教育指导手册和家庭教育学校指导手册,针对不同学龄段设置课程、开发教材、举办活动,引导家长掌握科学的教育理念和方法"。由此可见,教育部已经深刻意识到家庭教育牵涉到培养什么样的祖国接班人的大问题。教育部强调设立专项经费,整合整个社会资源,动员各方力量,以多种形式让广大家长接受家庭教育。

为什么一定要教育家长,强调家庭教育,强调对家长的培训与提高?陈宝生部长讲得很清楚:因为"家庭教育不到位,不仅会抵消学校教育的效果,还会给孩子发展造成一定的消极影响"。

太多家长把教育孩子当作老师的任务,把孩子送去学校就万事大吉。但学校教育毕竟功用有限,一个老师面对几十个孩子,想要做到因材施教本来就难,可是,就算在学校里费力培养出的好习惯,回到家里,遇到完全不懂教育法则的父母,好习惯马上付诸东流。所以,通过教育家长,推进家庭教育,对于广大家长来说,既有利于孩子的健康成长,也明确了家庭具有教育子女不可推卸的责任担当。

当今时代,政府之所以提出把家庭教育纳入公共服务领域,主要是因为家庭教育专业性很强。没有比父母在培养孩子时所用的智慧更为复杂的事了。父母对孩子的教育是耗资巨大、耗时最长,无可与之比拟的创作,是不能返工、推倒重来的高质量精神劳动,需要父母具有持久的、顽强的、巨大的毅力。为此,家长们需要科学系统的家庭教育知识,以及根据自己孩子的性格与特点教育子女的具体指导。家长通过言传身教给孩子上好人生第一课，成为孩子的第一位老师，使家庭成为孩子的第一所学校。

珠海妇女发展研究会成立五年多来，发挥高校学科专业资源优势，在珠海市及高新区开展上百场家庭教育讲座、工作坊、沙龙的基础上，组织既有教育学、心理学专业背景，又有丰富家庭教育实践经验的专业力量研究了家庭教育学的课程体系，编写了本书，希望引导家长掌握科学的教育理念和方法，在教育孩子的同时也实现自我教育，成为有道德、有理想、有教养的人。

人类有史以来，家庭教育是一个永恒的主题。中国人一向重视"家庭"在个人成长过程中的作用，家庭既是一个人的人生起点，也是一个人梦想起航的地方。每个家庭只有既承担起"帮助孩子扣好人生的第一粒扣子，迈好人生的第一个台阶"（习近平语）的重担，又承载起帮助孩子"在为家庭谋幸福、为他人送温暖、为社会作贡献的过程中提高精神境界、培育文明风尚"（习近平语）的重任，培养出来的孩子才能够在"自觉承担家庭责任、树立良好家风"以及为社会作出有益贡献等方面打下良好的思想基础、品德基础和人格基础。愿本书对热爱孩子的家长们大有裨益。

朱梅林

2019 年 5 月

目录

上篇　家庭教育的理念与思维架构

第一章　教育·学习态与人生层级——从小孩子教育谈起 ……003
　　导　语 ……003
　　第一节　成长阶段的教育·学习态 ……005
　　第二节　生活方式的层级 ……009
　　第三节　教育的本质是观念和思维，学习的本质是
　　　　　　改变和变革 ……011
　　结　语 ……012

第二章　构建教育·自我学习的思维架构体系 ……013
　　导　语 ……013
　　第一节　培育孩子的方向和目标 ……016
　　第二节　家庭教育 ……020

第三节	认识学校教育	034
第四节	家庭教育与学校教育的差异、冲突与融合	039
第五节	家庭教育与学校教育的中间地带	041
第六节	主动、能动教育与主动、能动学习	043
第七节	提高我们的辨识能力	045
第八节	构建教育·自我学习的思维架构体系	049
第九节	教育向何处去	050
结　语		051

下篇　家庭教育的课程体系

第三章　家庭教育应树立的核心观念 055

本章概要 055

第一节　教育孩子是一门科学，也是一门艺术 056

第二节　父母需要成长：没有谁天生就会做父母 065

第三节　家庭关系干系重大 072

第四节　孩子在不断解决问题中成长 080

参考文献 086

第四章　家长应如何对待孩子 087

本章概要 087

第一节　尊重孩子 088

第二节　理解孩子 094

第三节　让孩子感受到爱 100

参考文献 105

第五章 家长应具备的教育能力 ... 107
- 本章概要 ... 107
- 第一节 引领的能力 ... 108
- 第二节 情绪的自控能力 ... 111
- 第三节 沟通能力 ... 118
- 第四节 家庭环境营造能力 ... 122
- 参考文献 ... 129

第六章 家长需要处理好的各种关系 ... 131
- 本章概要 ... 131
- 第一节 家长与自我的关系处理 ... 132
- 第二节 同胞关系处理 ... 143
- 第三节 夫妻关系处理 ... 150
- 第四节 隔代关系处理 ... 158
- 第五节 单亲与离异家庭关系处理 ... 162
- 第六节 家长与教师的关系处理 ... 168
- 第七节 孩子与朋友的关系处理 ... 174
- 参考文献 ... 181

第七章 不同阶段儿童的身心发展特征与教育 ... 183
- 本章概要 ... 183
- 第一节 婴幼儿期（0~3岁） ... 184
- 第二节 幼儿期（3~6岁） ... 195
- 第三节 儿童期（6~12岁） ... 205
- 第四节 青春期（12~18岁） ... 217
- 参考文献 ... 223

第八章　家长教育的内容 225
　　本章概要 225
　　第一节　学业支持 226
　　第二节　独立生活技能的培养 230
　　第三节　人际关系技能的培养 232
　　第四节　健康安全教育（性教育）................................ 236
　　第五节　情感支持 240
　　参考文献 245

后　　记 247

上篇

家庭教育的理念与思维架构

JIA TING JIAO YU DE LI NIAN YU SI WEI JIA GOU

第一章 教育·学习态与人生层级
——从小孩子教育谈起

导 语

一个人的构成有两个方面，身体的和精神的，身体是精神的载体，精神是身体的导引，导引着人们的日常生活和社会活动。从出生开始，这种关系就伴随着人的一生。人必须首先追求身体的健康，没有健康的身体，精神内容的植入和内涵的形成及发展就会受到限制，无疑会局限个人的选择和发展。如果身体正常、良好，精神内容的植入就至为重要，因为它将决定一个人所能达到的人生层级和在社会架构中的位置，也即人在社会活动中所能发挥的作用。人们判断、区别一个人，不是根据他的身体状况如何，而是根据他所能达到的或者说所具有的精神层级和层面及在社会活动中的实际作用。一个人具有的精神内质决定了他的生命状态，决定了可能达到的社会位置及作用。所以，拥有健康的身体、一定的物质财富及比较高的精神内质成为人们的共同追求；身体健康相对容易达到，一定的物质财富经过艰苦努力也可以获得，而相对比较高的精神层级的达到即精神财富的实现则不容易，要更为困难，甚至困难得多。这在现实中表现为：在身体健康的前提下，追求物质财富的人远比追求精神财富的人多得多，除了人的本能之外，还因为前者远比后者容易实现，但是前者的代际传承极其有限，而后者的传承却极其深远，成为人类的文化财富而世代不朽。

21世纪中叶，我国的发展目标是：建成富强民主文明和谐美丽的社会主义现代化强国；成为综合国力和国际影响力领先的国家；全体人民共同富裕基本实现；中华民族将以更加昂扬的姿态屹立于世界民族之林。这个伟大目标的实现，需要正在奋斗中的一代人继续不懈努力奋斗，需要正在学习中成长的一代人努力奋斗，特别是现在处于婴幼儿、中小学生时期的一代，他们将是实现我国现代化宏伟目标的主力军，他们是伟大事业的接力者。事业需要后来人，使这一代人成为国家未来优秀人才，是每一个家庭的期盼，是全社会的期待，更是教育工作者义不容辞的责任。

在竞争中发展是社会发展的基本规律，国际之间的竞争、国家内部的竞争，其实质都是人才的竞争；而培养适应未来竞争型人才的竞争，则至为重要，是第一位的。这集中表现在学校教育的竞争性，但其竞争优势的根源则在家庭教育：人才源自家庭的教育和学习！

成功的家庭教育奠定了小孩子的思维观和人生观的核心，使他知道自己去往哪里，懂得应做什么和不应做什么，并会自觉努力。而这需要家庭教育的教育者具有中国文化底蕴和思维，能够指领他确立自己的人生方向、在未来社会中的欲达位置和作用，以及必须要达到的阶段性目标，导引他自觉自愿地经过不同一般的努力去趋近和完成。

本章力图从教育·学习与个人所能达到的在社会生活架构中的位置，说明在小孩子成长中的一些实质性重要问题。

一个人的成长，从个人生活角度看，一般经历被理、自理、独立、自立这四个阶段。如果从接受教育的角度看，是被动接受、主动接受、能动接受这样的过程；如果从学习的角度看，则是被动学习、主动学习、能动学习的过程。

当然，并不是所有的人都完整地经历了这些阶段和过程，而且经历的时间节点也有很大的差异。一个人处于不一样的生活环境和教育·学习态，他的生活方式是不一样的。生活方式有个形成过程，生活方式不同，人的一生是不同的。生活方式大致可以划分为被动生活方式、主动生活方式、能动生活方式、特有生活方式这四个层级。第四种生活方式可能只是部分人具有。

第一节　成长阶段的教育·学习态

一、被动教育成长阶段

这个阶段的初期就是婴幼儿时期，这个时期婴幼儿生活不能自理，需要成年人全方位教、习、帮助，即处于由被动认识到被动接受，再到适应被动、习惯被动这样一个阶段，这也是婴幼儿身体和心智全面迅速成长的时期。这个时期家长或教育者是被动的，婴幼儿或学习者是被动的，双方都是被动的，因此，也可以称为双被动阶段。一般家长认为婴幼儿什么都不懂，什么都不会，总是担心出现这样或那样的问题，于是就代替孩子做几乎所有的事情。

在这个阶段，家长的教育主导思想、思维和做法应该是：告诉他家长在做什么，为什么要这样做；家长要由开始的代替、帮助适时地逐渐过渡到示范、演示，不要继续代替，可以适当辅助，也就是教他自理；同时，建立时间和效率观念，什么时间做什么事，一件完成再进入下一件。婴幼儿能拥有的自理能力，其实超出父母想象。例如，幼儿园小小班的孩子，入园一周之内，就能基本学会自己穿衣服、吃饭，而且很有效率，说明他是可以做到的，而做得慢的、没有做到位的则与其家庭环境中的某些因素有关，当然老师负责任的程度也是其中重要因素。

这个阶段主要就是基本生活认知的被动教育、被动接受，如形象世界、生活常识、自理能力、基本伦理道德、自身安全等，不断地重复和固化，属于感知，属于建立概念和观念的基础阶段；这个阶段持续到 2 岁半至 3 岁，有些则持续时间更久。

双被动阶段可能持续比较长的时间，主要看家长的教育方式和内容。如果家长一直是被动教育甚至是被迫教育，孩子是被动接受甚至是被迫接受，那么双被动期就长，甚者可能持续一生。如果在被动教育中蕴含主动教育，即能随着婴幼儿身体和意识的成长适时转变为有引导的主动教育，则被动期就结束得早，一般在不到 3 岁，或 2 岁半左右，甚至更早就可以进入被动和主动的混合期。

家长要注意，孩子是由被动教育到被动接受开始的，之后适应了被动、习惯了被动。这是家长被动教育的结果！一般孩子在被动接受教育过程中会出现所谓和家长对着干的"叛逆"心理和行为，这应该是孩童主动意识的觉醒，是孩童主动性的表现，这是从量变到质变规律在发生作用。家长不要一味认为这是孩童的叛逆期行为！不要认为，孩子由和家长同向到出现偏向甚至反向，就是不听话了，如果偏离严重，就谓之叛逆、逆反！家长要认真审视自己的教育方向、内容和方式！有些家长教不了孩子了还不承认，并拒不改变，仍然认为自己是无比正确的，给自己找一个冠冕堂皇的理由推卸责任。

孩子逆着家长，结果无非是：家长讲道理让孩子接受，家长强迫孩子接受，或者一方妥协，或者双方都妥协。作为家长，最关键的是要分析原因，将被动教育方式适时改变为主动教育方式，即加强引领或导引。有些家长不懂改变，不会改变，只会不知所措地让步，再让步，孩子则得寸进尺，最后家长无可奈何地管教不了孩子了。有一部分强悍的家长则强势要求孩子继续接受其教育方式和内容，结果导致双方出现严重的心理疏离和对抗，甚至就这样持续到孩子的青春期。其实家长和孩子都没有弄明白为什么会成为这样子，尤其是家长也没有想去弄明白为什么会成为这样子，因为家长自己就是这么长大的。

二、被动、主动混合期

被动、主动混合期一般持续到孩子 6 岁，但不应该晚于 8 岁。在这个阶段，有被动、有主动，趋向于主动。孩子在这个阶段开始不断扩展和深化生活常识、日常行为学习，开始认知社会，包括形象世界、人际关系常识、自理能力、基本伦理道德、自身安全的深化和固化，开始学会思考，形成自己的思维，属于概念、观念、逻辑形成阶段；这个阶段的孩子生活可以自理了，开始自主学习，自己的事情自己做。需要注意的是，有些人一生都处于这样的阶段。

在这个阶段，孩子的主动意识觉醒，会表达自己的想法，提一些要求。这时家长要顺应他的想法，给他充分的话语权，搞清楚他想表达什么，想做什么，想要达到或满足什么，要鼓励他表达，教他学习选择，并且让孩子明白选择了就要担当、就要负责。家长不要不经思考就直接拒绝，如果拒绝他的话语权，拒绝他的思考、尝试，可能的结果是：他不再表达什么，可能会悄悄地尝试做；或者表现激烈，和家长对着干，拒绝合作。如果他赢了，那么就会形成规律，家长从此逐渐丧失主动权；如果他输了，可能乖乖的，也可能埋下抗拒的种子。所以，家长一定要给他讲道理，告诉他为什么，如果家长是有道理的，不能妥协绝对不妥协。在这个阶段，家长要适时地从被动教育转变为主动教育，家长的主动导引与解答非常重要。导引的重要内容仍然是认识生活、认识世界，也就是家长要增加教育的内容，方式是导引；阅读是一种很好的方式，从书里看世界，是认识世界的重要方式之一。

在这个阶段，如果有条件，家长应带着孩子看世界，看世界的不同，而不是那种风光旅游。比如，地域不同，自然环境不同；城市不同，风格不同，人不同；同一个地方，阶层不同，生活状态不同，想法不同，等等。主要是看不同，要多问为什么。家长应主动询问，主动导引，主动解答；不要简单化，更不能错误解释，因为家长进行的是认知、观念、逻辑教育！

三、主动学习期

所谓主动，就是自发的、不需外力推动的有目的、有目标的心理驱动和行为。孩子从 8 岁开始，逐步进入接受学校系统性知识教育学习阶段，并开始初步认识、学习社会生活，一般生活性常识教育结束。进入主动学习期的孩子，能够适应学校教育，很好地接受并完成学校教育内容，并且能够主动扩展知识学习的内容和范围，能够进一步自理、打理自己，形成自己的生活习惯和方式；孩子有帮助别人的意识和行为，但对自己未来的定位还不清晰。这时候影响力最大的就是老师，孩子会把老师作为楷模。

孩子到 10 岁多，能认识大约 2500 个汉字，完全可以借助词典自己学习，阅读很宽泛，但是需要有一个学习方面的导师，毕竟个人摸索学习的效果和效率是有限的。这个阶段孩子有自己的生活习惯、生活规律，许多观念开始形成。

家长应清楚：为了学习而学习，为了成绩而学习，为了满足家长的愿望和要求而学习，这不是主动学习，这是很严重的被动学习状态。

四、主动向能动过渡阶段

主动向能动过渡阶段，主动中含有能动。能动，专业解释是：对客观事物积极的、有选择的反应，特点是思维与实践的结合，主动地、自觉地、有目的地、有计划地反作用于外部世界，表现为认识世界的能力与活动（想）、改造世界的能力与活动（做）、在认识世界和改造世界中所具有的精神状态。笔者的解释是：有意识地认知、变革客观存在（包括观念）的持续性行为。能动与主动的重要区别是变革。

这个过渡点一般发生在初三或高一年级，或者再晚一些，部分也会发生于大学期间。比较突出的特征是：学习的方向性明确，有方向感；学习的目的性明确，有目标感；会安排时间，效率高，有强烈的时间感；课外阅读不会减少，还会增加；学习专注，比较轻松。他们很清楚自己要去往哪里，知道怎么做，并努力去做，能达到目标；逐渐会形成他们自己的学习方式，特别专注和高效。

处于初中阶段的学生一般已经能够自理，并具有独立性。

五、能动学习期

少部分学生的能动学习期发生在高二、高三年级，并会延续下去，有些大学生也会进入能动学习期。这部分学生方向感明确，目标感、时间感强烈，时间安排紧凑，效率很高；课外阅读范围可能缩小，但深度和精度加强，阅读量更大，更专注某些知识领域；还会积极参与学校的学生活动。他们很清楚自己要去往哪里，知道怎么做，并努力去做；同时，他们会形成自己能动的学习方式、生活方式。

从高中开始学生一般就能独立打理自己了，选择能力也是比较强的。这时也开始具有自立意识和行为。自立的主要特征是主动，有想法，会导向；知道做什么，不做什么，有问题知道怎么寻找解决的方式和方法，而且会询问。不同的阶段自立内容不同，一般自己会安排时间和事情，不被干扰。一般中学生开始形成这种能力；经济方面除外。

主动性、能动性的学生自立意识和行为开始比较早，有的从大学阶段开始，包含不以挣钱谋生为目的的经济自立行为，不包含单纯为解决生活费欠缺压力的目的性挣钱行为，因为这是被迫经济自立。大学教育阶段结束以后，一般有工作、有经济收入，不需要外部经济支持支援，这时进入自立阶段。

在学校教育学习过程中，能动性学习的学生成绩和能力表现处于学生群体的上位，一般会选择进入超一流大学继续学习；主动性学习的学生处于中位，而被动性学习的学生处于低位。也有一些学生通过大范围大量习题训练获得很好的考试成绩，但这仅仅局限于考试成绩，属于被动应试学习，入学后即显现包括学习在内的能力不足，甚或严重不足。

学习不是应试，生活更不是应试，而是应对未来，应对未知！

第二节　生活方式的层级

一个人在教育、学习的成长过程中会形成自己的生活方式。生活方式是指满足自身生活需要的全部活动内容的行为特征，包括日常生活。一个人应该具备的具体能力有思想力、思维力、工作力、学习和交流力、生活力。与教育、学习方式相对应的是被动生活方式、独立生活方式。独立生活方式又可以划分为三个层级：主动生活方式、能动生活方式和特有生活方式，也就是从生活方式看是从被动到积极主动，再到积极创造，最后达到创造的实现这样的过程。

被动生活态是人们必经的一个阶段，主动生活态是多数人的生活态。工作、生活、家庭按部就班，积极谋求改变自己的外部状态，多限于在既定环境内的改变和既定能力内的改变，这可以说是比较低度的主动态，属于随舞人生。比较高度的主动态是积极谋求自我内在的改变，增加自己的内涵，提升自己的思想力和思维力，进而提高自己的内在能力和外在能力，以谋求与环境的协调性，可以形容为擅舞人生。这种已经趋向于能动态了。

达到能动生活态的人们，一直在能动地思考、学习，一直在提高思想力、思维力，一直试图改变、变革与创造，在别人看来已经很好了，却不安于现状，还是继续努力，因为他们一直试图掌握生活的主动权、主导权，属于意欲领舞人生，谋求事业更有成就。

达到特有生活态的人除了具有能动生活态的特点之外，其更大特点就是知道自己要什么，有独立的人格，不受干扰，不依赖别人，特别是在情感上，懂得边界；他们善于布局、控局，有自己的事业领域，他们谋求导舞人生。有的是无心插柳柳成荫，导局、创局是他们的追求。其中一部分人仍会追寻更高境界，创造独有领域，意在创舞人生。

这里提到的"情感"是一个含义很广的词，不是狭义范畴的。依赖性强而独立性差是一个很普遍的现象，包括隐形依赖，就是没机会依赖。具有隐形依赖的人可能很孤独，但不是孤寂；孤独被认为是一种性格，而孤寂是一种生活方式。拥有特有生活方式的人在很大程度上属于孤寂的人，独与精神天地往来！如《庄子·天下篇》所述："独与天地精神往来，而不敖倪于万物。不谴是非，以与世俗处。"

生活方式无所谓好或不好，不影响他人就好，个人喜欢、合适就好。但可能别人会看不顺眼，感觉不舒服，会视其为另类。

生活方式尽管层级分明，但不是绝对化的，会有混合，即被动中会有主动，主动中会有能动、被动，能动中也含有被动。生活方式有主流与非主流的区别。

很多成年人尽管自立却没有自己独立的生活方式，甚至是年龄很大的成年人，有些方面还处于被动生活态，就是具有依赖性。如果一个人没有自己比较独立的生活方式，那必定在某方面或某几方面是一个很黏人的人、很依赖人的人，可能会更重小我，其发展格局是比较有限的。

据此，我们可以推断出独立生活方式与一个人生活状态的关系。独立生活方式程度相对比较低的人，他的生活状态也处于相应的低水平（不包括外部支持、支援）；独立生活方式程度比较高的人，其生活状态相对要更好。因为低层度的人可能更纠结于个人方面的诸多事情，而高层度的人这方面的事情本身就少，因此更专注，目标指向性更强，行动力更为强大、直接，在社会生活中的作用会更大。

具有高层级独立生活方式的人不一定讨人喜欢，甚至会让人讨厌，因为独立生活方式程度越高的人，其个性越强，尽管他的某些生活内容可能让人艳羡。不同的生活方式造成了人与人之间的距离和间隔。所以，从外在来看，人与人之所以不同，在很大程度上是他们的生活内容和方式不同。

针对生活方式的上述四个层级，家长要培育孩子到哪一层级呢？家长要不要把孩子培育到独立生活方式这一高层级呢？这值得家长深入思考。层级高，就意味着他是社会人，个人时间少，会顾不上家人。骄傲中的忧伤和寂寞，生活就是这样！

第三节 教育的本质是观念和思维，学习的本质是改变和变革

人的一生，从其教育·学习的态，到其生活方式的态，就其主流来说，不同的人经历不同，由低到高大致可以形容为被舞人生、随舞人生、擅舞人生、

领舞人生、导舞人生、创舞人生这六种状态。这是一个变动的锥形架构态。被舞是底层，是必经态；随舞是多数人的态；越往上，人数就越少；创舞是最高态，是很少人才有的态。一般来说，大多数人只能经历其中几阶，绝少有人全部经历。

教育·学习态不同，一个人经历的人生成长阶段及其时间长度不同，他的人生方向和速率不同，他所能达到的人生层级也就不同。

家庭同时也孕育了一个人的精神基础，给他植入了观念和文化，尽管范围和深度不同。重视家庭教育，重视的是小孩子未来所能达到的人生层级，因为人生层级不一样，他在社会架构中的位置和作用就不一样。所以，教育孩子教育的是他的自理、独立、自立能力，培育的是他的主动、能动力，促使他最终形成自己的生活方式。而培育这样的孩子，家长必须要有基本的中国文化内涵和自律性。

教育者应特别注重自身的学习力和教育力，被教育者应特别注重自己的学习力。教育力包含了教育的主动力和能动力；而学习力，其中极为重要的是学习的主动力、能动力。教育力就是引领学生的学习力与社会发展趋势同向的能力，致力于将来能够引领社会某一领域发展。学习的方向和目标就是不断提升自我能力，谋求改变和变革！但是切记：一切都要审时度势，量力而行，不要为了满足愿望而做超过能力的事情，因为美好都是有时点性、节点性的，永无止境，过犹不及。

结　语

教育的实质是观念和思维，学习的实质是改变和变革，即行。所以，教育·学习的实质是认识到事物的本质，并找到最适合的方法解决之。

第二章 构建教育·自我学习的思维架构体系

导 语

社会对教育有严格的要求和迫切的需求，但优质教育的供给却远远达不到我们的渴盼。教育是一个过程，它是通过学习进行的。教育的对象是学习者。学习有两个层面：一个是通过书本或课堂进行的学习；另一个是通过实践学习，进而转化成学习者自己的文化科学知识体系。教育和学习，两者相辅相成。

为什么要教育？为什么要学习？为什么追求优质教育资源？我们每个人在社会生活的结构中，无论情愿与否，都有自己的位置。你的位置不同，你的生活态、人生态就不同。一个接受过良好教育的人，一般在社会生活结构中的位置居上；反之则偏下。对优质教育的追求，实际上就是在追求自己以后在社会生活结构中的那个较高的位置，也就是实现自己的人生梦想，成就更好的自己。

社会生活结构由很多领域构成，每个领域都有独自的结构和层级。有多少层级，则要看需要，要看基础和每一层的材料。每一层级都有各自的层面，层面是有维度的，由一个个点构成。每一层的材料也是不同的。

我们可以把社会生活的各个领域形容为锥形结构。这个结构的每一层级有它独特的作用，其风景也不同。各个层级之间相互支撑，别人在支撑着你，同时你也在支撑着别人，获得与付出同在。

锥基是大地，是大地在支撑。我们常把大地形容为母亲，因为母亲像大地一样承压巨大。顶层是眺望无限风光的地方，美景尽收眼底。可它的压力也是最大的，风袭日晒雨浸，雷轰电击鸟栖，可想而知它承受多大压力。

社会生活领域的这个锥形结构，是无形的，也是有形的。它在不断运动、变化中。结构、维度、高度都在变化，所用材料也在改变。社会这个大锥形结构，由很多小锥形组成，彼此之间相互联系、共助、互生。一般来说，每个人在社会这个锥形结构中都会有自己的位置，你或主动植入，或被动置入。当然你也可以处于游离态、备用态或弃用态。

为什么要受教育呢？教育是教你认识这个世界的思维，学习知识、技术，并与它相处、共生的方式和方法，逐渐形成你的思想、理念、思维、方法体系，并进一步完善它，帮助你在社会中找到最适合的位置，以应对未知、应对未来。教育，它是一种外力！

学习则是一种内力。它让你主动接受教育，去认识、探究未知的世界，主动与世界接轨、共生。如果一个人不主动学习，把强大的教育这个外力转化为内力，那么，再好的教育作用也是有限的。

教育和学习之间是一个系统问题。教育，从个体来看，就是一个从被动接受教育到主动接受教育并主动学习、能动学习的过程；学习，就是一个不断纳入知识并把知识转化为智慧的过程。如果一直是被动学习，被迫学习，那么人生必定是被动的、被迫的。没有人愿意被动、被迫，追求主动、能动应该是人的本性之一。

教育强的真谛是学习强，学习强才能中国强！强，即抛弃被动，源于主动，进而能动，生发创造力！集中表现在思想、理念、思维、方法、执着方面。从大体上讲，人与人的区别，人在社会中的位置，即源于此。

所以，我们教育孩子的目的是让孩子有能力成为对社会有贡献的人；教育过程在于建立孩子自己的思想、理念、思维、方法体系的雏形。家长教育的定位：教，是为了不教。因为孩子的路终究只能由孩子自己走，家长是替代不了的。

教育的目的是什么？教育需要教什么，怎么教？古往今来，这些一直是存在争议的问题，而随着时代的发展，工业化、现代化、全球化、智能化等进程的加快，争论愈加广泛、不休。

我们的学校教育，从幼儿园到大学都为标准教育，这构成了我国的标准教育体系。教育对象不同，标准不同。标准教育主要是最基础的文化知识教育和基础专业知识教育。而从婴幼儿开始的家庭教育，一直到以后的小学、初高中的家庭教育，特别是婴幼儿期的家庭教育，是没有标准课纲的，也没有非标准课纲可循。那么，有没有家庭教育体系或架构呢？也没有！没有家庭教育标准，也没有家庭教育体系或架构，家长们是依据什么，又是怎么教育自己孩子的呢？那就要靠约定俗成、家庭传统、自我探索了，任凭家长和教育者各显神通、尽展宏图，而孩子们的表现则绚丽多彩、千姿百态。

虽然没有家庭教育标准或架构体系，但家长们总为孩子能够得到最好的教育费尽心思，不愿孩子输在起跑线上，为寻求教育的灵丹妙药甚至不惜上九天揽月，下五洋捉鳖。但最终效果似乎总是事倍功半。我们是否可以认为，轻方向、重方法，弃坚持、求捷径，似为普遍通行现象。这些问题总是在家长对孩子的教育行为上出现。

相信不少家长其实早已认识到，人才的孕育、萌芽是从家庭开始的。学校教育只是在促使其更加茁壮成长。现在许多家庭教育者在家庭教育方面的意识和能力严重不足或欠缺，他们往往只从表面上解决问题，而不注重根本。这是本末倒置的行为，结果必定南辕北辙。家长在家庭教育方面的教育作用是不可

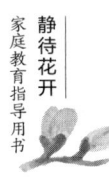

替代的。如果在孩子精神成长的重要时期，家长因没有能力教育而成为一个旁观者甚至干扰者，那么孩子对家庭的认识、对教育的态度就无法端正。

好的教育，是全社会的共同追求，因为接受好的教育意味着拥有好的未来。但优质教育资源是有限的、稀缺的，所以这只能是一个暂时得到缓解却无法根除的矛盾。

然而，寻求好的教育资源并不是我们的终极目的。我们的终极目的应该是让孩子得到全面发展，让其在某一方面更优秀，在将来能有所担当，更好地为社会服务，更好地反哺家庭。

随着现代社会的发展，教育要想现代化，家庭教育首先就要现代化。其表现就是思想、观念、思维要现代化。因为教育是培养未来人才，或者说是为未来培养人才，所以要比现在具有的现代化还要超前。为此，我们要明确并且在以下方面做到身体力行。

第一节　培育孩子的方向和目标

我们总希望孩子将来好。"好"是什么概念呢？是不是希望自己的孩子将来成为一个有用的人，在社会生活中有一个好的位置去做些事情，对自己、对家人、对他人、对社会有正向作用并有所贡献呢？

一、我们对孩子的定位：做对国家和民族发展有益、有为的人

做对国家和民族发展有益、有为的人，对孩子这样的定位是方向性和层级性定位。我们的定位有很多种，实际当中也有许多层级，例如：

（1）平安，健康，快乐。

（2）好好学习，听话，做个好人。

（3）好好学习，做大人物。

（4）出人头地，超过别人。

为什么这样定位？定位反映了定位者的思想、理念、思维和行为，反映了定位者想要什么、想达到什么目标，并且隐含了怎么达到，即达到的方式和手段。同时，定位者也会表现和传播其定位体系。

这样的定位没什么不好，只是适合与否的问题。因为很多不确定性因素的存在，因此，对孩子的定位宜具有方向性、轮廓性，不应过细。

也许你会说自己没有定位，也不需要定位，让孩子健康、自由、快乐地成长即可，在这个过程中他自然知道去做什么、怎么做。这不是没有定位，而是无意识、自由式定位。不去定位、无意识定位、自由式定位，也是一种定位，也就是潜移默化式定位。

有意识定位和不去定位，或潜移默化式定位，哪样更好一些？我们常说：大道至简，大道无形。但能够达到这样境界的家长极少，所以有意识地进行定位，显然是更为普遍的方式。

二、影响我们成功定位的因素

（一）家庭

孩子在成年之前，绝大多数时间是在家庭中生活。家庭对孩子的影响极大，孩子从模仿、效仿到形成自己的概念模式，再到思想、观念、思维的形成和固化，都会带有家庭的痕迹。

你教与不教，他就在那里以你为楷模，效仿你，并想超过你。

所以，家长需要有意识地进行教育、引导，注意自己无意识、下意识的言行。导引、指领孩子，应成为家长教育孩子的宗旨。

（二）孩子

当孩子处于成长阶段时，拥有自己的想法和意识。他们对环境有自己的反应和思维。孩子的学习能力极强，尤其是效仿能力；家长要注意观察孩子的反应和合作，了解儿童的成长规律，学习儿童心理学，以更好地导引孩子的成长。

例如，孩童的某些要求其实是在试探家长的底线。这是他愿望和能力的表现形式之一。如果这个要求被允许，他就知道在和家长的谈判中以什么方式赢得对方；如果被拒绝，他也知道了这种要求和方式行不通，然后会进行更换。

孩子对家长是具有依赖感的，家长要注意孩子的表达和诉求，对孩子的表述要给予指导。家长应以耐心、导引的态度解答孩子提出的各种问题。

（三）中间地带——社会教育

中间地带，即家庭和学校之外孩子的活动、交际、成长空间，也叫作社会教育，社会教育具有多面性。

中间地带对孩子的影响力非常巨大，具有正面影响、负面影响或模糊性的多面影响。这个地带对孩子来讲更广阔、自由、新鲜、变幻，因此更富诱惑力。家长要特别关注孩子的这个活动领域。这个空间是孩子看世界的窗口，我们可以认为是孩子进入社会的最初实习地和练习场。

孩子再大一些，家长应主动带他去接触真实的社会生活，有意识地认识人们在社会中真实的工作态、生活态，要让他去思考人们的工作态、生活态为什么会有不同，甚至是巨大的不同。这对孩子的成长会产生深刻的影响，有助于形成他的观念、思维和主动力。

（四）学校

孩子大一些会上幼儿园、小学。他们大概有 1/3 以上的时间在新环境中生活，开始接受标准教育；接触同学、老师、某些事物，开阔视野；认识、学习和处理新的人际关系，形成新的认知和观念。

注意孩子与学校教育环境的冲突，如其他孩子的表现、老师的品位等，这些方面一般来说是与学校教育同向前行的。

还要注意家庭与学校人文环境的同位阶，主要是文化背景相似、近似，易同向。如果不同位阶，孩子则会感到不适应；背景差异大，甚至可能会产生自卑心理，出现背向心理和行为。

三、各因素之间的关系及动态变化

图 2-1 显示了孩子与家庭、社会、学校的关系及变化，这是一个变化的动态图，随着孩子的年龄增加，其所处位置即活动范围会发生变化，其所受影响也处于动态的变化之中。

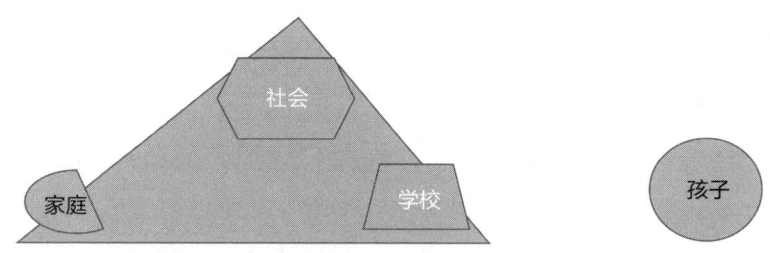

图 2-1　孩子与家庭、社会、学校的关系及变化结构图

家庭教育、学校教育、社会教育，是变化的不规则图形结构。这些结构构成了相对稳定的教育·学习架构。对于孩子的自我学习，有人把它叫作自我教育。那么，自我学习或自我教育体现在哪里呢？这个图形结构支撑了什么呢，是不是自我学习或自我教育呢？这个图形结构中几个因素的一致性、同步性是不是就成了特别重要的问题呢？如果自我这一块不同向、不同步，那么会发生什么？或者有些同向、有些不同向，抑或都不同向又会发生什么？自我这个因素在这个图形结构中的位置又是如何变化的呢？

结构图分析：

从四种因素来看，家庭教育和学校教育相对稳定，社会因素的变化比较大，也就是社会因素对自我的影响最大，导致了自我位置的变化，这个三维体结构随之变化，会出现多种态势。

从自我学习这个角度来看，孩子对家庭、学校、社会有自己的吸纳程度。吸纳程度越高，说明家庭、学校、社会的影响越大；反之则小。

当孩子处于被动接受教育，即被动学习态时，家庭、学校、社会的影响大小顺序与孩子的年龄有关，但显然家庭教育是第一位的。

当学习的主动性、能动性显现了之后，就变成了主动吸纳。这时家庭、学校、社会的作用大小就会发生变化，家庭教育的作用在弱化，学校教育就成为第一位，社会因素成为第二位。当主动性、能动性更强的时候，孩子的选择性学习凸显，一方面是满足课程学习要求；另一方面是拓展兴趣知识，即开始选择自己的方向、自己的人生，并且注重效率。教育者要明白，孩子的这种变化实质是在规划自己的人生。这就是主动、能动学习的意义。

如果家庭、学校、社会是被动教育，孩子是被动学习，即教什么就学什么，那么这是一种低阶平衡。

当家庭、学校、社会教育是主动、能动教育的时候，如果孩子处于被动学习态，就是在被动适应、被迫适应，学习效果则会一般，孩子甚至可能会产生情绪和行为的抵触。如果孩子也处于主动、能动学习态，教育效果则最佳，学习效果也最好。

主动、能动的作用是什么？就是加速。当然方式、方法很重要，会影响到速度与速度的方向，即速率。

这大概就可以解释有的孩子进步得很快，而有的孩子进步得比较慢的原因了：主要在于方向、思维，主动、能动，方式、方法上的区别。

第二节　家庭教育

一、家庭教育的重要性

人生于家庭、长于家庭，家庭教育是植根教育。家庭教育是一切教育的基石，很多家庭不科学的教育方式造成了"问题孩子"，家长是孩子模仿、学习的对象，家长的行为方式、为人处世之道直接影响孩子的成长。从家庭入手，做好家庭教育，才能为孩子的健康成长奠定基础。

家庭是孩子的初始世界，是人生第一印象。家庭是孩子的第一所学校，家长是孩子的首席导师、首席工程师。家长有意识或潜移默化或随意的教育，就开始了孩子认识世界、认识人生的旅途。所以,家长的初始印痕教育会影响孩子的一生发展。

二、家长、孩子与社会的关系

孩子是家长的延伸。家长应思考:是否希望孩子做事、成就远超自己?又怎么远超自己?

孩子是家长的,更是社会的。接受本科教育之后大部分孩子就走入社会,无论家长有意还是无意,都是在为社会养育人才。

(一)血缘与亲情

家长与孩子有血缘关系,由血缘关系产生亲情关系,这是一种天性之爱,这种关系是割不断的,与距离无关。我们爱孩子,但不要溺爱孩子,爱是助孩子成长,让他自己能够自立,更好地自谋未来。爱是导引、指领,让孩子成为一个强者,因为社会发展需要强者。

家长应注意到:溺爱、物质富养会让孩子产生依赖性,丧失独立性、自立性,如此下去孩子未来可能会成为社会帮扶对象,这恐怕是家长想不到也是最不愿意发生的事。不要让孩子在未来成为只会啃噬家庭的巨婴,成为寄生社会者。

真正对孩子好,就是助益他的成长,教他不做索取者,让他有社会生活的本领,做对社会的贡献者。

(二)家长与孩子都是平等独立的个体

家长与孩子都是独立的个体。尊重孩子,就是要教会他与社会相处。家长的责任是教给孩子视野和思维,指领孩子正确认识生活环境,认识世界,有境界,并形成格局观。

家长要理与礼并行:理,道理;礼,制度、规矩。对待孩子不能呵斥和打骂,要告诉他原因。要立规遵矩,鼓励与惩戒并行。没有规矩,不成方圆。严格,不等于严厉。

（三）孩子终将有自己独立的生活

无论家长多么爱孩子，想永远陪伴在孩子身边，孩子终将开始自己独立的生活，这是社会生活的规律。家长对孩子可以爱，但不要宠，更不能溺。没有底线、没有边界的宠溺必酿苦果。

爱是什么？爱就是助他成长，让他以自己的能力与社会接轨，绝不是家长替他接轨。独立生活既然是成长规律，不可抗拒，那么家长应该顺应这个客观规律，尽早培养孩子的自理能力、独立选择能力、独立生活能力、自立生活能力。避免事事汇报，事事请示，未经同意不得做任何事，最后成为一个"妈宝男"，一个巨婴，离开家长什么都不会。

家长不能把家庭营造成一个玻璃屋子，可看外面精彩，却不允许触碰。怎样把家庭教育轨道与社会生活轨道衔接好，这是一个重要的问题。例如，有家长送孩子去幼儿园，出了家门孩子就哭喊："我不去幼儿园，不去幼儿园，我什么都不要，就是不去幼儿园！"到底发生了什么事，让孩子对去幼儿园如此抗拒？可能性如下。

其一，家长可能进行了惩罚性教育："如果……就送你去幼儿园！"

其二，可能在幼儿园发生了什么事情，和受到的家庭教育形成了比较严重的冲突。

接轨教育是非常重要的。家长要清楚，孩子必将走向社会，家庭是孩子通向社会的桥梁和助推器。家长的作用不是给他一座桥，不是抱他过桥，而是告诉他桥在哪里，都是什么样的，然后指领他如何过桥。

桥就在那里，是抱他过桥，还是指领他过桥，可能在某种程度上会决定他以后在社会生活中的位置和作用：能不能自己过桥，关系到以后会不会造桥，造什么样的桥！这才是家长教育的魔力！

想要结果，一定要让他经历过程；不要总是代替他，给他结果。家长和孩子的关系不是老板和雇员的关系。许多老板对雇员的要求是："我只要结果，给我结果，过程是你的事。"老板和雇员是商业关系，关系的维系是利益！这种关系的结果不言而喻。但家长一定要更加注重过程。

应教会孩子：自理、选择、独立、自立、主动、能动。

主动，意味着改变，是量变。能动，意味着变革，是质变。培育孩子的主动性、能动性，是家长永恒的主题。

家长不要扼制孩子的创造力。扼制孩子创造力的教育不是真正的教育，至少不是好的教育。孩子的主动性源于好奇，即从想知道并且要知道，想接近并且要接近开始的。如20世纪80年代末期，某幼儿园小小班一个孩子在电视机里看见了相识的大班小朋友在表演节目，就跑去问这个小朋友："你能告诉我你是怎么进到电视机里去的吗？"大班孩子没有直接回答，而是笑着说："你真傻！"大班孩子的妈妈把这个事情当笑话讲；而大班老师只是笑笑，算作回答。

我们应该怎么回答这个小孩子的问题呢？应该告诉他这需要经历一个完整的信息转换过程：图像——信息——图像。这个过程要完整地告诉他，如果有条件，还可以进行演示。小孩子的疑问，往往意味着主动性，意味着创造性！然后我们要问他："类似的还有什么？"还要再进一步启发他："想一想可能还会有什么？"不要以为小孩子听不懂，就忽略小孩子提出的问题。

这就是一个完整的思维教育案例。告诉他这个完整的过程，问他类似的有什么，再问他可能还会有什么，这就是递进思维教育和学习。小孩子回答不上来非常正常，只要引导他去思考就可以了。

如果家长经常这样对待孩子的问题，孩子一定会获益匪浅，因为小孩子的问题往往蕴藏着创造性的萌芽。常识——知识——应用——创造，这是一个把认识、知识转化为智慧的过程。如果家长不告诉他，不教他，实质上是在扼杀他的学习力，扼杀他的创造力。

如果你的孩子不问，那么你就要问他！

教育就是这样，一代要更比一代强。"长大了你就知道了"，这是多么不负责任的回答，多少萌芽中的天才就是被这样扼杀了。你难道希望孩子永远待在你的怀抱中，永远长不大吗？

（四）家长对孩子的期许

家长都希冀孩子身体健康，学习成绩好，未来工作好，生活幸福。其实就一个字：强！各方面都很强，家长就省心省事。但家长仅有希冀和愿望是远远不够的，同时必须有培育孩子的思想体系和思维方法——一套适合的思想体系和思维方法。

如果家长只有愿望而没有其他，那只是把自己没能实现的愿望转交给了孩子，让孩子来实现，这就成了愿望接力赛！这样的家长，必须先反思自己，不然的话历史会大概率重演。家长既然希冀孩子，至少要为这个过程创造条件，进行过程教育；至少要导引、指领，绝不是你没能跑下来接力赛，却传棒、交棒，然后退场，要求你的孩子跑完全程，而且一定要拿到名次！

希冀孩子强，希冀孩子好，家长要有理念，首先要有中国文化理念。不要拘泥于学历论，有学历的人不一定有文化，有文化的人不一定有理念。文化和学历有关系，却不是一回事。

文化，古今中外，没有确切定义，没有确切解释。层面性解释比较多，广义性解释包括精神和物质两个方面，如思想、历史、文学艺术；建筑文化、食品文化。学历，即学习经历，以国家认可的有文凭颁发权力的学校及其他教育机构所颁发的学历证书为凭证。理念，即对某一思想、观念的凝练，具有逻辑、执着特征。

为什么要有中国文化理念呢？因为中华文化在人与自然、社会的关系方面，表现为不屈性、抗争性、发明创造性、集体性、和谐性等特征；现代中国文化的内核外显在国家发展道路上，给出了"人类命运共同体"这样的方向和实践！西方文化，其源于上帝、服从上帝、个体性、盗取性、功利性等特征在近现代展现得淋漓尽致；现代则强调所谓自由民主、一国性、己国己利优先！中西文化的这种精神内涵区别，使中西方发展方向和道路显著不同。

这种中国根文化精髓世代传承，深刻影响了一代又一代中国人。

每个人都有文化，但每个人的文化都是不一样的，因为所处的文化的领域和层级面不同，更有基础文化的差异。你的文化层级与你的物质财富无关。当你的文化、科技知识和商业思想、思维、方法结合起来运用的时候，才与你的物质财富相关，也与你的物质财富的归宿相关。

无论你的物质财富是富有还是贫乏，都与你的追寻有关。这种追寻，可能是有意识的，也可能是无意识的，但都只是意识的外现。意识是内，追寻是外，内是什么，外一定会表现出来。

对孩子的教育，集中展现了你的追寻。这种追寻是你世界观、价值观、人生观的展现。比如，未来你的孩子是怎么样的？他会如何成长？这些问题展现了你内心世界的追寻、梦想与愿望。这就是你的一个愿景思想。如何让这个愿景成为现实？你的理念是什么？你的思维和方法是什么？过程是什么？这可能是当前家长们面临的重要问题。有些家长有想法，没行动；或有想法，没方法；或者有思想，但是没有恰当的方法；还有的干脆就是假想法。

请家长们扪心自问：为了孩子，你真的愿意付出吗？你要求孩子实现的，到底是孩子要的还是你要的呢？你的付出，是真正为了孩子吗？

（五）家庭对孩子的重要性

家庭是孩子的第一所学校，父母是孩子的第一任老师，又是任职时间最长的老师，所以家庭对孩子的影响极其深远。孩子生于家庭，家庭是孩子的根；孩子成长于家庭，根深而枝繁叶茂。创造和谐、温馨的家庭关系对孩子的成长至关重要。和谐、温馨的家庭关系不是随意任性，不能没有边界。这要求家长对孩子既有教导，也要有管理，教与导结合，管与理结合。家长通过讨论式沟通，与孩子建立平等、和谐、温馨的家庭关系。

（六）孩子终究是社会的

孩子属于家庭，但更属于社会，这个前面已有解释。作为家长，对孩子要及早进行进入社会的理念教育，即教育孩子在未来社会中做一个什么样的人。有些家长教育孩子好好学习考高分，将来找个好工作，多挣钱，过富裕一些的生活，可以更好地孝敬家人。

这种教育有错吗？有问题吗？应该说这是没有错的，没有问题的。这也符合中国文化、中国传统。但是如果从格局观看，一己一家，是不是视野不太广阔、追求不高呢？如是，会不会有选择狭窄的问题，行动力不足的问题？鹰与鸟雀，各自视野、高度、行为是不同的，生活方式和内容也就必然不同。在高空飞行与在低空飞行，要求完全不同，有质的差别。家长这方面有时候可能会进入一个误区：孩子要生活在你设置的笼子中。对孩子的发展设限，实际上就是把孩子关在了笼子中。

再提孝敬，即孝顺、尊敬。孝顺，主张孝而不顺。在教导孩子学会孝敬、孝顺的同时，要学会尊重孩子的想法，而不是想当然。

给孩子自由的天空，但不是任性的天空；天空有鸟，也有鹰，还有鹏！教孩子做一个会选择的独立人，并对自己的选择负责。

三、家庭教育的基本模式

（一）基本模式

家庭教育的基本模式主要分为有意识的教育和无意识的教育。

有意识的教育，即家长基于孩子的学习目标有目的地开展行动。有意识的教育可分为场景教育和非场景教育两类。其中，场景教育是一种新的教育理念，根据场景的需要设计、融入教育内容，孩子学习起来有现场感、成就感、生活感，这样孩子的学习动力就会大大增强。除了传统的学校教育场景，家庭、博物馆等都可以作为教育场景，创设成为孩子的"第二课堂"。

无意识的教育，即潜移默化的教育、耳濡目染的教育，是孩子自身没有意识到的教育方式，孩子往往在一定的家庭环境和文化氛围中受到潜移默化的影响。

对孩子来说，哪种模式都是教育。但在成人看来，可能认为有意识的教育才是教育，其实，无意识的教育更胜于有意识的教育。所以，要重视潜移默化、耳濡目染的教育方式，而且要特别注重对孩子进行递进思维教育！

（二）错位的家庭教育

1. 理念的错位：教育孩子是为家庭、为个人

从家庭角度看，教育孩子是为了社会，还是为了家庭、为了个人呢？家长

的理念是什么，是为社会培育人才，还是为家庭、为个人出人头地？显然，若是后者，就出现了教育理念的错位，理念错位导致的局限性显而易见，会导致孩子形成急功近利、自私自利的思想和行为，其个人发展也必受限。

教育从本质上讲是为了人类社会更好地延续和更快地发展。因此，教育孩子树立集体观念、团队意识、奉献精神等，关乎孩子的价值观、关乎社会的秩序。唯有把立德树人的根扎在家庭，漂浮而功利的家庭教育才会沉潜下来、辽阔开去。

2. **思维的错位：对教育效果进行不恰当的横向、纵向比较**

横向比较是拿不同的孩子作对比，纵向比较是拿孩子不同的成长阶段作对比。对教育效果进行不恰当的横向、纵向比较，试图影响孩子按照家长的想法和要求去做事情，会让孩子对家长甚至对学习产生逆反心理，影响孩子健康成长。

方向确定了，途径就要适合。才有多种，成才的方式也有多种，没有雷同。家庭教育应探索适合于孩子自己的方式，而不是模仿或拘泥于别人的某种方式，否则思维的错位必定导致方向的偏离。

3. **方法的错位：揠苗助长式教育、代替式教育、条件式教育等**

方法关系到实现目标的速率问题。方向、途径确定，接下来就是方法的适合性问题。在教育孩子方面，常见的方法错位有：揠苗助长式，而非循序渐进式教育，家长往往提出超过孩子能力的要求，强力催促，急于求成；代替式教育，本应孩子做的事情，家长代替孩子去做，包括部分代替；条件式教育，"若达到……你就可以……"须知，学习主要是靠内力驱动，外力要经过内力才能起作用，也即学习靠主动，要解决主动性问题。被动学习甚至被迫学习，若以后不能自悟，其人生极可能是被动的。

（三）失位的家庭教育

家庭教育失位现象时有发生。失位的家庭教育，父母没有履行或没有正确履行在教育孩子的过程中应尽的责任，典型的有以下几类：一是托付式教育。父母忙于工作，将孩子托付给保姆或爷爷奶奶、外公外婆照顾，使孩子缺失了真正的家庭教育。二是自然（放养）式教育。父母不参与或极少参与孩子的学习成长过程，很少主动和学校配合，也很少密切关注孩子的日常表现，让孩子靠天分和运气成长；有的父母要求孩子严格遵守家长制定的规则，一旦违反就会面临严厉的处罚。三是精致式教育。父母通过精致喂养、精心教育的方式教育孩子。适当的精致，体现着完美；过于精致，则可能会使孩子丧失本能的生存能力，缺乏创新。孩子的教育应多一些宽厚与扎实，多一些原始和粗糙。

四、家庭教育的方向、思维和内容

（一）家庭教育的方向、思维

家庭教育的方向，即培养孩子在社会生活中成为什么样的人。例如，对社会某一方面发展有贡献的人，在某一领域有作为的人；做个普通人过单纯的日子，有工作有收入就行，等等。家庭教育的思维，是指家庭教育应具有指向性，教育孩子具有独立性、主动性、能动性，能选择并且会选择。最终的教育目的是教育、引导孩子，建立自我学习架构体系。

（二）构建家庭教育·学习架构体系

教育和学习是为了应对未知，即能自觉反应、应对、改变、变革。但我们都知道，人才养成，非速成可及，仅凭方法绝不可达。所以要从根本上解决问题，即从思想、观念和思维着手，否则必疲于应对。

构建教育·学习的架构体系可从以下九个层级着手。

1. 第一层级：安全与自我安全

范围：生命安全、身体安全、精神（意识）安全、人际关系安全、环境安全。

应建立安全意识：有安全观和自我安全观，意识到生命第一、健康第一，包括保护视力、避免危险等。比如，注意水、火、电、气、车、人、距离、高度、温度、速度等。

应掌握安全关系的度与边界：要对孩子进行直观、直接、间接教育，因为只有语言教育是远远不够的。

应正确对待文化和自由：尊重不同的文化、观念，不强迫、不干涉、不反对；自由是有范围的、有限度的，必须为自己的自由言行负责。

2. 第二层级：伦理、道德、法律

内容包括家庭伦理道德、社会伦理道德、法律、价值观、文化差异等。

道德是伦理规范的外现和约束。

伦理道德是一种自觉的自我约束，是一种舆论压力，但其作用是有限的，在宗族社会或封闭的小社会中作用更大一些。

法律是道德的强制化手段，以律令形式出现。

伦理、道德、法律教育，就是教孩子怎么做人，遵守做人的底线，并且不能触碰底线。这需要家长有意识地进行教育，也要潜移默化地对孩子进行教育。

3. 第三层级：递进思维训练

递进思维是扩展思维领域的一种思维方法。它包括三个要点：是什么；类似的有什么；可能还有什么。思维具有多向性，可以起到加速器的作用。孩子的教育应破除思维的单一性、固定性和唯一性。对孩子思维的训练应遵循从形象思维到递进思维，再到系统思维的演进过程。经过持续的学习训练，孩子的思维领域会更宽深、更灵活。

4. 第四层级：语言文字、历史文化学习

语言、文字是对客观世界认识的反映，是思想的载体。要能够清晰、准确地表达和描述。

语言：不是简单地教说话，而是要清楚地表达内容，具有逻辑性。

文字：对文字要完整、准确释义，中华智慧蕴含在中国文字中；要注重文字的书写。

应通过模拟教育，即设计背景、人物、台词等方式提高孩子的阅读和理解及表达和沟通能力。

要学习中国历史文化，汲取前人智慧，并知道现代社会科技新发展的趋势性影响。

5. 第五层级：音乐、绘画、艺术等基础学习

艺术类学习可以使人文雅，培养人的想象力和创造力。

6. 第六层级：视野、观念、格局观

视野影响观念，视野和观念进而影响格局观。要引导孩子看世界的广袤，看自然、地理、人文的同与不同；看社会生活结构中人的同与不同，以及层级和作用。

7. 第七层级：形成教育·自我学习架构体系雏形

应进行未来社会生活中的位置教育：社会是由多元化、多样化结构构成的，每个人都是这个结构中的一个个体。使孩子理解为什么人会处在不同的元及在架构中的位置不同，其决定的因素有哪些，个体是主动植入还是被动置入位置，该位置的变动性等。

教会孩子逐渐明晰在未来社会生活中的位置，让孩子学会主动追寻的方式和方法，并且学会管控和约束自己。这个教育越早进行越好；但是要让孩子明白这个道理，不要总是教训！

这样，孩子对自己要什么和不要什么，自己去往哪里，为什么去往那里，怎么到达那里……就会有一个比较清楚的轮廓。如果不想被动置入某个位置，就会自觉地努力学习，逐渐形成自己的自我学习架构体系雏形，建立自己的学习生活方式。

8. 第八层级：阶段性目标、目标的内容与实现方式

在自我学习架构体系雏形逐渐形成和自己的学习生活方式逐步建立的过程中，应规定自己的阶段性目标、目标的内容与实现方式，清晰地知道实现目标的手段、途径和具体方法。

9. 第九层级：人生追求方向与境界

人生方向是现实层级，境界是精神层级，两者有多种组合结构。这一层级实际上就是教育孩子要成为一个什么样的人，以及怎样成为这样的人。

架构体系说明：

这个架构体系的建立以健康和安全为基石。第一、第二层级为基础，重点

是建立"界限"概念。界限不可逾越，逾越是有条件的。意在有意识地建立概念和概念的辨识，进而形成观念。第三层级则是为系统思维建立基础：世界的事物不是孤立的，而是相互联系、相互作用的。认识问题的方式、解决问题的方法不是单一的。怎么想，怎么做，想法不一样，做法就不一样。第四、第五、第六层级为建立中国文化内涵的基础，一个人是否有建树与此紧密相关。第七、第八、第九层级为一个板块。总之，第一层级最基础，第九层级最高；九个层级互为基础，相互融通，相辅相成。

我们真正要做的是理解这个系统，做好指向和导引。孩子的教育是一个基础工程，而且是一个系统的基础工程。早期教育做得越好，后面就越顺利；否则，就会越来越困难，除非孩子能够突然自悟。

（三）教育的其他内容

一是自我管控教育。主要是引导孩子立规守矩，管控自己，自我约束，并使之成为习惯。自我管控教育，是自我教育的一部分，是家长引导孩子对其自身的心理和行为的主动掌握。

二是培养时间管理与效率观念。在一定情况下，时间观念便是效率意识的体现。时间管理与其说是一种技巧，不如说是一种觉悟和习惯。一定的事情在一定时间内完成，并符合要求，久之便形成高效的观念和行为。

三是建立财务概念。金钱是日常生活中必不可少的一部分，作为父母，应教导孩子建立正确的金钱观，学习金钱的有效使用。

五、家庭教育的方式

家庭教育的常见方式，一是直接式，即实地实景教育方式。借助生活的场景，实时实地地进行教育。二是间接式教育方式，如借助教育类影片进行教育。三是道理讲解式教育方式。这种方式一定要讲清楚为什么，可能需要借助许多例子辅助说明。四是言传身教式教育方式。家长应立言立身，成为孩子的榜样；要求孩子做到的，家长首先必须做到。

六、家庭教育的指向性

（一）解决根的问题

教育孩子，要从根上教育！孩子的问题，往往不是孩子本身的问题，而是家长的问题。所以，教育孩子，首先是教育家长自己：知道去往哪里及怎么去往那里，了解方向、过程、方式和方法、速率；具有主动性和自我管控能力；能知事、辨事、主动探索；知道要什么、怎么达到，不要什么、怎么避免与拒绝。

（二）层面问题解决

教育过程中若出现问题，应认清问题发生的层级、层面，找到原因，并和孩子进行分析讨论。家长要注意的是，讨论问题要在同一层级、层面，不要错层、错面，否则就是各说各话，各说各有理。

（三）家长要有理念、思维和方法

教育孩子，家长要有自己的理念、思维和方法，设计自己的教育·学习体系，不能生搬硬套或模仿别人那一套；要做自己力所能及的事情，不要做超越能力的事情，因为可能会不持久。

观念有正观念、负观念之分，思维有正思维、负思维之分。这里的正、负非指对错，只指其态度表现是积极的还是消极的，消极的肯定是不利的。家长尤其要注意进行正向的导引及导引的方法，因为一次负向的导引，可能导致修补、改正起来非常困难。家长还应意识到，提供更好的经济条件、更多的金钱并不能替代关心和教育，因为两者大不相同，前者是物质层面，后者是精神层面，不具替代性。

（四）愿景与现实的同向、相悖性

每个家庭对孩子的成长都有希冀，甚至愿景。在教育过程中，孩子若和你同方向，这时候要考虑怎么适当加快速率。若出现了相悖、背向，要和孩子进行讨论性沟通，看问题出在哪里，是根源问题还是层级问题，是情绪问题还是方法问题，甚或是外部干扰问题，进而能够有针对性地解决问题。

对孩子的教育，应采用导引、指领方式！

七、对孩子行为的矫正

孩子在成长过程中，会出现一些不好的想法、行为，会提出一些不合理要求。对孩子的不合理要求，家长应讲清道理，然后明确拒绝，绝不能迁就、无底线。对孩子的赖皮行为，家长应简单明了地告诉孩子赖皮是没有作用的，而且很不好。

家长要教会孩子礼貌和规矩，要教育孩子会说话、会沟通；要教会孩子怎样让别人喜欢，这种喜欢不是讨好，不是谄媚。良好的人际交往应从小孩开始培养。针对这些，家长可以进行设计，如场景、角色、对话等，然后和孩子演练。

那些不良习惯和行为，如说脏话、欺瞒等，一般源于外部环境。家长应教会孩子识别，并懂得这种行为是错误的。

八、给孩子话语权

小孩子有思维，有情感，会表达自己的想法、愿望，应让孩子充分表达，家长自己要充分倾听。对于孩子不好的想法、做法，更要让孩子充分表达，以事实为依据，让孩子有解释和辩解权。教育孩子，宜鼓励，切勿急躁、打击，孩子凡是不明白、不懂的，家长一定要说清楚为什么。要把握住严格与严厉的界限，控制好情感，保持理智。

九、家庭教育的不可取代性

家庭教育是家长的义务，具有不可代替性，因为血缘、亲情不可替代。若完全替代，甚或部分替代，则会形成疏离的家庭关系。这恐怕是任何家庭成员都不希望发生的。家长要认识到：良好的家庭关系，比较完备、系统的家庭教育·学习理念是孩子成才的土壤。

第三节 认识学校教育

如果从小学 6 岁入学开始起算,到博士毕业,中国孩子接受学校教育的时间见表 2-1。

表 2-1 孩子接受学校教育的基本情况

阶段	教育年限	教育总年限	与家庭的关系	年龄
小学、初中、高中教育	6 年、3 年、3 年	共 12 年	不脱离家庭	至 18 岁
大学本科教育	4 年	共 16 年	半脱离家庭	至 22 岁
硕士教育	2～3 年	共 18～19 年	半脱离家庭	至 24～25 岁
博士教育	3～4 年	共 21～23 年	脱离家庭	至 27～29 岁

表 2-1 中的数据反映了:

(1)孩子半脱离、脱离家庭的时间及年龄。

(2)孩子终将脱离家庭。

(3)孩子终将独立,走向自立。

(4)家长所有的努力,都是为了让孩子有能力脱离家庭,为了孩子更好地走上社会,建立自己的生活方式,包括自理、独立、自立。

一、现代学校教育的内容和作用

孩子接受的学校教育,国家都有标准规范,即属于国家标准教育。其基本文化、意识形态教育等是为了适应国家发展,为国家发展更好地服务。教育内容大致有文化教育、社会伦理教育、法制道德教育、社会生活安全教育、国家和民族观教育、公民观教育、科技基础知识等。

学校教育与家庭教育有着明显的区别:学校教育服务于国家发展需要,最重要、最突出的标志是文化、科学知识与技术教育;家庭教育的主要特点是服务于个人、家庭，但其观念、理念和发展观从总体上讲是与社会发展、国家发展一致的。显然，两者有同有别，同大于别。后者的选择服从前者，但不失于个性。

孩子从家庭进入学校，由于家庭教育和学校教育的着重点不同，所以孩子会有一个适应和习惯过程。孩子入学之后出现的一些问题大多是由家庭教育和学校教育的差异导致的。作为家长，首先要从自己、从家庭教育方面寻找原因，而不是指责学校、指责老师。一味指责的做法会对孩子的心理造成阴影，形成对抗性思维定式：恐惧沟通，把一切错误都归于别人。真正负责任的家长是和孩子、老师进行深入沟通，找到原因，找到解决问题行之有效的方法。

学校一方对学生宜鼓励、肯定。有耐心是必要的，但不要让孩子产生心理依赖、行为依赖。

二、学校教育环境的重要性

学校教育环境的软硬件差异是客观存在的，甚至差异比较明显。但学校的人文环境对孩子的成长尤为重要，因为学校人文环境对孩子产生的影响比较重大，会影响到孩子的思想、思维、人格的形成，会影响到孩子对未来自己的方向性、框架性定位。所以，家长要重视学校教育环境的陶冶、潜移默化作用；学校要重视其人文环境建设，使风气正、学风好，关系融洽。

（一）学校教育环境

一是安全环境：包括人身安全、思想安全等。

二是人文生态环境：主要包括良好校风、人际关系、学生活力等。其中，校风体现在教风、学风，以及对学生的约束、自由程度等方面。人文生态环境有教师、学生、学生的相互影响、制度和规矩、学生的活力、个人的追寻与追求等构成要素，学校应特别重视人文生态环境的建设，因为这关系到孩子精神方面的成长，不要给孩子遗留阴影。

三是自然生态环境：包括学校所处自然条件、地理位置，以及教育教学硬件条件设施。

四是面向未来的模拟环境：包括未来社会远景描绘及个人的社会位置教育。

（二）教育环境建设

教育环境对人的影响似阳光、雨露。建立良好的教育环境重点在教与学，二者形成合力，相辅相成。学校应着力建设好教师人际关系、师生人际关系，从而有助于教，更有助于学，提高人才培养质量。教育环境有着明显的弱化或强化家庭教育的作用。

三、师亦有道，尊师重教

道，是一个哲学名词，一般解释为规律。师道，今解释为公平、公正，德、爱、智慧，指领、导引学生。尊师重教是中国社会的传统，而师亦有道，也为中国的教师们传承。尊师重教，全社会都应遵师道、重师道、敬师道，教育事业才能蓬勃发展。

四、教师学识与智慧

好老师需要具备理想信念、道德情操、扎实学识、仁爱之心。一个人遇到好老师是人生的幸运，一个学校拥有好老师是学校的光荣，一个民族源源不断涌现出一批又一批好老师则是民族的希望！

对教师，国家有标准，地方有标准，学校有标准。那么，教师有没有自己的标准呢？需要不需要建立自己的标准呢？答案是肯定的，教师应有自己的标准，而且这个标准显然要高于以上提到的标准。教师如果专业精、知识渊博、善于处理问题，那么就会成为学生的航标灯。

五、阅读和爱好

阅读文化类原著可以提高一个人的思想力和思维力，提高一个人的品位。阅读二手作品看似捷径，实则可能适得其反。

学校有图书馆，学生能够进行课外阅读。但同时，家长也需要适当地培养孩子的阅读兴趣。学生应有爱好，如音乐、体育、书法、绘画，可以陶冶情操；学生应有偏好，即持久兴趣。这意味着深入学习和有所造诣，使爱好成为偏好。这种偏好具有价值性，未来可能发展成为职业。

但音乐不单纯只是听歌，追星更不能等同于爱好。

六、关注教师职业力

教师的职业力，是教师在具有教育教学能力的基础上，通过教育实践不断积累经验，不断完善自我，不断创新发展而形成的一个合格教师所应具备的全部能力。教学实践证明，只有具备各种教学技能的教师，才是最受学生欢迎和喜爱的教师。概括来说，教师的职业力指教师的专业能力，包括敬业精神，及对学生温和、信任、尊重，并能指导学生成长。一个好老师，一方面善于教导学生，是学生的大朋友；另一方面又能对学生严格管理。

七、家长对学校教育管理的认同与支持

家长对学校教育管理有着自己的认识和要求，基本上是认同与支持的。学校是国家教育单位，负责教和育，育蕴含了管理，即教育管理。任何组织都有制度，组织中的人必须要遵守组织制度，不然一个组织必不能成为一个有效的组织，只会成为名义上的组织。学生作为组织中的人，必须遵守学校的制度，必须自觉接受学校制度的约束。违反、破坏学校管理制度，必然得到惩戒，惩戒也是教育制度的内容之一。惩戒也是育。

作为家长，要教育孩子遵规，要正确认识孩子的违规行为和不良行为，要正确对待学校对孩子的批评和纠正做法。学校的批、纠、惩不是目的，目的依然是教育孩子沿着正确的轨道前进。家长要特别注意孩子对"事件"的选择性描述或讲述，要学会辨识！选择性描述、讲述是人性的弱点，人们善于过滤、更换掉于己不利的内容，变成于己有利的内容。作为学校，要公平公正、不偏不倚，以教育为目的，而不是以惩戒为目的。所以，家长和学校、孩子的充分沟通是对孩子的人生负责任。

现在这方面更多更大的问题可能是：教师对孩子说不得、碰不得，只能说好，不能说不好；只能赞扬，不能批评；孩子只接受好听的、爱听的，好听的、爱听的才认为是对的。更有甚者，家长动不动就带着律师到学校。久之，法治则成了治法。还有些家长，认为把孩子交给学校了，出现问题理直气壮地认为是学校没管好。这类家长不清楚学校教育的作用、范围和程度，显然是在推卸家庭教育、推卸自己的责任。这类家长要补课，及早消除自己的认识误区。

（一）家长与学校的良好沟通

孩子有 1/3 的时间在学校，学校与家长有正常的沟通渠道和方式是非常必要的。要实话实说、注意态度和语言表达的准确性，以保证沟通到位。

家长吐槽学校，吐槽老师，从态度上是抱怨的发泄，从行为上是一种回避、逃避。这实际上对孩子是极其不负责任的，不仅不能解决任何问题，还可能使问题更加复杂化。家长的心态非常重要，应找出原因并试着解决问题，不要情绪化，要懂得什么才是为孩子好，才是对孩子真的好。

（二）家长对学生与学生、学生与学校某些信息的处理方法

对学校生活，孩子一般会与家长有选择地进行沟通。无论何种情况，家长都要注意完整倾听，然后作出态度表示。尤其对于不良行为，一定要给出指导，教他辨识。当孩子说话的时候，家长要明白他的诉求是什么，以给出合适的反馈。这样，才能保持家长与孩子之间有效的沟通。例如，对同学语言、衣着、行为等的态度，他也许是赞赏，也许是困惑，也许是不解。所以，家长不要直接给出态度和论断，而要分析判断，引导他思考，然后共同得出适宜的认识结论。

八、家长对学校的态度会影响到孩子

家长对学校的不认同、对抗态度会严重影响孩子对学校的认识和孩子在学校的行为。例如，家长听到孩子说老师对他不好，即投诉指责老师、指责学校，孩子可能会愈加产生疏离感和间隔感，长久下去可能会使孩子出现下行行为，所以家长要特别认识到这一点。

家长应通过与孩子、学校的充分沟通，达到消除不良影响的目的。如果经过沟通改变有限，则家长自己应通过正面教育孩子来修补，教会孩子正确认识问题。家长的态度一定要正面、阳光、向前看。

要知道世界上没有完美，如果有，一定是你的情感影响到了你的眼睛。完美是一种趋向。

第四节 家庭教育与学校教育的差异、冲突与融合

一、家庭教育与学校教育的一致性

家庭教育与学校教育具有明显的一致性，那就是让孩子成才，在将来有所作为。

学校和家庭是孩子成长过程中两个非常重要的环境。学校教育和家庭教育缺一不可，搞好学校和家庭的协同，将两种教育力量统一起来，对孩子的成长至关重要。

二、家庭教育与学校教育目的、内容、方式、方法的差异

学校教育关键词：为国家利益服务、大我、启蒙、开智、文化、技术基础教育、国家公民观教育，思想、理念形成，思维、方法的多维和灵活。

家庭教育关键词：个体安全、出众、独立与自理、自立、选择能力、思维的加速、小我。

学校教育是为国家发展培养未来人才，更重视整体性教育，更重视教育过程和对未来的适应性。家长更关注个体，更关注当前，更注重结果。

三、可能的冲突

家庭的溺爱可能导致孩子对学校教育不习惯、不愿接受、表面服从甚至不服从。有的表现为以孩子为中心，孩子都是对的，不对的是学校。孩子进入学校接受教育，有了问题都认为是学校教育问题。把家庭教育完全交给了学校，家长不再担当家庭教育的责任。

学校教育应是标准教育，但标准教育只是把孩子领进门，孩子要靠自己的努力和自觉探索学习更宽、更深、更高层面的知识。有的学校把标准教育变成了考分教育，那么，考分的意义是什么？这值得家长去深思。作为家长必须要清楚，教育孩子追寻的是在社会生活中的位置还是那份工作。

学校教育是基础教育，面对的是特定人群，具有普适性特点。学生自己的教育学习内容要有自己的个性特点，应该允许孩子在达到基础教育要求的基础上选择学习自己喜欢的内容，如有益于特长发展的。家长应引领孩子在整体融合中明确目标和方向，追求个性教育学习。

此外，随着社会的发展，家长避免不了会受到一些社会潮流的冲击。有些家长盲目跟从，有些家长则感到困惑。例如，对家长进行补课的各种家长班颇为流行，内容包括亲子教育、自然教育、开心教育、健康教育等。社会竞争、未来就业的压力，以及家长自己某些经历的缺失和愿望未能实现，导致一有风吹草动家长就想跟从潮流，却并不知道方向在哪里。再如，现在社会上出现了培养孩子的各种培训班。家长在选择时必须清楚：孩子的成长点是什么？持续性如何？

总之，面对各种冲突，有些人能趋势而行，而有些人则随波逐流。家长提高自己的辨识能力至关重要。

四、家庭教育、标准教育的补充形式

一是家长班。一般由社会教育机构举办，大多定位为提高家长的教育力，使你的孩子更出色，在内容、方式上则多种多样。至于效果，则是仁者见仁，智者见智，莫衷一是。

二是私校。私校针对有特殊教育需求的群体，既遵守标准教育规定，也有自己的某些特色。

三是补习班。补习有两种，一种是补差；另一种是争优。孩子成绩差，一般与上课听讲的投入程度直接相关，除个例原因外，一般也与家庭学习氛围和学习习惯相关。补差确实有效，然而只是权宜之策，不能从根本上解决问题，若久之，会形成补习依赖性。争优而补是为了取得更好的成绩，以进入更好的学校，是争夺优质教育资源，在优质教育资源短缺状态下，也是家长和孩子的无奈之举。

四是爱好班。发展个人兴趣爱好，如书法、绘画、音乐等，对孩子的综合素养发展是有益的。

五是偏好班。偏好班是更持久的专项教育，有可能成为孩子未来的职业方向。

五、家长的调整

根据家长的状况和孩子的能力要求，应尽可能选择适合的学校和发展爱好。家长要善于发现孩子的长处和欠缺，培育长处，追赶短处；家长要正确处理孩子对学校、老师、同学的态度，视影响大小、正负作出恰当而正确的反应；家长不能护短，尤其不能根据孩子一面之词指责、攻击学校，指责、攻击并不能解决问题，只能使问题更复杂；校方对学生要一视同仁、平等对待，否则会对孩子的心理产生巨大、久远的影响。

第五节　家庭教育与学校教育的中间地带

一、中间地带的影响力

我们把家庭教育、学校教育以外的部分称为中间地带。家长要重视孩子的中间地带。中间地带实际上就是孩子的社交圈，包括家长的交际圈、朋友圈，以及孩子自己接触到的社会部分。

孩子沟通接触中间地带的方式有直接接触和间接接触，如通过网络接触。中间地带对孩子的影响是多向的。家长要密切关注孩子接触的人与事物，因为孩子正处于观念形成时期，吸纳能力强而辨识能力、抵抗能力比较弱，容易被误导，或误入歧途。所以，家长要重视孩子的中间地带，花些时间予以关注，和孩子多沟通、多交流，重要的是多导引、指领，重视源头、方式、方法等。

二、重视孩子中间地带的方式

孩子的中间地带宽阔，活动多。这说明孩子在长大，要求有自己独立的活动空间。如果空间活动正常，家长不要硬性干涉，只须适当地提醒。

家长要注意孩子无意中的流露、透露。例如，孩子会谈到这个圈的人和事，或一些观点。家长要重视接触的源头和教导的方式。

如果孩子的空间活动不正常，那么家长就要进行监管、干预、隔离。但要以道理为先，要耐心导引，切忌粗暴。粗暴只会导致对抗，可能加速孩子走向极端。

孩子在长大，独立意识在形成，家长如果只想控制，孩子必反控制。所以家长必须首先做到：要求孩子做到的事情，身体力行、言传身教。如果家长做不到而要求孩子做到，则家长可能会丧失自己在孩子心中的权威性、失去孩子的尊重。

家长要重视体育活动，带孩子锻炼身体，孩子要有体育爱好活动项目。家长要重视阅读，给孩子做楷模。读书读的是世界，不是消闲和娱乐。大量、广泛的阅读是孩子深入学习、深刻成长必经之途，可以拓宽、掘深学科领域知识，有助于知识积累、互联和思维的发展。家长要重视效率，养成孩子追求效率的习惯。如果孩子习惯拖延，则说明可能是家长的教育方式出现了问题，比如家长的习惯、言行不一致，提要求没方法或不切实际等。

第六节　主动、能动教育与主动、能动学习

一、教育、学习的思维

目前中小学教育资源包括幼儿教育总体上看优质资源不足，大学教育资源同样如此，而且比较集中。无论何时何地，优质教育资源均属于稀缺资源。优质教育资源的核心是拥有一批具有能动教育思维和能动教育能力的教师！这种状况短时期内不可能改变。越优质，越稀缺，这是规律。

非优质教育资源，即普通教育资源，则呈现出普遍性。致力于提高这个部分的教育水平是全社会的事情，非教育部门一己所能解决，非一朝一夕能改变，需要比较长的时间。

优质教育资源和普通教育资源的明显差异是一个现实，于是就有了从幼儿园就开始争夺享有优质教育权的现象。如何实现公平，成了社会的一个痛点。普通教育和优质教育的双向流动转向缓慢，很难缩小差距。现实是优质的更优质，普通的更普通。现有教育资源严重不足，优质教育资源尤为严重不足，但需求却巨大，这是短期内扭转不了的。

个体对优质教育资源的争夺对家长来说是一场长期的战争，于是社会上各种不能输在起跑线上的培训班应需而生。但是这种符合家长所谓愿望需求的培训班真的有用吗？既然是一场长期的战争，你有赢得这场战争的战略理念、思维和方法吗？你有规划和实施方案吗？如果没有，你凭什么赢？如果有，又是否与时代同向，是否与社会发展趋势吻合呢？

在现有教育资源情况下，我们的教育理念和思维应该是：赢在主动教育、主动接受教育、主动学习；赢在能动教育、能动接受教育、能动学习；于家庭，则是赢在主动、能动的家庭教育·学习！所以，家长既应是一个战略制定家，又应是一个卓越的、优秀的战役指挥家，一个杰出的战术应用家。

孩子的教育不能输在起跑线上是个伪命题。竞争的实质是起跑线下的竞争，如果有起跑线的话。输赢，线下已见分晓。线下是什么？就是家庭教育的教育和学习。争取做个画线的人，这是大师。可以教育你的孩子学习做个画线的人，但此线和彼线根本不同。

二、教与学的几种形式和效果

教学中教与学会表现出几种形式。教可划分为：被动教，即局限于教材教纲本义；主动教，即以教材教纲为基础，导引学生；能动教，即以教材教纲为基础，导引并指领学生。学可以划分为：被动学，即教什么，学什么；主动学，即在教师教的基础上主动扩大、掘深；能动学，即在教师教的基础上有方向、有目的地进一步选择、补充、扩展学习的内容。教与学呈现的形式有以下几种。

（一）被动教与被动学、主动学、能动学

被动教/被动学：能够达到教学要求，但不能激发学生学习的欲望。

被动教/主动学：不能满足学生求知欲望，学生自己探寻，增加阅读学习。

被动教/能动学：远不能满足学生学习要求，学生自己选择"加餐"。

以上教育与学习形式，教与学都处于低阶态。

（二）主动教与被动学、主动学、能动学

主动教/被动学：尽管教师导引学生学习，但学生学习积极性不强，是"赶着鸭子上架"。

主动教/主动学：教师、学生同位阶，都积极主动，教育效果良好。

主动教/能动学：教师起导引作用，学生需要得到指领，但学生需要更多，教落后于学。

以上教育与学习形式，若教与学处于双主动、同位阶，则比较好教；若教主动、学被动，则教师比较费力；若教主动、学能动，则教师相对被动，比较吃力，要求教师有更高的学识能力水平。

（三）能动教与被动学、主动学、能动学

能动教/被动学：相对来讲，是"捉住鸭子上架"。

能动教／主动学：处于教师指领学生学习状态，教学效果良好；学生最欢迎、最喜欢这样的教师。

能动教／能动学：双能动情况不多，是一种理想状态。能动性强的教师教有能动性的学生，一方面能提高教师水平；另一方面必教出有创造力的学生。

处于能动教状态的教师，一般都有个性；而教出的学生，一般也都更有个性，更具思维力。

三、主动、能动教育效果认识与评价

被动学习的学生处于低位，主动学习的学生处于中位，能动学习的学生则处于高位。能动学习的学生想知道更多；能动学习的学生会进一步学习超越课本内容的知识，再辅之以必要的对社会的了解。久之，这样的学生越走越快，能力越来越强。

主动、能动教育不仅是考分背后的知识教育，而是让学生明确知道自己要什么、不要什么的教育，更是拓展学生主动植入未来社会位置、有更大作用力的教育。

主动、能动教育效果的显现是一个长期化过程，家长可以感受到学生的变化。但是这种变化的质和程度的测量需要专门去研究。

有数据显示，能动学习的学生，即处于高位的学生，基本上都会进入一流大学继续学习。主动学习的学生，被动学习的学生，依此类推。

第七节　提高我们的辨识能力

一、学校差别、学生差别

学校与学校，学生与学生，差别是始终存在的。那么，差别是什么？衡量的标准是什么？用考分这一个标准衡量显然是不够全面、准确的。于是大学的

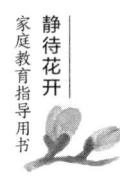

自主招生应运而生。家长要特别注意大学的招生改革举措及动向。

学校是标准教育,知识掌握方面的衡量标准是分数。显然,用分数这个唯一的标准衡量的只是考分多少的问题,学生的差别也只是分数的差别。但是我们必须思考,孩子都是差不多的,为什么会产生考分的差别,甚至产生那么大的差别?也要思考,为什么有的学生成绩会同向变化,有的会反向变化,有的则不稳定、不同方向地来回变化?家长应统计你的孩子有多少时间用在学习上,计算效率;分析你的孩子有没有假装在学习,进而找出原因,提高效率比值。

有想法、主动、能动学习的孩子会适应考分教育,他知道这不是喜欢不喜欢的问题,而是必须学好、必须考好的问题。这样的孩子一直在积累潜质,一定能够考试成绩好,而且其他方面也会很优秀。孩子要学习,重考分,但是不唯考分。孩子各有所长,应区分主次,让所长有所发展。家长不要以唯一答案打击、扼杀孩子的想象力,否则会使孩子成为流水线上的产品。

二、误区:名园名校之争

有些家长认为孩子怎么样取决于名园名校,于是有了名园名校之争。换个角度来看,名校争好学生,而好学生出自良好的系统性家庭教育。

家长首先要争的是正确的、适合的家庭系统教育,即有一套对孩子进行系统教育的思维,并能适时正确导引、指领,那么进入名校则是顺理成章、指日可待的事情。

家庭教育既是塑形教育,又是塑造教育,是真正的一对一教育,即真正的定制教育。

三、被忽视的问题

重视孩子教育,往往重视的是知识教育、考分教育,而忽视安全教育。安全是指身心安全,不仅包括身体健康,也包括心理健康。心理脆弱、依赖,只懂索取不懂回报，这些都是家长要特别注意的，要及时教导、纠正。此外，打着文化招牌的某些娱乐项目、活动，实际上是在误导孩子的认知和观念，偏离正思维方向，如果不能辨识而陷入，中毒日深就会难以自拔。

四、教育的一个缺位

在孩子成长过程中，现在、未来，要什么、不要什么，这个教育很多家长是缺位的。

家长应教育孩子从小就知道要什么、不要什么，底线是什么，要成为一个什么样的人。这方面的教育，是人生追寻教育。这不是一个"长大了就知道了"的问题，家长要帮助孩子尽早认识这个问题，以利孩子成长的步履更快。如果这个教育缺位的话，孩子就容易迷茫困惑。

五、家长要有辨识思维

家长要有辨识思维，基本上能看透事物的本质，有明确的是非观、正误观；特别是要注重于教育、帮助、辅助孩子学会选择，最终让孩子自己会选择，不要总是代替孩子选择，而且选择了就要担当，就要负责。这些方面家长的作用依然是导引、指领。

六、时间观念

家长要有时间成本、时间价值观念。时间于个人就是生命，时间的流逝就是生命的逝去，所以要珍视时间，在既定时间内高效完成任务，使你的时间更富有意义，同时给孩子做好榜样。

七、对一些问题的辨识

（一）格局观

人做好自己，做强自己，就要有格局观。做好做强，与一个人的世界观、价值观、人生观直接相关。世界观、价值观是精神层面的，具有方向性。人生观是具有现实性的。这就是"三观",三观正则人生正。三观正的人一般都会有良好的格局观。

什么是格局观?以宇宙为例,宇宙是一个系统,银河系是其中之一,太阳系又是银河系中之一。如果把宇宙看作大格局,那么银河系就是中格局,太阳系就是小格局。观就是观念、认知。

简言之,格局观就是以思想、理念为基础的认识事物和做事情要达到的某种状态及你在这个状态中所居位置与发生的作用,以及达到或实现所采取的思维和方法。

世界观、价值观,决定了你的人生观或者说指导着你的人生观。而格局观决定你的人生观实现的程度,你的思维和方法则决定了实现的速率。

世界观、价值观、人生观为思想、理念层级,而格局观则为思维层面。前者决定后者,即你的思想、理念决定了你的格局观。思想、理念不同,格局观不同。撇开思想、理念而谈格局,即没有思想、理念支撑的格局观不是真正的格局观。

(二)信息碎片与思辨

信息时代,为人们获取知识提供了便利。但互联网也充斥着混乱的思想、颠覆三观的垃圾信息和毒品信息。在这样的信息传播环境中,如何不被误导,如何不中毒,提高防御能力就显得至为重要。我们自己能做到的就是提高自身免疫力,远离某些有毒有害信息,并能有效识别错误的信息与思潮。

(三)何谓成功

如何定义成功与我们的思想、理念直接相关。我们追求的目的、目标基本实现了就是成功。没有唯一性!

把个人拥有物质财富的数量定义为成功的唯一标志,是对人性的扭曲,是对人生的意义、方向的扭曲,这会形成以追逐金钱为方向、为目的的社会生活,进而产生一系列社会问题。

作为主导社会生活主流方向的成功,应该有定义的唯一性,那就是:成功一定是有益于国家的,一定是有益于人民大众的,一定是有益于社会发展的!

八、教，是为了不教

教育孩子的目的是什么？目的就是：教，是为了不教！也就是实现教——学——创造过程，直至不用再教。

教，是教你主动学习、能动学习，能够在未来社会生活中有比较大的作用，甚至引领社会的发展。这才是教与学！切记：学习没有止境，因为创造没有止境！

第八节　构建教育·自我学习的思维架构体系

一、做什么样的人

将来做一个什么样的人，应建立相应的思想、观念，有明确的发展方向，但这又是框架性的，宜粗不宜细，因为未来有很多不确定性的因素会发生影响。相应的思想、观念会促使孩子努力学习，接受良好的学校教育，同时扩大知识面，选择学习相应的内容，进而形成自己的主动性学习生活方式。

二、达到的人生层级

一个人所能达到的人生层级与各种因素相关，最重要的是价值观、思维观、方法论的构建。人们都希望自己能够达到比较高的人生层级，但并不是所有的人都能达成。思维和观念关系到途径和方法选择问题，能起到加速器的作用。

三、教育的步骤

教育应根据孩子的年龄和接受理解情况分步骤完成。整体应呈现出阶梯式教育学习过程，前一步是现在的基础，现在又是下一步的基础。基础务必坚实牢固。

四、教育的方法

教育的方向、目标、途径确定之后，方法就成为最重要的问题。方向、目标由思想、理念决定，途径由思维决定，方法则由思想、理念、思维产生并选择。思维呈现的特点是：途径选择的多样性，方法表现上的多样化。首先要破除狭隘、僵化的固定性、唯一性思维定式。一切皆有可能，而不是一切只有一个可能，或皆无可能。目标没有达到，如果方向没有问题的话，大多是思维和方法的问题。

有些人总是说想不到，实际上是思维的广度和深度问题。有些人想是想了，甚至是很认真地想了，却认为太难了，自己做不到，就知难而退。有些人是想了、做了，却不坚持，中途放弃。须知，世界上没有容易的事情。

五、架构体系的核心

十年树木，百年树人。孩子教育是一个系统工程。这个工程的核心是在一定的思想、观念、思维的基础上，有广阔的视野和胸怀，有自己的理念和格局，并持之以恒、坚韧执着。

第九节　教育向何处去

我们的教育向何处去，我们的孩子就向何处去，我们的国家和民族就向何处去！这就是教育的导向作用。

家庭教育·学习是教育体系的重要构成部分。这对个人人生发展最具有影响力，因为初始教育从这里开始。家长和孩子希望我们的教育优、更优，希望接受完整的优质教育，在未来社会生活中能有更好、更适合的位置，更好地为国家和民族服务。那么，家长的家庭教育·学习体系必须跟上时代，必须现代化，必须领先，必须和时代教育思想同步，并与国家发展趋势一致。

教育、学习没有捷径。为考试、为分数而教育的学习是捷径教育、应试教育。人生面对的是未知，没有答案，只有可能，这取决于你的选择。人生没有捷径，教育和学习没有捷径，如果认为有，那实质上是在把投机当捷径。投机只能一时，不可能持久。

　　教育·学习没有止境，坚持下去，必有所成。作为家长，作为教育工作者，一定要明白：最优质的教育是熏陶。若如此：名人、名家、名校也就因你而生。

结　语

　　孩子的学习、成长，从个人角度看，从最终结果看，似乎是家庭的事情，是他自己的事情。但从社会角度看绝不是如此，这是社会的事情。因为孩子终将在社会中找到自己的位置，并在这个位置为社会服务。家庭、学校、交际圈只是一个时点平台。于孩子而言，家人、同学、朋友只能陪一时、一段，更长的路，更多的时间，是他自己独立往前走。所以教会孩子学会自理、独立、自立、选择是至关重要的。

　　孩子向何处去与我们的教育·学习相关，与社会发展趋势相关，与国家发展方向相关，与各自的主动性、能动性相关。未来属于年轻一代。孩子的能力和责任，意味着国家、民族的未来。这就是教育工作的意义，教育工作者的意义。而家长是最重要的教育工作者，家长是孩子人生最早的导师，是最重要的导师之一。

　　教育古来有之，却争论不休。因为教育关系到国家、社会、个人的未来。人必须面对和处理好的关系包括人与自然的关系、人与人之间的关系即社会关系。教育是教育人如何应对这些未知的未来。

　　我们应着眼未来，做好当下，一定要做好自己，做强自己。做好自己，做强自己，就必须发挥主动性、能动性。还是要强调那句话：家长强，则孩子强、国家强。强在于思想、理念、思维、方法、执着；也就是改变源于主动，创造源于能动。而改变的程度源自主动力的程度，创造的程度源自能动力的程度。从大体上讲，人与人的区别，人在社会中的位置，即源于此。

人的一生，恰似越岭攀峰，风光无限，尽在来峰。要不要越岭攀峰，有没有能力越岭攀峰，怎样去越岭攀峰，这恐怕是有志者终生要面对的课题。

下篇

家庭教育的课程体系

JIA TING JIAO YU DE KE CHENG TI XI

第三章 家庭教育应树立的核心观念

本章概要

如何看待教育问题？如何理解父母的角色？如何认识家庭关系对孩子的影响？如何应对孩子成长中出现的问题？这是关系到家庭教育成败的关键性问题。本章将逐一解答这些问题，建构起家庭教育必需具备的核心理念。让家长们从内心深处意识到：教育既是科学，也是艺术；父母亟须自我成长；家庭关系塑造孩子的人生；问题解决是孩子成长的契机。

家庭教育是社会各界普遍关注的问题，教育的重心也正逐渐从学校向家庭乃至社区不断延伸。这是因为当今人们普遍达成了共识，即家庭对于个人成长具有难以估量的影响，而这种影响一旦形成就不太容易改变。因而必须广泛地开展家庭教育，尽可能地发挥家庭的积极作用，消除或降低家庭中的负面影响。这种教育开展得越早，对孩子的成长越有利。传统社会的人们不会认为做父母需要经过"培训"才能"上岗"，而现代社会要做一个合格的父亲或母亲，确实需要经过家庭教育这门先修课程。

家庭教育涉及父母和孩子双方，父母是家庭教育的主导者，孩子是家庭教育的对象和积极参与者。家庭教育的本质是父母和孩子的一种社会互动，只是这种互动的手段和目标都是"教育"。同时，这种互动主要发生在家庭内部，在家庭这个大环境下进行。可以说，家庭教育包含两个主体，即父母与孩子；一个手段，即教育；一个大背景，即家庭环境。这四个核心要素是决定家庭教育成败的关键。本章将简要地介绍这四个方面，让您了解当代教育学的核心思想，帮您提点为人父母应经受的基本修炼，为您解答孩子成长过程中为何总是问题不断，带您领略家庭环境中家庭关系对人的塑造力。本章内容将勾画一幅家庭教育的总体蓝图，让您形成对家庭教育的基本印象，培养和树立起家庭教育的四个核心观念：①教育孩子是一门科学，也是一门艺术；②父母需要成长：没有谁天生就会做父母；③家庭关系干系重大；④孩子在不断解决问题中成长。

第一节 教育孩子是一门科学，也是一门艺术

"望子成龙，望女成凤"是每对父母的夙愿，所有父母都想把自己最好的资源拿出来，投进孩子的成长和教育中，为孩子创造最好的条件。然而，与其他国家和文化相比，中国父母对孩子教育的投入程度又是绝无仅有的。中国重教育的传统得益于我们的儒家文化，儒家文化对人性是非常乐观的，相信"人之初，性本善"。让人的善良本性充分彰显，就需要教育的力量。儒家文化不相信有天生的坏孩子，即便孩子变坏那也是教育不到位，而非本性使然。正因为如此，儒家文化传统使我们极度信奉教育对人的塑造力量，这不得不说是一笔珍贵的民族财富。所以，从幼儿开始，中国父母就循序渐进地向孩子培养仁

义礼智信的道德理念，为孩子创造最好的教育环境。即便是很多西方发达国家也不得不为中国的教育传统交首称赞。比如，西方一些经济学家和社会学家就认为"亚洲四小龙"的经济腾飞得益于优良的儒家主义教育传统，教育为儒家社会培养了较高素质的劳动力。另外，在美国，亚裔尤其是华裔的受教育程度往往是最高的，同时社会经济成就也非常突出。

除了品行教育，教育的另一个重心就是培养知识和能力，这一传统的形成得益于中国古代的科举制。科举按照才能选拔官员，对家庭出身没有限制，这就为一般民众提供了上升的途径。无数平民期望通过文化教育，让自己的孩子登科及第，改变自己乃至整个家族未来的命运。尽管科举制选拔的名额有限，教育成本开支不菲，但科举成功的奖励也是诱人的。正是这一社会文化制度，激励着一代又一代中国人把孩子教育看成头等大事，形成了尊师重教的光荣传统。当前的高考与传统的科举制在社会功能上有相似之处，只是高考后的出路不再局限于仕途而已。知识经济时代，对劳动者的教育要求也更高，学历虽然不能绝对反映一个人的实际能力，但在实际工作应聘中，学历的确已成为一项重要考量。学历和技能在很大程度上可以决定一个人在就业市场上的竞争力，影响未来的发展前途。通过"不能让孩子输在起跑线上"这一口号，便可一窥中国父母内心的焦虑。庞大的人口数量、有限的社会资源，以及市场导向的经济模式让中国社会的竞争变得异常激烈，也让我们更容易理解中国父母为何那么怕孩子会输。再加上计划生育，以及少子化的影响，可以说中国父母真是把所有鸡蛋都放进了一个篮子里，为子女教育倾尽全部。尤其是对普通工薪阶层而言，子女教育成了输不起的"赌博"。

如果说传统教育看重的是道德和知识能力的培养，那么现代以来，另一项教育内容，也就是人格教育或情感教育也被提上了议程。"情感教育"是法国哲学家、教育家卢梭提出的口号。情感教育要求在教育的过程中培养孩子对自身、对社会的积极态度，对美的敏感度，充分发挥孩子各方面的潜力，形成健全的个人性格，让孩子有勇气克服生活中的困境，学会自我成长，自我实现，感受幸福。传统上，知识能力教育在于教会孩子生活所需的技能，本质是功利性的；道德价值观方面的教育在于培养遵守社会规范、可以与人和睦共处的社会人，本质是适应性的；情感教育的目标却截然不同，情感教育的要求更高，它要改变的是人的整体精神风貌，使人都能充分发挥自己的潜能，找到生活的热情与活力。知识能力的培养可以通过强制性灌输，道德价值观的培养可以通过社会规训，但情感教育却不同，它必须是"润物细无声"的，它必须是温暖的，它必须是发自肺腑的，它必须是孩子乐于接受的，它必须是符合孩子天性的……总之，情感教育是"以心传心"，由爱培养爱，使孩子成为性格健全、生命力强盛的人。

重视"情感教育"是人们生活质量提升的标志，也是更看重个人价值的表现。很难想象在温饱线上挣扎的人会关注个人实现、生活热情、性格健全这类问题。"情感教育"的前提是人们已经得到了一定的物质生活保证、一定的社会安定环境，当这些满足之后人们自然会有更高层次的心理需求。美国心理学家马斯洛提出了著名的需求层次理论，他认为人的健康成长需要满足多种需求，这些需求之间是有等级关系的，只有低层次需求得到满足后，人们才有更高层次的需求。他把人的需求按照从低到高分为生理的需求、安全的需求、归属与爱的需求、尊重的需求、自我实现的需求。按照这个层次，情感教育更看重后三个高级层次需求的满足，越是高级层次的需求得到满足，人就会成长得越好。而一旦这些需求没有得到较好的满足，孩子的健康成长就会遇到阻碍，在未来生活中没有足够的禀赋来解决各种人生问题。

如果把人的一生视为不断面对挑战和解决矛盾的过程，健康完整的性格无疑是孩子最大的财富。尤其是在现代生活中，竞争压力越来越大，人总是要应对许多未知的难题，与更多的陌生人打交道，处理更复杂的社会关系，独自面对求职、恋爱、婚姻、事业等方面的问题。如果没有一个足够强大而健全的心灵，就很难从容应对。越来越多的抑郁症、焦虑症等心理疾病已威胁到现代人的正常生活，而这些心理疾病的产生大多与个人早期的教养或成长环境关系重大。很多心理学研究都发现，早期生活不幸的孩子更容易遭遇心理疾病的困扰。培养孩子健全的人格，就能让孩子有足够的心理资源来应对这些问题，免于心理问题的折磨。

一、表达爱是一门艺术

情感教育对教育提出了更高的要求，敏锐的父母或许早已察觉。我们本能地感觉到，对于现在的孩子来说，仅仅给他们充分的物质保障、让他们接受最好的知识教育，已经远不能满足他们的需求，孩子更需要被爱、被关注、被肯定、被指导的体验。此时，如果还信奉"棍棒底下出孝子"，无疑将会遭受更多挫折。尽管多数父母认为自己对孩子付出了全部的爱，但比较讽刺的是，生活中的确有孩子表示他们没有感受到父母的爱。或许有些父母会认为只要是为了孩子好就可以不用管孩子怎么想，怎么做都可以。其实，这种观念非常危险。一方面，父母本身也是普通人，有自己的喜怒哀乐，也有自己的毛病习惯。正因为如此，有时所谓的"为了孩子好"，很有可能是父母在为自己的坏毛病寻找合理化的借口，一味地放任自己的负面情绪和行为，而非真的出于对孩子好。比如，一位父亲因为工作出错被上司大骂一通，晚上回家吃饭，小儿子不小心把花瓶摔碎了，结果父亲把小儿子大骂一顿，并要求做一周家务，声称这是为了教育孩子懂得爱惜物品。实际上，父亲可能仅仅是在发泄在单位里受的气，压根不是深思熟虑后对孩子的教育。类似情况在生活中屡见不鲜，孩子会觉得父母不可理喻、小题大做，故意为难自己，并不会心服口服。另一方面，有时父母的确是出于理性考虑，完全发自对孩子的爱，但表达爱的方式却让孩子无法接受。这时，孩子非但感受不到父母的爱，甚至产生对抗情绪。当父母强迫孩子吃他们不喜欢吃的东西时，或者因为害怕不安全而不允许孩子外出玩耍时，这种过度依靠"强制"或者"限制"而表达的爱，往往适得其反。

现代教育理念不光看重表达关爱，更看重让孩子切实地感受到爱。只有让孩子感受到爱，孩子才愿意与父母亲近，形成良好的亲子关系，而良好的亲子关系既是孩子成长的营养剂，也是教育产生效果的前提条件。

| 案例 |

身体接触产生爱

第二次世界大战后一些婴儿失去了父母,他们被放在孤儿院照看。孤儿院有很好的物质条件,可以保障充足的营养以及良好的医疗卫生条件,但由于孤儿院工作人员数量有限,这些孩子大多数时间只是被放在婴儿床上,很少有人去抱他们或逗他们玩。故事的结局是令人悲伤的:这些婴儿的健康状况变得比一般婴儿更差,更容易生病,而且夭折率很高。我们可能会觉得:婴儿什么都不懂,只要吃饱穿暖不就可以了吗,为何一定要大人拥抱呢?但实际情况就是这样,心理学发现拥抱能够让婴儿平静下来。或许人天生就是一种对身体接触高度敏感的生物,而与他人亲近的身体接触最能塑造爱的体验吧。

大量研究证据表明,孩童所感受到的关爱程度与健康状况密切相关。注意,这里的关爱不仅仅是指物质方面的支持,更多是指情感。婴儿一出生就具备喜怒哀乐等基本情绪,他们天然地会识别成人的面部表情,并下意识地模仿成人的表情,与成人产生情绪互动。如果妈妈对着婴儿微笑,婴儿也会跟着微笑;如果妈妈表现出忧伤的表情,婴儿也会跟着忧伤,这样母婴之间就产生了情绪传染。妈妈表现出的爱,在孩子心中种下了快乐的种子,让孩子更有安全感,更不容易遭受抑郁、焦虑、恐惧等负面情绪。所以,妈妈与婴儿的情感互动对孩子的心理健康成长至为关键。

心理学中把母婴之间形成的稳定的情感联结称为依恋,这种依恋关系在3岁之前就会形成。妈妈的敏感性是决定母婴依恋关系质量的关键因素,高敏感性的妈妈对孩子的状态以及需要保持高度关注,她们能够凭经验准确地知道孩子现在是饿了还是渴了,是冷了还是热了,是想睡觉还是想玩耍,并给予恰当的照顾。她们愿意花更多的时间对孩子讲话,逗孩子开心,更喜欢抱着孩子,从而让孩子信任和亲近自己。相反,低敏感性的妈妈,要么对孩子比较忽视，要么不能准确地觉察孩子到底需要什么，她们会在孩子哭闹时强制喂奶，在孩子高度活跃时强迫孩子睡觉，在孩子很热时给孩子添加衣物。她们对孩子总是不耐烦，除非孩子弄出很大动静，否则一般不太关注孩子。对于不会讲话的婴幼儿，哭可能是表达不满的唯一手段了。从孩子的哭声中识别出孩子当前需要什么，对妈妈来说的确是不小的挑战，需要足够的耐心和敏感度。不过，一旦孩子感受到母亲对自己的敏感和关注，母婴关系就会越来越好。从某种意义上来讲，最能让婴儿建立信任感的并非母亲是否绝对满足了他们的需要，而是母亲是否准确、及时、恰当地对他们的需求保持关注。

伴随孩子的成长，他们的需要也会改变，变得更加多元、更加复杂。但总体来说，每一个年龄阶段都会有一个主导型的需要，满足这个需要对孩子来说显得最为迫切。本书的第七章会讲述儿童的心理发展阶段，并提到每个阶段孩子的典型需要，这些需要是否得到满足关系到儿童是否能顺利通过这个发展阶段，并获得积极的心理品质。比如，2岁左右孩子开始学会走路，身体动作变得更灵活娴熟，此时自主是他们的重大需要，他们迫切想自主行事，探索各种新鲜玩意，非常闹腾，这时父母要引导孩子去尝试，而非一味地禁止、限制或者过度保护。而3岁左右的孩子开始表现出对成人世界的极大好奇心，他们乐于模仿成人角色，说大人话，玩成人游戏。这个时候父母就需要给孩子更多的自主权，适度给予他们成人待遇，带他们体验成人角色，而不能仅仅把这视为儿童的恶趣味。另外，青春期的孩子对独立性有更强的渴望，更反感成人的强制干预，同时他们的情感体验更深刻，波动性大，迫切想认识自己、表现自己，有了个人隐私。对于这个阶段的孩子，关爱他们的最佳方式是尊重、倾听以及温和的引导，而非道德指责或强迫要求孩子服从。

总之，不同年龄阶段的孩子有不同的需要，父母要根据孩子的成长状况灵活选择对孩子最好的教养方式；而每个孩子又有自己的独特个性，适用于这个孩子的方式不一定适用于那个孩子，没有万能的教养手段。养育孩子是一门科学,的确有一些普遍的原则,同时也是一门艺术,需要足够的灵活适应。总体而言,对孩子的需要保持敏感和尊重,以足够的耐心恰当地回应孩子的需要,避免一味打压或惩罚,是表达父母之爱的心法。

| 案例 |

母婴依恋

依恋是儿童和照料者之间形成的强烈而深刻的情感联结,儿童与照料者互动会带来愉快的情绪体验,面临压力时也会从照料者处得到安慰。心理学家用陌生情境法(见表3-1)研究了2岁左右儿童与母亲的依恋关系,这种依恋关系一旦形成就非常稳定,大概可以分为四种类型。

表3-1 陌生情境法的步骤

步骤事件	观察到的婴儿行为
1. 妈妈和婴儿来到陌生的游戏室	
2. 妈妈坐下,婴儿玩玩具	妈妈被当作安全基地
3. 陌生人进来,与妈妈交谈	婴儿对陌生人的反应
4. 妈妈离开房间,陌生人找婴儿互动,安慰婴儿	分离焦虑
5. 妈妈返回,问候和安抚婴儿,陌生人离开	对重聚的反应
6. 妈妈再次离开游戏室	分离焦虑
7. 陌生人走进房间安慰婴儿	对陌生人的反应
8. 妈妈回来,安慰婴儿,用玩具让婴儿开心	对重聚的反应

第一,安全型依恋。

婴儿对自己和妈妈的关系感觉很安全。分开时,他们可能会哭泣,也可能不哭。他们更愿意和妈妈在一起,妈妈回来时,他们会积极地和妈妈接近拥抱,哭泣也会停止。大约65%的婴儿属于这种类型。

第二,回避型依恋。

婴儿对妈妈漠不关心。妈妈离开时，婴儿并不伤心，对陌生人的反应与对妈妈差不多。重聚时，他们回避与妈妈接近，或者非常缓慢地走近妈妈，当被抱起时，他们也不情愿亲近。大约20%的婴儿属于这种类型。

第三，矛盾型依恋。

分开前，婴儿和妈妈黏在一起，不愿意探索环境。妈妈离开时，他们大哭大闹，难以安抚。妈妈回来后，他们一边试图接近妈妈，一边又表现出生气和拒绝行为，有时会打、推妈妈。被抱起后，会继续哭，不容易被安抚。大约10%的婴儿属于这种类型。

第四，混乱型依恋。

婴儿表现出最大限度的不安。重聚时，他们会有很多令人困惑的矛盾性行为。例如，被妈妈抱起时表现出令人费解的、抑郁的情绪。一些婴儿与妈妈交流时表情茫然，一些婴儿被安慰后意外地大哭，或表现出奇怪的冰冷态度。大约5%的婴儿属于这种类型。

二、教育方法的长期性和有效性

尽管说教育孩子的方法多种多样，但就塑造孩子的行为而言，有两项手段运用得最多，一种叫强化；另一种叫惩罚。所谓强化，是指当孩子完成父母期望的行为时父母给孩子一定奖励。这种奖励可以是物质性的，如一盒巧克力；也可以是情感性的，如给孩子一个吻；还可以是活动性的，如带孩子去游乐园。强化的关键在于两方面，一是奖励的东西必须对孩子有足够吸引力；二是奖励要保持一定频率。开始时只要孩子表现正确，就可以每次都给予奖励，慢慢地等孩子逐渐养成习惯后便可降低奖励频率。一旦孩子完全养成习惯，即便没有奖励，孩子也会保持下去，这时孩子可能对行为本身产生了兴趣，可以自发强化，而无须外在奖励了。对于难度较高或复杂的行为，可以采用循序渐进法，把行为拆解为一连串简单行为，开始时只要孩子的行为略微朝向目标，就可以给予奖励，然后逐渐提高要求。例如，想让孩子自己洗袜子，开始时只要孩子能把自己的脏袜子整理好，就可以给予奖励；等孩子习惯了，再接着要求孩子把脏袜子放进洗衣盆，然后要求孩子加洗衣液，直到孩子动手洗袜子。这种方式可以最大限度降低孩子行为学习过程中的负面情绪，让孩子轻松愉快地学会正确的行为习惯。

强化还有另一种形式，称为负强化，大概是说如果孩子完成要求的任务，就可以豁免孩子原本不喜欢的一项事物。例如，只要孩子愿意周末帮妈妈做家务，就可以撤销周末晚上 8 点前睡觉的禁令。这种方式如果运用得当，同样有效。

与强化不同，惩罚的目标在于消除孩子不良行为，一旦孩子作出这种行为就给予他们一些不愉快的事物，如打屁股；或者撤销孩子原本喜欢的事物，如作业没完成，就不给看动画片。需要注意的是，惩罚运用太多会引发孩子的负面情绪甚至报复心理，使亲子关系变得紧张。另外，单有惩罚，只能让孩子停止原来的行为，孩子并不会自动学会好的行为模式。所以，如果条件允许，尽量多用强化，少用惩罚，用强化培养起好的行为习惯，坏行为自然会消除。如果万不得已，只能用惩罚，一定要及时，不能事情过去很久再实施惩罚，否则孩子就不能清楚意识到自己行为招致的直接后果。同时，还要配合言语教导，让孩子明白为什么这样做是错的，转变认识。

至于其他教育手段，在此无法一一列数。但不管何种教育方式，若要产生效果，必须遵循两个法则：一是长期坚持；二是要保持一致。行为和态度的转变需要时间，好的教育手段好比聚沙成塔、集腋成裘，在潜移默化中一点点对孩子发挥影响，不是一朝一夕所能及。另外，教育方法要保持一致，不能频繁变化，尤其是当父母之间，或者父母与爷爷奶奶、外公外婆之间的教育模式不一致时，孩子便会觉得无所适从，不知道究竟该听谁的，怎么做才是对的，这对培养孩子的行为原则非常不利。所以，在制订教育计划时，家人之间应该充分沟通，达成基本共识。

第二节　父母需要成长：没有谁天生就会做父母

尽管父母都希望给孩子最好的养育，但事实却是没有谁天生就懂得如何为人父母。一些父母的失误源自知识和经验的匮乏。对于初为父母的年轻人来说，这种情况特别普遍，可以通过学习和经验积累慢慢改变。另一些父母的问题却比较复杂，即便他们了解了充足的育儿知识，也依然很难做好。有时是因为父母太年轻，本身心智不够成熟，不具备培养孩子的素养。如果慢慢成长，这类父母也可以变得成熟，对培养孩子越来越得心应手，所以总体上看年龄大的父母比年轻父母对孩子更有耐心、更从容。不过，现实却并不尽如人意，有些父母本身存在比较严重的性格缺陷，或者个人创伤，他们应对自己的生活尚且难以胜任，更别提照顾好孩子。我们需要记住的是：父母也是人，是由孩子成长起来的普通人，没有完美的父母，只有逐渐成长的父母。理解和反思自身的成长历程，是养育孩子的先修课程。

一、原生家庭的家族遗传

所谓原生家庭，是指年轻人进入婚姻、组建小家庭之前，自己成长起来的家庭，也就是父母亲的家庭。研究发现，原生家庭也就是父母家庭的模式，可以预测子女未来的家庭模式，表现出家庭婚姻模式的家族遗传性。从现实生活经验来看，子女往往自觉或不自觉地重复了父母的婚姻模式，也就是说如果父母关系融洽，那么子女的婚姻大多比较幸福；如果父母关系紧张，争吵纠纷不断，那么子女的婚姻一般也会比较波折。更有甚者，若父母离婚或分居，子女未来出现这种情况的可能性也会增大。从生物学方面看，这其中或许有基因遗传的作用，比如婚姻幸福的父母身上或许就携带了有利于维持婚姻关系的基因，然后父母又把这种基因遗传给了子女，所以子女也能婚姻和睦。同理，婚姻不和谐的父母，往往情绪不稳、易怒、善妒、孤僻、偏执等，子女也遗传了这种基因，因此子女婚姻也容易出问题，这种观点得到一些研究支持。但对婚姻模式家族遗传最有力的解释，并不是生物学因素，而是社会学习。

原生家庭对人的影响是潜移默化的，一方面，原生家庭的教育方式以及家庭氛围会塑造年轻人的性格特点，比如在紧张焦虑家庭氛围中成长的孩子，会感染这种习气，更容易紧张焦虑，对压力和负面生活事件更加敏感，对生活的适应能力比较弱，不能从容自如地解决生活问题，经受更多挫败体验，这显然会影响年轻人未来在婚姻中的表现。另一方面，原生家庭也为年轻人提供了婚姻家庭的原初范例，这个原初范例在他们心中烙下了印记，成为年轻人对婚姻最原始的认识和体验。这种认识和体验包括婚姻的目的是什么、婚姻能给人带来什么、婚姻的感受什么样、婚姻的最终结果是什么、婚姻中出现了问题该如何应对、如何认识婚姻中的负面事件等。可以说，这种原初的认识和体验形成了年轻人对自己未来的预期，好的原生家庭往往会让人对未来的婚姻和家庭有更多积极预期，糟糕的原生家庭则让人对婚姻家庭悲观失望乃至心生恐惧。

更进一步，子女往往会按自己幼时形成的婚姻印记，来组建自己的婚姻和家庭。所以，生活中往往出现一些让人困惑而又伤感的家族婚姻模式遗传现象。例如，在父母关系冷漠的氛围中长大的孩子，尽管特别希望自己以后的婚姻温馨和睦，但不幸的是，他们的婚姻往往容易重蹈父母的覆辙。其实，这很容易理解。冷漠的父母关系，不能给孩子示范夫妻之间该如何表达爱，该如何解决冲突。这些孩子长大进入婚姻之后，尽管初衷是好的，但是当他们需要表达自己对对方的关爱或不满时，需要解决夫妻矛盾时，往往不知所措，不知道哪种方式最好，所以干脆选择逃避疏远。更有甚者，如果父母习惯用暴力解决夫妻矛盾，孩子长大后也会不自觉地采用这种方式。因为这是他们从小耳濡目染、最熟悉、最习惯的解决方法。每个人进入婚姻时，都应了解自己从原生家庭中带来的东西，认清这些东西对自己现在婚姻家庭可能带来的影响，以及这些影响在生活中的细微表现。只要充分意识到这些问题，一点点寻求改变，未来总会更好。

原生家庭同样也会影响年轻父母对孩子的教养方式以及亲子关系。初为父母时，年轻父母并不十分清楚该如何养育孩子，他们会沿袭小时候父母对待自己的方式。这个沿袭过程，有时是刻意为之，但大多数时候都是无意识地自动模仿。我们经常听到有些父母对孩子讲"不要有意见，你爷爷当初也是这么教育我的""男孩子哭什么哭，我小时候一哭你奶奶就不理我"之类的话。所以，从长期来看，家庭教育往往表现出家族遗传性。所谓的家风讲的就是这个，一个家族世世代代自觉或不自觉地重复相似的教育模式或亲子关系。如果原生家庭的教育传统健康优良还好，倘若碰到那些错误的教养方式以及不良的亲子关系，就要特别谨慎。而实际上，每对年轻父母在回忆过往时，或多或少都会意识到自己与父母关系中的好的方面及坏的方面。只要清楚地认识到这一点，就为打破不良家庭教育的恶性循环开了个好头。可喜的是，越来越多的年轻父母已经意识到这个问题。很多年轻父母会专门阅读孩子教育方面的书籍，接受专门的课程培训。更积极的年轻父母还会寻求心理咨询服务，弄清楚原生家庭亲子关系对自己的影响，避免把父母带给自己的负面影响传递给下一代。

如果说传统父母希望孩子以后也能像自己，现代父母更渴望的不是孩子能够像自己，而是希望孩子能避免自己的软肋，可以超越自己。比如，自卑的父母一旦意识到是因为小时候自己的父母对自己打压太多、鼓励不足，那么在对待自己孩子时，他们就会更有耐心，给孩子更多积极评价。所以，要培养出超越自己的孩子，父母就需要从认识自身开始，充分认识到自己成长历程中的关键因素，并不断改变和成长，接受新的教育理念，而不是一味地重复自己最习惯或最喜欢的教育方式。

二、内在小孩

从现代教育理念来看，最重要的不是父母时刻在孩子面前树立威严感，而是要试着融入孩子的生活，与孩子一起玩乐，成为孩子的朋友。在不知道如何与孩子相处时，只要想一想孩子需要什么样的伙伴，或者说假如自己现在是一个小孩，自己最想要什么，什么是自己最乐意接受的，这个问题就能找到答案。不幸的是，当人们逐渐长大成人后，习惯了成人世界的法则，穿上了厚厚的盔甲，戴上了沉重的面具，渐渐遗忘了童年的自己。

从发展心理学角度看，每个成年人内心深层依然寓居着一个小男孩或小女孩，这个小男孩或小女孩就是幼时的自己。只是迫于社会压力，成人不能再按照小男孩或小女孩的方式行事。但从人格成长的角度来看，每一个父母都应该给予这个小男孩或小女孩适度的关注，倾听一下他们的心声。这个心声有时候是童年的挫败体验、童年的孤独感、童年时未满足的遗憾，有时候也是童年的小成就、童年时单纯的友谊、童年时幸福的家庭或者童年时旺盛的生命力。这个小孩子不一定是理性的，却是最具有感染力的，成人后很多的目标追求、得失体验都与这个内心的小孩有关。换句话说，很多时候真正主导成年人情感信念系统的，其实还是这个内在的小孩，只不过我们采用了成人世界的法则。心理学家弗洛伊德说：童年是人的第二天性，一个人身上所有闪光美好乃至落寞灰暗的东西都能从童年中找到它的原型。所以，回归自己的童年，直接倾听这个内在小孩的声音，是所有父母不断成长的出发点。

什么时候，这个内在小孩会直接显现呢？一般来说，是在非常安全的亲密关系中。比如，热恋中的人往往会表现得像个孩子，用儿童的语气交谈，用儿童的方式打闹嬉戏，像孩子一样任性，有时候蛮不讲理。所以，心理学家常说，在恋爱过程中往往会暴露一个人最本真、最原初的东西，好的坏的一览无余。同样，老年人身上也会有这个特点，进入老年之后，人慢慢卸掉生活的责任，退出社会舞台，重回内在生命。所以，对待老年人有时候也需要采用对待孩子的方式。

父母在面对孩子时，也会唤醒自己内心的小孩。有时候，年轻父母对待自己的孩子，会像小孩子对待自己新买的宠物，那种迫切需要炫一炫的骄傲感，那种爱不释手的快乐感，那种谨小慎微、生怕出错的焦虑感，那种竭尽心力、望子成龙的期待感，那种被人依赖所产生的自我价值感，那种主导一切的主人感，这些生命中最原初的情感体验全部涌现出来。很多父母会觉得自己有了孩子之后，仿佛重新找回了生命的活力，而这种活力本质上正是内在小孩的重现。成功的父母会在养育孩子的过程中，在和孩子的互动中，发现自己原初的这些体验，重新反省自我，看到自己过去被压制、被隐藏的一面，找到新的成长点。

从另一个意义上讲，父母在注视孩子时，也会不自觉地把孩子看成另一个自己——小时候的自己。这时，父母很容易把自己对童年自我的体验、观念、期待、要求不自觉地投射到孩子身上，这是为人父母必然会有的体验。不过，有时也会产生一些不利后果。例如，从小安静听话的父母，当看到自己孩子过于活泼好动、不受约束时，往往会产生一种莫名的烦躁感，觉得孩子这样不好，需要管教。再如，童年经历极端贫困的父母，容易夸大物质条件对孩子的作用，忽视孩子的内在需要，把对孩子的物质投入视为爱的全部体现。而当孩子抱怨父母对自己陪伴不够、不爱自己时，便认为孩子是无理取闹。事情的真相可能是这样：当父母把自己内在小孩的体验和经历投射到孩子身上时，发现有了偏差，两者非常不一致，这种偏差或不一致导致了不愉快体验，而父母错误地把这种不愉悦归结到孩子身上。成熟的父母应该对自己的这种无意识投射有种自觉，学会欣赏和理解孩子与自己的不同，看到这种不同背后的价值。

三、情绪管理

与孩子相处时，有些父母特别有耐心，容忍孩子的无理取闹，总是会用最有效的方式化解孩子的问题。而另一些父母，一旦发现孩子违反了自己定下的规矩，往往忍不住大发脾气。父母的愤怒会引发孩子的反感，孩子也会变得愤怒。本来很小的问题，也可能诱发大冲突。情绪控制是为人父母必须具备的能力，处理好自己的情绪会让沟通更加有效，避免不必要的误解。

情绪管理属于更为广义的情商的一部分。一般所言的情商是一种情绪体察和管理的能力，大概包括以下四方面。

第一方面是情绪体验能力，能够准确地体验到自己以及他人的情绪状态。情绪体验能力是一种直觉性的东西，大多时候都是自发产生的，比如，我们看到别人哭泣自己也会本能地感受到悲伤。情绪体察能力强的人对自己的心情起伏非常敏感，知道自己现在是什么情绪状态；同时，也能根据别人的语言、行

为、表情等线索准确地体会到对方的情绪感受。

第二方面是情绪认知能力,主要是与情绪相关的经验知识,知道每种情绪产生的原因、有哪些表现、会持续多久、会产生哪些影响,以及如何改变负面情绪状态等。这个方面主要是在日常经验中积累的,也可以通过书本学习。

第三方面是情绪表达能力,涉及如何准确有效地把自己的情绪传递出去,让他人理解自己的情绪状态,包括使用语言、表情、身体姿态、行为等多方面途径。情绪表达能力最能促进人际理解,让彼此能够对对方的情绪感同身受,这种能力本质上是一种操作能力。

第四方面是情绪调控能力,是一种改变情绪的能力。情绪调控能力强的人在面对负面情绪时,能够尽可能减少负面情绪的强度、持续时间,尽可能快地从中走出来,能够有效地调整自己的情绪状态,使自己达到最佳的工作或交往水平。同时,情绪调控能力强的人也能快速地调动和改变别人的情绪,比如,有效地安慰别人,为别人打气,必要时候也会刺激别人激发斗志。提升自己的情商,尤其是与孩子打交道的情商,也是育儿必备课程。

面对语言表达能力不成熟的幼儿,最重要的是学会感受并识别他们的情绪状态。当小孩子的需要没有得到满足时,他们往往不会像成人那样,直接准确地表达出来,往往是通过大笑、大哭、大叫、奔跑、抓咬、破坏物品、闷不吭声等方式表现出来。遇到这些情况,父母的第一反应应该是去理解这些行为背后的情绪状态,感受到孩子现在处于什么心境。然后一边安抚孩子的情绪,一边弄明白孩子产生这些情绪的原因,到底是哪里出了问题。因为每个孩子都不同,孩子的生活环境也不同,往往没有固定的方法来鉴别这些问题,比如,有些孩子可能需要被父母拥抱,有些孩子需要父母温声安慰,有些孩子需要父母作出搞笑的动作来逗乐,有些孩子需要拿出好吃的哄。但老练的父母会对自己的孩子非常敏感,可以凭经验作出准确判断,并采取有效的方法安抚孩子。

在这里无法给出一系列操作手册性告诉大家一些万全之法,但总体原则是可以把握的。孩子最需要的是父母足够的耐心。身处成人的世界,孩子是孤独的,仿佛外星来客;孩子是脆弱的,他们没有足够的力量去获得自己想要的东西。他们只能通过自己本能的情绪向父母传达信息，如果父母能够破译出这些信息，给予孩子及时有效的回应，孩子就会感觉这个世界是安全的，父母是可以信赖的；否则，孩子就会陷入深深的无助感，把自己封闭起来。说到这里，我们也可以理解情绪调控能力的重要性。养育孩子是一件最辛苦的工作，父母也是常人，也有情绪低落的时候、愤怒焦躁的时候、恐惧不安的时候。当自己出现这些情绪的时候，父母应该足够敏感，避免把情绪的原因归结到孩子身上，这样就可以及时避免向孩子倾泻自己的负面情绪。但光有这个是不够的，父母还需要掌握有效的情绪调控方法，如寻求爱人和朋友的支持、适时娱乐、静坐冥想等。

培养敏锐的情绪体察能力，积累丰富的情绪知识，掌握精准的情绪表达方式，训练有效的情绪调控技能，这可以更好地进行亲子沟通，培养温暖的亲子关系，及时满足孩子成长中的需要，避免孩子受挫。同时，情商本身也是可以传递的东西，高情商的父母在与孩子相处时，也能潜移默化地影响孩子的情绪沟通能力，提升孩子的情商。总之，情绪课堂是每对父母的必修课，而且随着孩子的成长变化，情绪沟通的领域也会不断增加，所有的父母都需要终生学习。不仅是为了孩子，也是为了自己的幸福人生。

| 小贴士 |

理性情绪疗法

通常我们说某某事情让自己开心或者难过，但其实大多时候情绪问题并不是由诱发事件直接引起，而是由事件当事人对此事件的解释和评价所诱发。具体来说，理性情绪疗法认为情绪问题由三步构成：A.诱发事件；B.当事者的深层信念，影响其对事件的解释；C.情绪和行为反应。根据理性情绪疗法，很多情绪和问题的产生源自人们的不合理信念，这种不合理信念导致人们对事情的解释出现偏差，久而久之产生情绪和行为问题。调整和改变情绪，要从矫正不合理信念入手（见表3-2）。

表 3-2 理性情绪示例

开始状态	矫正状态
A."他人对我很挑剔"	A."他人对我很挑剔"
B.（1）"我必须得到所有人的喜欢" （2）"挑剔表示不喜欢我，这太可怕了"	B.（1）"我没必要赢得所有人的喜欢" （2）"有些人不喜欢我，这也无所谓"
C.焦虑、痛苦、抑郁	C."他人依然挑剔我，但我依然很开心，因为有些人不需要去关注"

理性情绪疗法认为个体内心不现实的、不合逻辑的、站不住脚的信念是罪魁祸首，这类信念往往具有以下特点：一是对自己提出苛刻的不可能达到的绝对化要求；二是喜欢以偏概全，因一点小问题就做整体否定；三是把事物的可能性后果想得过于可怕，推论出灾难化的后果。

第三节　家庭关系干系重大

一、夫妻关系对家庭教育的影响

父母也是夫妻，或者说夫妻关系是第一位关系，父母是由夫妻关系衍生出来的。夫妻关系直接影响孩子的成长。上文已经谈到了夫妻关系对孩子未来婚姻生活的影响，以及对孩子未来如何培养自己下一代的影响。这里，我们主要谈另外两个方面的问题：夫妻关系对孩子心理安全感的影响，以及对孩子教育有效性的影响。

家是一个港湾，夫妻是这个港湾的灯塔和守护者，孩子是停留在港湾的航船。只要灯塔还在，守护者足够尽责，风浪来临，船儿总愿意回到这里，因为这里最安全。同样，当船儿破损了，需要修护了，需要补给了，也会来到这里。如果有一天灯塔灭了，守护者不在了，港湾上遍布礁石，这里便再也不是船儿的安身之所。同样，夫妻就是家庭的支柱，夫妻和睦，家庭就充满温馨，孩子就能在家中得到爱的呵护，健康成长，当在外面遭受挫折困顿的时候，孩子就有一个可以停靠的港湾，在这里疗伤，在这里重新获得力量。

反之，夫妻关系不睦，争吵、谩骂、嘲讽、冷战乃至暴力遍布，家庭就不再是安全的海港，而是恐怖的地狱，这里弥漫着紧张、焦虑、恐惧、抑郁、冷漠、愤怒、厌烦等种种负面情绪。在这种环境下成长的小孩，时刻要面临父母战争的威胁，对他们来说家中只有两种状态：战争来临时的紧张与暴怒，以及等待战争来临的恐惧与焦虑。生活在这种家庭中的孩子，饱受负面情绪的侵扰，长此以往会丧失对爱与信任的感受力。他们感染上了家庭带来的一切情绪病毒，变得或多疑或易怒或冷漠或沉郁。孩子不再爱回家，不再把自己的心里话向家人诉说，虽然家庭还在，但他们却觉得无家可归。他们不明白为什么自己最亲近的两个人会互相伤害，这让他们失去对亲密关系的信心，不再相信别人可以信赖，不再相信自己的存在有价值，不再相信自己值得别人关爱。

有些父母在发生争执时，还喜欢让孩子评理站队，希望孩子站在自己这一边，和自己一起孤立或者对抗另一方。孩子在父母之间被分裂，为了母亲，他们被迫去仇视父亲，和父亲亲近就是伤害母亲；为了父亲，他们被迫去记恨母亲，亲近母亲就等于背叛父亲。孩子实质上生活在"单亲家庭"中。或许还有一些父母习惯向孩子倾诉自己婚姻的痛苦，从孩子那里寻找安慰，他们经常对孩子说自己之所以维系现在的痛苦的婚姻，完全是为了孩子。这让孩子背上了沉重的道德枷锁，孩子会觉得一切都是自己的错，是自己害得父母痛苦，自己的存在就是对父母的祸害，乃至自己的出生本来就是一个错误。孩子开始自责，开始觉得自己一无是处，开始觉得自己的存在没有意义，开始觉得自己再也不配得到他人的关爱。

孩子过多承受了本不该属于他们的压力，为了让家庭和睦，父母不再争吵打骂，有的孩子会拼命地变得乖巧，他们比一般的孩子更懂事，更压抑自己的情感，在学校里努力拿高分，在家里帮忙做家务……他们以为这样能讨父母欢心，让他们停止战争；也有一些孩子坚信，父母已经忘了自己的存在，于是他们用其他方式来引起父母的关注，如自残、与人打架斗殴、抽烟喝酒乃至偷盗，希望父母能暂时停战；还有一些孩子变得彻底冷漠，他们在父母争吵时把自己关进房间，堵上耳朵，告诉自己什么也听不到，慢慢地他们开始变得冷漠阴沉，一个人独来独往，不与人交朋友，不和任何人亲近，也不再在意父母之间的战争，他们彻底与人隔绝。

许多研究发现，在离婚家庭中长大的孩子更容易产生抑郁、焦虑等情绪障碍。在社会交往方面也比一般儿童更为孤僻，他们通常遭受孤独感的折磨，在人际关系中比较退缩，处理人际矛盾的手段笨拙，不太会经营亲密关系，乃至很多人成年后幸福感也比一般人更低。除此之外，这类家庭中的孩子也会出现更多的风险行为，如酒精成瘾、吸毒、加入不良群体、青少年犯罪、学业退步、过早有性行为、早孕等，这些现象直接或者间接地都与家庭功能紊乱有关。但比较发人深省的研究结论是，离婚本身并不是产生这些问题的根源。离婚后孩子抚养经费的缺乏、经济条件的下降、父母照料和保护的不足，以及社会歧视才是最大的问题。如果离婚后能够保障充足的经济和关爱，离婚对孩子的影响就会大幅度降低。更有一些结论发现，离婚本身并没有多大影响，而离婚前夫妻之间漫长的争吵与不和才是罪魁祸首。所以，对于那些长期关系不和的夫妻，离婚能够消解家庭内冲突，降低对孩子的伤害。反倒是长期维持糟糕无望的婚姻关系，对孩子的伤害更大。这一点或许打破了很多人的常识观念。

夫妻不和，即便不是恶性的，也可能会造成另外一种影响，就是破坏教育方式的有效性。在教育子女方面，父母应该达成较为一致的协议，按照共同的标准来要求和培养孩子。这样，孩子受到的影响就比较一致，容易养成长久稳定的习惯。倘若夫妻不和，他们在教育子女方面的合作性势必受到影响，两者各行其是、各自为政，教育方法不统一。这让孩子无所适从，教育手段难以奏效。

对于夫妻关系不睦，我们的建议是应尽可能快速地解决问题，避免情绪宣泄式的恶性攻击或报复。如果争吵势必难免，应该尽可能避开孩子，孩子在场时不要争吵。如果孩子已经感受到父母关系的紧张，夫妻应该各自在孩子可以理解的范围内向孩子解释，让孩子有一定的知情权，以免孩子过度紧张。在解释的过程中，夫妻双方都要安抚孩子的情感，明确向孩子保证，父母之间的矛盾不会影响他们对孩子的爱。绝不可在孩子面前恶意诋毁另一方，在孩子心中埋下仇恨和痛苦的种子，让孩子对亲密关系彻底失望。对于复合无望的婚姻，应尽早选择结束，避免长期争吵加深对孩子的伤害。离婚后，夫妻双方应该共同协商，合作照顾孩子，尽量不要拒绝孩子与另一方会面。让孩子感受到即便是父母离婚，父母对自己的爱依然没有减少，自己依然是一个值得爱的人，这会最大限度地保护孩子的自尊心，让离婚对他们造成的伤痛随时间慢慢康复。实际情况也的确如此，研究已经发现，如果婚前的家庭战争不是旷日持久，离婚后对孩子的保护措施又做得比较好的，孩子依然可以健康成长，恢复如初。这或许就是不幸中的万幸吧。

二、婆媳关系对家庭教育的影响

婆媳是现代家庭最容易出问题的关系。现代中国家庭已普遍进入核心家庭模式，也就是一对夫妻和未婚子女组成的家庭。在核心家庭中，夫妻关系是核心、居第一位，由夫妻关系再衍生出亲子关系。家庭事务由夫妻和子女共同商议解决，不受其他亲属干预。但由于中国传统的大家庭文化，在实际生活中，大家庭对现代核心家庭的影响力依然很大。在传统大家庭中，一般是夫妻和男方的父母一起居住，甚至包括男方的兄弟及兄弟的妻子，有时还包括男方的未婚姐妹。大家庭中要处理的关系比核心家庭复杂得多，有些大家庭不分家，或者即便分家也在一起居住，这会造成更多问题，使夫妻关系面临更多外部压力。现在大家庭模式已经解体，大多数父母与儿子和媳妇分开居住，但是因为中国的孝道文化，父母对子女的家庭婚姻生活依然有不可小觑的影响力。

婆媳关系出现的问题可能多种多样，日常矛盾的爆发点也各不相同。但总体来看，中国家庭中的婆媳关系问题有一个较为普遍的模式。中国家庭中母子关系普遍比较紧密，母亲费尽心力把儿子养大，往往对自己的儿子有很强的占有欲。另外，有些男生即便成人以后也会保持对母亲深深的情感依赖，让母亲参与到自己生活的方方面面，心理学中把这种现象称为"恋母情结"。同样，母亲对成年儿子的占有欲也可称为"恋子情结"。"恋母情结"或"恋子情结"只要在适度范围内就不算大问题，但一旦过强，就往往会影响核心家庭的功能，影响婆媳关系。

从家庭动力学来看，媳妇和男方组成核心家庭后，就成为核心家庭的女主人，在家庭中居于首要地位。所有的媳妇都希望得到丈夫全心全意的爱，希望丈夫把自己放在第一位，凡事征求自己的意见，以自己的意见为重。但是对于一些"恋母情结"比较严重的男士，即便结了婚，也依然喜欢事事听从母亲安排，把母亲的感受和看法放在第一位，自己媳妇的意见和感受反倒被忽视，让母亲直接参与自己的家庭决策。这样会让媳妇心里不舒服，媳妇会觉得自己不受重视，女主人的地位受到了动摇，会对婆婆产生敌意。如果婆婆本身的"恋子情结"比较严重，那么她就会无意识地对媳妇产生排斥心理，把媳妇视为外来人，认为媳妇的出现让自己的儿子不再恭顺自己，是媳妇夺走了自己在儿子心中的地位，对媳妇产生敌意。婆媳之间的这种敌意很多情况下是无意识的，她们往往先是本能地看对方不顺眼，然后再去为这种"不顺眼"寻找理由，从对方身上挑毛病，有时很小的事情也会被放大，造成恶劣的后果。

从根本上来看，婆媳关系的症结在于争夺家庭地位，尤其是争夺自己在儿子或丈夫心中的地位。婆婆希望保持对儿子过去一贯的影响力，让母子关系不因媳妇的加入而减弱。媳妇则希望丈夫把心都交给自己，削弱婆婆对丈夫的影响力，自己坐稳女主人的位置。所以，很多时候婆媳的冲突不在于事情本身，而在于双方都想争一口气，争夺家庭的主导权。一旦这种冲突加剧，后果非常严重。媳妇往往抱怨婆婆不明事理，为老不尊，处处指手画脚管太宽，而婆婆往往指责媳妇不孝，挑拨儿子或孙子与自己的关系。这种冲突扩大后，还会殃及夫妻关系、亲子关系、祖孙关系，以及亲家关系。

从家庭教育的角度看，婆媳冲突对小孩的影响也是多方面的。有些婆婆会在背后对孙子讲媳妇的坏话，让孙子对妈妈产生负面看法；媳妇也会避免祖孙见面，或者在孩子面前毁谤婆婆，让祖孙关系疏远。小孩子被夹在奶奶和妈妈之间，一方面会觉得奶奶和妈妈都对自己特别好；另一方面又感受到她们彼此之间深深的敌意，这会让他们左右为难，承受心理负担。如果这种负担过于严重，小孩子可能会对妈妈以及奶奶都变得不信任，失去对家庭的信心。小男孩长大后可能会过度担忧母亲与妻子的关系，害怕结婚；小女孩由于从小浸染在婆媳冲突的氛围中，长大后也可能会对婆媳关系心生恐惧，不能从容应对。相反，如果能够处理好婆媳关系，无疑是亲身向孩子作出孝道示范，孩子长大后会更孝敬自己的父母，在择偶时也会把敬爱老人视为理想伴侣的必备特质。

婆媳冲突也会直接影响对孩子的教育方式。有些婆媳故意在孩子教育方面采取不合作态度，凡是一方赞同的，另一方就反对。这种不一致，会让任何良好的教育方法失效，因为孩子根本不知道到底谁才是对的，无法养成稳定的习惯。另一些情况下，婆婆和媳妇之间本身没有大问题，但是由于对小孩的教育方法或理念不同，也会彼此产生嫌隙，进而影响家庭教育的有效性。在后面章节中，我们还会详细探讨这个问题。

对于婆媳关系问题，西方文化会直接采用婆婆退让的原则，要求婆婆退出儿子与媳妇的核心家庭，不加干预。鉴于中国的孝道文化，完全做到这点其实很难。我们的建议是，婆婆应该时刻意识到儿子与媳妇家庭的独立性，尽量少直接干预他们的家庭事务。要做到这一点，最重要的是婆婆要有自己的生活，有自己的事情可以做，否则就会因为"太闲"而不自觉地过度进入儿子的家庭生活。另外，婆婆也应明白媳妇毕竟是别人家养大的闺女，不必对媳妇要求过高，要对媳妇保持尊重，对媳妇尽可能地客气些，放下成见，多夸媳妇的好，少挑媳妇的毛病，信任媳妇，相信媳妇会处理好他们的家庭事务。所谓"儿孙自有儿孙福"，就是这个道理，把媳妇的问题交给儿子处理，不必事事躬亲。

至于媳妇一方，也要谨记毕竟婆婆是丈夫的亲妈，与丈夫有天然的亲情，这是不容否定的事实。明白了这一点，媳妇就不能要求丈夫彻底摆脱婆婆的影响，不可能把婆婆彻底排除在自己的家庭生活之外。对待婆婆，更多地需要艺术，多为婆婆费些心思，多关心婆婆的生活，时不时送些礼物，让婆婆能直接感受到媳妇的善意，这对赢得婆婆的认可非常关键。切记，不可随意在丈夫面前辱骂婆婆，否则会让丈夫产生极大的反感，因为男人不能容忍别人否定自己的母亲；同时，也不要直接在婆婆面前过度指责丈夫，否则会让婆婆觉得是指桑骂槐，婆婆会本能地"护犊子"，别忘了，那可是她的亲生儿子。另外，赢得婆婆的赞赏，对夫妻关系也大有裨益，男士会本能地感激那些对自己母亲好的人，会把对自己母亲的爱视为对自己的爱的最强体现。

对于家里的男主人来讲，最重要的一点就是不要随便在妈妈和媳妇之间站队，一味偏袒某一方。在具体事务方面，妈妈和媳妇之间可能互有对错，这时可以公平对待，但一定只能就事论事，不能上升到人身指责。不管事情的缘由为何，男士都要在情感上让妈妈和媳妇感受到她们都很重要，安抚她们的不安。切记，男士不可把妈妈讲的关于媳妇的坏话，或者媳妇讲的关于妈妈的坏话，告诉另一方，否则，这无疑会是家庭战争的导火线。很多时候，人都需要抱怨一下，排遣一下自己的负面情绪，并不表示一定有多大的仇恨。媳妇和妈妈都会把男士当成自己最亲近的人、可以诉说的人，所以向他讲述自己的不满或者委屈，完全在情理之中，不必过于在意。

三、同胞关系对家庭教育的影响

这里的同胞关系主要指夫妻双方与其兄弟姐妹，以及其兄弟姐妹的配偶之间的关系。在传统大家庭中，同胞关系尤其重要。与亲子关系不同，同胞关系是较为平等的关系，兄弟姐妹之间是平辈，虽然年龄上有长幼之分，但彼此之间没有谁可以享有绝对权威。尤其是在现代社会，兄弟姐妹之间的关系也更加平等，不再赋予长子或幼子特权或者额外义务，因此处理同胞关系一定要讲究公平公正。

同胞关系问题，大多源自家庭资源或财产的分配，以及对父母的赡养义务的分配。往往是兄弟姐妹指责父母对他们之中的某个人过度偏爱，或者某个人占据了过多的家庭资源或财产，因而爆发矛盾。这种矛盾会延伸到父母的赡养问题，一些人会要求根据父母的偏爱程度，或者占据家庭资源或财产的程度，按比例分配赡养义务，取之越多，义务也该越多；另一些人则要求必须平均分配，这也是矛盾的激发点。同胞矛盾一旦激化，小则不相往来，冷眼相向；大则大打出手，水火不容。从家庭教育来讲，小孩子若是长期感受到自己的叔伯姑姑之间，或者舅舅姨妈之间关系紧张，会直接影响孩子的家族观念以及朋友观念。

随着国家二孩政策的实施，很多小孩子都会在兄弟姐妹群中长大，处理兄弟姐妹之间的矛盾，也是小孩子的人生必修课。父母无疑可以在这方面为孩子作出榜样，给孩子留下关于同胞关系的最初印象，这个印象会印刻在孩子心中，让其行为和情感向这个印象靠拢。所以，父母的同胞关系和睦，孩子也会觉得兄友弟恭是合理的，在兄弟姐妹之间发生矛盾时，他们会自发地采用建设性解决方法；反之，若父母的同胞关系紧张恶劣，孩子就会把同胞关系视为负担和潜在的病源，面临同胞之间的争执时，或者采用简单粗暴的对抗性策略，或者索性离得远远的，不再彼此亲近。

另外，朋友关系是同胞关系的衍生物，同胞关系融洽，擅长处理同胞关系的孩子，也会更乐意走出家门，结识更多的朋友。若是同胞关系尚且让人紧张难忍，很难相信孩子会愿意信任朋友，与朋友交心。所以，良好的同胞关系，能让孩子在朋友关系方面更豁达开朗，更容易体验到朋友之间良好的友谊，在社交方面更积极主动，而不是与人隔绝。

最后，父母的同胞关系融洽，也能让孩子从叔伯姑舅姨妈那里得到关心，这对孩子的心理成长也很重要。同时，还可以培养孩子形成积极的家族观念，愿意为亲人付出，同时也乐于从亲人那里寻求帮助。尽管当今社会血缘的作用在弱化，但不管怎么说，让孩子感受到大家族的爱，获得家族支持，会让孩子未来的生活更积极。

第四节　孩子在不断解决问题中成长

正如美国电视剧《成长的烦恼》所演绎的那样，每个孩子的成长过程都有各种烦恼和问题，每个家庭都要学会适应和解决孩子带来的问题。幻想孩子可以安安稳稳、完全按部就班地长大成人，几乎是不可能的。如何看待孩子成长过程中出现的问题，对解决这些问题有重大影响。从心理学和教育学角度看，尽管孩子面临的具体问题不同，但总体来讲可以分为三种类型。

一、发展中的正常问题

孩子呱呱坠地，到完全成年这段时间，身体和心理处于不断地发展变化中，尤其是5岁以前，每过几个月都会有很大不同。孩子的身心发展有客观规律，心理学认为孩子的发展过程并不是完全连续的，而是呈现阶段性的进步。在每个阶段内，孩子的身心变化较为连续，是平缓地进步。但不同阶段之间，孩子会出现本质的变化，在不同的发展阶段之间，会有一个关键期。关键期孩子所接受的影响，会决定孩子是否能顺利进入下一发展阶段。

例如，对语言发展来说，2~3岁是大多数小孩语言发展的关键期，这个阶段孩子的词汇量会大幅度增长，开始说出简单的句子。这个时候，如果对孩子进行语言能力训练，对促进孩子的语言发展最有效。在这之前，即便有高强度的训练，孩子的语言也不会有太大长进。相反，如果在这个阶段孩子没有受到语言刺激，比如没有人陪孩子讲话，那么此后再让孩子掌握语言，难度就会增大。"狼孩"就是一个典型例子。科学家发现从小被狼养大的孩子，由于没有受到人类语言的刺激，长大后就算回到人类社会，他们也很难再学会人类的语言。另外，2~3岁的小孩开始慢慢学会讲话时，他们会对自己学会的语言技能感到非常惊讶，会非常夸张地练习或者炫耀自己的语言能力，比如用喊的方法讲话，每天在父母身边聒噪，遇到这种情况不能一味地横加指责或者强令其停止。

再如，学会走路的孩子，大概从1岁半开始慢慢有了自我意识，迫切想要独立做一些事情。他们会非常兴奋地使用自己的动作技能，时常作出一些小大人一样的举动，并且拒绝父母的帮助，比如自己去拿餐具，自己下楼梯，自己练习穿衣服，而且开始越来越多地对父母说"不""我自己来"。有些行为看起来有些危险和冒失，有时还会故意不听父母的话而坚持自己的主意。碰到这样的问题，父母一定要知道这些都是正常的，孩子需要获得一种自主感，不能过分控制和打压，即便这会让父母非常烦心。父母需要做的是耐心地鼓励和引导，并给予适度的保护。

青春期的孩子自我意识会更加强烈，他们迫切想成年，并得到成人的待遇，厌恶继续被人当成小孩。为了检验自己的成人身份，他们会故意模仿成人的行为，变得非常叛逆。有些孩子会尝试抽烟、喝酒、晚回家、开始谈恋爱、和老师对着干等。这些所谓的叛逆，从心理发展的角度来讲都是正常的，每个人都必须经过这个阶段才会成熟起来。父母需要做的是彻底改变自己以往对待孩子的方式，试着给孩子更多的自由空间，对孩子的需求表示理解，以朋友的角度和孩子谈心沟通，而不能再强制干预，否则就会让问题更加严重。

这类不同发展阶段产生的特定问题，本质上是孩子正常发展的表现。他们摆脱了上一阶段的行为习惯，尝试进入新的更有吸引力的生活领域，就像刘姥姥进大观园一样，满是好奇，难免跌跌撞撞。这些其实都是成长和学习的过程，一旦顺利度过，孩子就会获得新的品质和技能，再上一层台阶，顺利进入下一个阶段。其实归根结底，正常发展中产生的问题本质上是父母和孩子互动不同步的表现。孩子可能已经有了新的需要，对旧的互动方式已经厌烦，但是父母还停留在过去阶段，用过去的方法对待孩子，这样就把孩子"看小"了。孩子想要的和父母给予的不是同一个东西，矛盾由此产生。父母能做的就是对孩子的变化保持敏感，尽量跟上孩子的步伐，灵活调整自己的教育手段。

二、个性化问题

经常有父母这样抱怨:"为什么别人家的孩子都是那样,我的孩子偏偏就是这样?"这种情况大多是因为自己的孩子出现了一些特殊表现,而这些表现让父母感到困惑烦扰。上面我们提到,孩子都有一个普遍的发展趋势,会经历一些普遍的发展阶段,出现一些普遍的生活问题。但其实具体来说,每个孩子的发展情况都略有不同,有些孩子在某个阶段停留的时间特别长,进入下一个阶段就特别慢,似乎更晚熟;而另一些孩子,某个发展阶段特别短,进入下一个阶段也特别快,似乎更早熟。还有一些孩子,在度过某些发展阶段时,波动非常大,问题似乎更突出;其他孩子相对来讲就比较平稳。这是发展速度和发展模式的差异,每个孩子都是不同的,只要问题不是过于严重,就不必太过恐慌,孩子可以按照自己的步伐走过这些阶段。而且有些事情,不见得走得快、走得稳就一定是好事,走得慢、走得波折就一定是坏事。人生是一个整体的过程,前后之间关联紧密,有些问题如果在前期经历得多一些,折腾得久一点,对后期反倒会有好处。比如青春期,如果孩子太过平静和听话,没有经过反思和抗拒就轻易接受了父母和社会对他们的生活安排,到青年期以后反倒容易不安定,怀疑自己的人生道路是否正确,从而经历更多的波折。而青春期如果勇于尝试各种可能性,非常有主见,不盲从父母和社会的期望,就更可能培养出稳定坚实的人生观和价值观,知道自己想要什么、适合什么,青年期进入社会生活后反倒会比较顺利,不会迷茫徘徊。人生中,有些功课是必修的,早早晚晚都得完成,有时即便是留级也可能会有意想不到的收获。

另外,孩子们生下来就是不同的,每个孩子都有自己独特的先天气质,非常类似我们平时讲的脾气,孩子早期的情绪和行为几乎可以说完全受气质的影响。气质主要表现在孩子对周围事物的反应性和自我调节方面。反应性主要指情绪唤醒、注意力以及动作活动的速度与强度。而自我调节主要指孩子如何改变自己的反应以适应环境。比如,有些孩子天生活泼好动,胆子很大,而一些孩子可能生下来就比较安静,不爱哭闹。心理学家发现儿童比较典型的气质类型包括三类，分别是易教养型（约占 40%）、难教养型（10%）、慢热型（15%）。易教养型儿童生理（包括睡眠及饮食）和行为比较有规律，很容易养成日常生活习惯，通常也比较乐观，积极情绪比较多，容易适应新环境；难教养型儿童生理和行为都极不规律，很难接受新事物、新环境，消极情绪比较多，容易哭闹；慢热型儿童通常情况下不太活跃，反应较慢，较为安静，对新环境适应略慢，但是只要给予充足的耐心，他们也能适应新的生活要求。

| 拓展阅读 |

儿童气质模型

有经验的产房护士从小孩子生下来后的哭声和喂乳反应，就能判断出婴儿之间的气质差别，心理学家研究了大量婴儿，认为不同气质的小孩在以下几个方面存在重大差异。

1. 活动水平：自发主动的活动时间与被动的活动时间之比。

2. 反应强度：笑、哭、说话和大肌肉等反应的活跃程度。

3. 反应阈限：引起一种反应的刺激强度。

4. 节律性：身体功能，如睡眠、苏醒、饥饿和排泄的规律性。

5. 注意分散：环境刺激改变孩子行为的程度，如给正在哭的婴儿一个玩具，是否停止哭。

6. 注意的持久度：对一种事物感兴趣的持续时间。

7. 趋近/退缩：对新物体、食物和陌生人的反应，是乐于接受还是倾向于回避。

8. 适应性：根据环境调整自己的难易程度，如在一个陌生的地方睡觉和吃东西，对新刺激的警惕和痛苦反应。

9. 积极情绪：表达快乐的频率。

10. 易激惹：愿望未能实现时的慌乱、哭泣和痛苦程度。

在先天气质的基础上，慢慢地加入后天教养和生活环境的影响，孩子最终会形成比较稳定的性格特点。先天气质的存在提醒我们，不同孩子可能需要不同的教养模式，不同气质的小孩在同一发展阶段会出现不同的问题。即便是同样的教养方式，在不同气质孩子身上产生的效果可能也截然不同，有些是积极效果，有些可能就是消极效果。比如，心理学家发现，有一类小孩的气质是害羞型，他们通常比较安静，善于自我控制，不容易哭闹，对父母较为顺从与合作，但对陌生环境比较胆怯，对新事物反应比较消极，容易退缩；而另一类小孩的气质是善交际型，这种小孩往往活泼好动，精力充沛，非常喜欢新奇事物，探索新环境，喜欢和陌生人相处，但这类小孩往往容易冲动，情绪和行为反应比较强烈。前一类小孩最大的好处是安静，容易合作，比较听话，小时候容易管教，不会给父母造成大的烦恼，童年不太可能出现偏差行为。但是长大后面临社会交际，容易退缩不前，对人际压力比较敏感。对这类孩子，不要给予太多限制和约束，不能用强烈的惩罚手段，而是应该多鼓励、多肯定，培养他们的胆识，允许他们犯错，带他们跨出自己的小天地。后一类小孩，小时候往往麻烦不断，胆大好强，不擅长自我控制。如果引导不当，长大后可能出现很多违规行为；如果引导得当，长大后就会兼具魄力和理性，坚忍不拔，有闯劲，社会活动能力很强。对于这类小孩，最重要的是要和他们达成协议，培养他们的自我控制能力，适度限制他们的冲动，但又不可完全扼杀他们的活力。

最后，男孩子和女孩子可能出现的问题也不尽相同。男孩子中善交际型居多，有活力，比较坚韧，好冲动，而且社会对男性的要求也更多地强调独立自主和敢于担当。而女孩子中，害羞型较多，但社会主流也比较强调女孩子温柔敏感的价值，尽管温柔敏感也有相应的代价。所以，对男孩子和女孩子的教育模式也不必完全一样，应该看到男孩子顽皮中积极的一面，不能要求男孩子也像女孩子那样安静听话。同时，对女孩子，也应鼓励她们和男孩子一样玩耍，让她们积极主动、勇于尝试，这在当今时代也显得更有价值。

三、偏差性问题

上述两类问题着重从发展的角度审视，一般这类问题都在正常范围内，但一些较为严重的偏差性问题，要么是直接偏离社会法律和道德规范，如盗窃、群殴；要么是已经达到了异常心理和行为问题的诊断标准，如严重的网络成瘾、社交恐惧症。

这类严重的偏差性问题往往是小问题长期累积，不能得到解决所造成的恶性后果。从人本主义心理学的视角看，任何孩子，只要基本需要得到满足，都会健康成长。偏差问题的根源就在于孩子的正常需要无法得到满足，或者无法通过正常的方式得到满足。比如，网络成瘾的孩子可能是因为在日常生活中长期受挫，愿望总是无法得到满足，缺乏积极肯定，所以才逃避到网络的世界中。而加入不良青少年群体的孩子，有可能是因为在学校里被老师和同学集体排斥，在家里没有父母关照，曾经受过太多欺负，所以加入不良团体并从中寻找归属感和安全感。

严重偏差行为是由多种风险因素导致的，问题并不全出自孩子身上。孩子所生活的家庭、学校、社群构成了一个综合生态环境，风险因素可能是从家庭到学校，再到社群逐步蔓延。起初是家庭功能的失调，然后是孩子在学校的问题行为，最后是孩子在社区中的不良表现。所以偏差问题的解决，必须综合分析，需要孩子、家庭、学校、社区的全面参与。很多父母发现孩子在学校出现问题后，往往直接指责学校方面的过失，而没有反思自己的家庭教育问题。不良的家庭环境会造成孩子的脆弱性，如退缩、自卑、孤独，使孩子无法融入学校的同伴群体，而同伴友谊和同伴支持的缺失，尤其是同伴的排斥和欺负，会进一步把孩子推向绝望的境地，最终孩子可能选择极端的方式来获取想要的关注，有时通过伤害自己，有时可能通过报复那些伤害自己的人。最坏的一种结果可能是完全从社会生活中退出，隔绝在自己的世界中，导致严重的心理问题。所以，孩子的任一项问题的解决都必须考虑到生活环境的动力系统，兼顾上游和下游的风险因素，塑造健全的生活环境。

参考文献

[1] 劳拉·E. 伯克. 伯克毕生发展心理学 [M]. 陈会昌, 等译. 北京：中国人民大学出版社, 2014.

[2] 约翰·鲍尔比. 安全基地：依恋关系的起源 [M]. 余萍, 刘若楠, 译. 北京：世界图书出版公司, 2017.

[3] 约翰·鲍尔比. 依恋三部曲：依恋、分离、丧失 [M]. 付琳, 等译. 北京：世界图书出版公司, 2017.

[4] 萨提亚. 新家庭如何塑造人 [M]. 2版. 易春丽, 等译. 北京：世界图书出版公司, 2018.

[5] 大卫·萨夫, 吉儿·萨夫. 客体关系家庭治疗 [M]. 童俊, 丁瑞佳, 译. 北京：世界图书出版公司, 2012.

[6] 苏珊·福沃德, 克雷格·巴克. 原生家庭：如何修补自己的性格缺陷 [M]. 黄姝, 王婷一, 译. 北京：北京时代华文书局, 2018.

[7] 叶光辉, 杨国枢. 中国人的孝道：心理学的分析 [M]. 重庆：重庆大学出版社, 2009.

[8] 罗伯特·斯莱文. 教育心理学：理论与实践 [M]. 吕红梅, 姚梅林, 等译. 北京：人民邮电出版社, 2016.

[9] 约翰·杜威. 经验的重构：杜威教育学与心理学 [M]. 上海：华东师范大学出版社, 2017.

[10] 许燕. 人格心理学 [M]. 北京：北京师范大学出版社, 2009.

第四章 家长应如何对待孩子

本章概要

从出生的那一刻起,孩子幼小的心灵就在敏锐地感知着这个世界。父母对待孩子的方式深刻地影响着孩子的情感、认知和行为的发展,也决定了孩子将会如何与这个世界相处。尊重、理解和爱就像阳光、空气和雨露一样滋养着孩子,当我们给予孩子尊重、理解和爱时,孩子也会以同样的方式回应这个世界。用尊重、理解和爱指引陪伴孩子前行的路,这是每一位家长的愿望。本章我们将和您一起了解尊重对孩子成长的重要意义,也会向您展现了解孩子的发展对理解孩子"学习"和"行为"的重要性,还会和您探讨为什么孩子需要"支持性的爱"以及如何在家庭中建造"爱"的共同体等。本章有理念的指引,也有理论的介绍,还有一些具体的方法和技巧,希望能为您打开一扇小小的窗,帮助您用更多的爱、理解和尊重去支持孩子的成长和发展。

第一节　尊重孩子

一、倾听我们的内心

英国著名的教育心理治疗师安吉拉·克利福德－波斯顿曾说:"孩子们背负着各种期待而生,父母和孩子终其一生都既在试图将自己从对方的期待中解脱出来,又在努力满足对方的想象。"

父母不是我们能选择的,因此我们每个人都背负着原生家庭深深的印记不断前行。同样,我们也不能选择自己的孩子,当孩子降生时,他的一生也将深深地打上父母的烙印。因此,不管是孩子刚刚来到这个世界,还是已经陪伴了孩子很久,我们都必须不断地、反复地审视自己的内心:你希望孩子有一个怎样的人生?

相信很多家长都会回答:"我们希望孩子有一个健康、快乐、幸福的人生!"可是,什么是幸福的人生呢?你所认知的幸福和孩子将来所追求的幸福是同一种幸福吗?如果是,那么你今天要为孩子明天的幸福做些什么呢?如果不是,你又如何看待孩子未来所渴望的幸福呢?

其实,所有的这些问题最终会归结到一点,那就是我们应如何看待自己的孩子,并以此来对待孩子和自己的关系。

二、我们如何看待孩子

历史上把"看待孩子"的问题称为"儿童观"。概括来说,大致有以下"看待孩子"的观点(见表4-1)。

表 4-1　历史上"看待孩子"的观点

观点	描述
儿童是"小大人"	儿童是"缩小"的大人，儿童是小大人，儿童和大人没有什么区别，即使有的话，那也只是身高和体重的不同而已。用成人的标准去要求儿童，儿童被期待像成人一样去行动
儿童是"白板"	儿童刚生下来的时候，其心灵就像一块白板，成人可以任意塑造成各种各样的东西；就像是一张白纸，洁白无瑕，成人可以在上面画最新最美的图画；就像是一个空容器，成人可以任意填塞，把各种知识经验灌输进去，而不用考虑儿童的需要
儿童是"附属品"	儿童是父母婚姻的结晶，与其抚养人之间的关系只是一种依附关系。父母可以控制儿童的生活，决定儿童的一切事情，把儿童培养成他们认为最理想的人
儿童是"有能力的主体"	儿童是有能力的、积极主动的权利主体，应有主动发展自己潜能的机会，在出生、成长、发育的过程中，成为自主的行动者，能表达自己的主张和意见，充分行使自己的权利
儿童就是"人""儿童"	儿童首先是一个"人"，其次才是一个"儿童"。我们不可以过多地夸大"儿童"的作用，把儿童放到一个至高的高度，也不可忽视儿童的一些根本特性

你赞同以上哪些关于看待儿童的观点呢？在现代文明社会中，人们对如何看待儿童达成了以下共识。

（1）儿童是人，具有人的尊严和一切基本权利。

（2）儿童是一个全方位不断发展的"整体"的人，他具有满足生存和发展需要的权利。

（3）儿童期不只是为成人期做准备，他具有独立存在的意义。

（4）不同性别的儿童应受到平等对待。

（5）儿童有其内在的生动的精神生活，成人应当尊重和珍视这种精神生活；儿童还具有行之于外的丰富多彩的文化活动，成人应注意理解和参与儿童的精神生活与文化活动，不应将成人文化无条件地强加给儿童。

（6）儿童的精神世界和文化生活可以给成人启示；成人应当向儿童学习。

（7）每位儿童都有接受教育的权利，教育的目的不仅在于儿童的发展，还在于儿童的欢乐和幸福。

（8）儿童有权拥有欢乐自由的童年，应最大限度地发展儿童的智能。

由此可见，"尊重"成为现代社会儿童观的核心，即尊重儿童作为一个独立的个体、一个有着独特的生命价值的人的权利。因此，作为家长，我们既不能把孩子当成"小大人"，也不能把孩子当成自己的"附属品"或者"私有财产"，而要将孩子看成一个活生生的、有血有肉的、有着自己独立想法的完整的人。

三、尊重才能让孩子自尊

每个孩子来到这个世界，他们会产生无数的关于"自我"的问题，比如"我从哪里来？""为什么我喜欢吃甜的？""为什么我喜欢爸爸妈妈表扬我？""为什么他们不和我一起玩？"……这些关于"自我"的问题实际上是孩子的"自我意识"在不断发展的表现。

自我意识包括自我认知、自我体验和自我调节三部分。自我认知是孩子对自己的认识和评价，如对自己高矮胖瘦的认识、对自己性格特点的认识、对自己爱好特长的认识等。在这些认识的基础上又怎么看待自己的这些特点呢？这就形成了自我评价。自我体验是自我的情感部分，是孩子对自己的一种态度，包括自豪感、自爱、自信、自尊等。还有一部分是自我调节，这是孩子有目的、有方法地对自己的情绪、行为进行调整的过程。

在自我意识形成的过程中，别人的评价是孩子最在意的事情，因为别人的评价是孩子可以感受、体验到的，别人的评价会严重影响孩子的情感。可以说，孩子在与环境、他人互动的关系中，不断产生和形成了自我意识。而自尊是自我意识中最重要的部分，它是孩子对自己的能力、自己的价值能否得到他人（同伴、家庭、社会）认可的一种情感体验。当孩子能很好地处理自己的事情，如自己如厕、自己洗脸，得到同伴的喜欢和爸爸妈妈的表扬时，孩子就会获得一种胜任感，从而产生自信心；相反，如果孩子不能成功地处理事情，没有得到他人的认可和赞扬，孩子就会有一种无力感，自卑的心理就会开始慢慢笼罩孩子的心灵。当孩子不断地获得能力的胜任感并得到他人的肯定和承认时，孩子就会进一步产生价值感，感受到自尊带来的愉悦。而这种对自尊的体验又会激发孩子通过不断调整日常生活的行为表现去维系和巩固，这就让孩子的自我意识始终处于一种向上的轨道和积极发展的状态。

所以，我们常常看到，自尊的孩子，往往也是自信、自强的孩子，而缺乏自尊的孩子，往往也是自卑和自暴自弃的孩子。

尊重孩子，就是要尊重孩子的自主性、尊重孩子的需求。即使是刚刚出生的婴儿，他们也需要家长的尊重。也许有家长会说："婴儿那么小，什么都不懂，怎么尊重啊？"其实不然，当我们内心深处对一个小小的独立的生命有一份敬重时，我们就可以学会并做到对婴儿的尊重。尊重婴儿，意味着把婴儿的需求看作真实而又重要的，需要认真地理解和对待婴儿试图发出的信息。

妈妈 A 对丈夫说："我刚刚给他换了尿布，而且再过一个多小时才到喂奶的时间，所以他又哭又闹真是没有道理啊！"

妈妈 B："好吧，他已经换完尿布也吃过奶了，所以他哭闹肯定不是这两个原因，我想想我要怎么才能弄清楚他想告诉我其他什么事情。"

显然，妈妈 B 表现出的是对孩子的一种尊重的态度和做法。

尊重意味着不是把孩子当作被动的接受者，只是在消极地接受成人决定为他们做的任何事情。相反，应当认为孩子也有能力主动参与到一种关爱的伙伴关系中，并可以在这种关系中进行交流。

请大家对照以下标准和做法，看看自己有没有尊重婴儿的意识和做法。

（1）根据婴儿对吃饭、睡觉和玩耍的自发需求来制定日程表。不要想当然地认为成人知道什么对婴儿来说是最好的，也不要试图让婴儿来遵从成人的时间表。当家长对婴儿的身体和社会性需求作出恰当的解释，并且没有先入为主的看法时，孩子会得到很好的照料。同时，这种做法也表现出了对每个家庭成员需求和决定的尊重。

——早上 8 点萌萌准备喝奶，而天天却在早上 7 点睡着了，并且有可能一直睡到上午 10 点。在婴儿早期，顺应婴儿身体的需求就是对婴儿的尊重。

（2）相信哭闹的婴儿有真实的需求，并迅速对此作出回应，让婴儿知道成人已经接收到他们所发出的信息。这种回应并不是一定要把婴儿抱起来，也可能是说说话、眼神的交流、调整婴儿的姿势或视野，或者为婴儿提供一种新的活动。家长的回应意味着婴儿知道他们的信息被接收到了，并且受到了重视。

——妈妈一边加热明明的奶瓶，一边温柔地对明明说："我听到你的哭声了，我知道你饿了，再等一分钟就好了哦！"明明听到妈妈的声音后，安静了下来。

（3）允许婴儿主导交流，并试图理解他们的交流信息。尊重婴儿的成人认为，婴儿拥有自己的非语言交流方式。

——"我想你是想到桌子那边去是吗？我看到你在看桌子上的小玩具哦！"

（4）给婴儿一些暗示，并在开始之前观察他们的准备情况。在互动的过程中，尊重婴儿的态度是把婴儿作为与他们相关的日常活动的主动参与者；成人和婴儿说话，并解释将要发生的事，就像婴儿可以理解这些话一样。

——爸爸正在给小新穿衣服，他告诉小新该穿衬衫了。爸爸耐心地等待小新伸出胳膊。

（5）当婴儿表现出某些感觉时，成人需要认真对待。成人要支持婴儿找到应对和承认这些感觉的方法。

——"你今天早上是不是不高兴呢？好吧，我有一个好办法，我觉得我们一起看一本图画书也许会让你感觉好些！"

对回应婴儿来说，不尊重的做法有以下这些。

一是忽视婴儿的苦恼、反应或主动行为。

二是当家长要进行常规的看护工作时，不与婴儿进行语言交流，直接打断他们的游戏或者正在进行的活动。

三是强迫将陌生人的注意力加在不情愿的婴儿身上。

四是不考虑婴儿的感受，分散他们对自己感受的注意力或者忽视他们的感受。

五是将婴儿看作可爱的小东西，如将游戏帽戴在他们头上称他们看上去"有多可爱"。

家长朋友也许会问："我的孩子已经不是婴儿了，我要怎么才能体现对他的尊重呢？"以下几条意见和建议，供大家参考。

（1）真实地表达自己的情感并示范处理技巧。孩子大多是通过对周围人的观测和聆听来学习的，当成人接受了他们自己的感受并建设性地表达时，孩子不仅有了积极的榜样，并且会感受到尊重。

——"明明，今天看到你真高兴。"这向孩子表达了他能够理解的爱意。

——"你向爸爸扔东西的时候，我真的不喜欢你，这让我生气。"这向孩子明确表达了扔东西这一行为的后果，但并没有剥夺孩子的价值感，这是有尊重的批评。

（2）认识并接受孩子做某事的原因，但也依旧指出那些"但是"，孩子就会逐渐认识到别人也有需要。

——"你想要看这本书，但是欣欣正在看。"

——"你喜欢爬上去，但是这个地方很不安全。"

（3）尝试为孩子提供解决方案。每说一个"不"的时候，提供两个能接受的选择。

——"在等的时候，你可以玩游戏，也可以和我一起洗碗。"

——"不可以吃糖，但是你可以吃一个苹果或者你喜欢的草莓。"

（4）用语言或非语言的行为表现对孩子的喜爱和真诚的兴趣，让孩子意识到家长在关注孩子都做了什么、在乎什么。

——"明明，你又在玩橡皮泥，我发现你很喜欢用橡皮泥做各种各样的小动物啊！"

——"平平，我很喜欢你骑自行车的样子，你记得你是怎么学会的吗？"

以上这些方法和技巧只是为家长朋友提供了一扇窗口，其实只要有一颗尊重孩子的心，你还会找到很多方法让孩子感受到价值感和尊重。

第二节 理解孩子

一、理解孩子的前提是要了解孩子的发展

重视孩子的价值，给孩子无条件的尊重，这是家长学会与孩子共同成长的第一步，也是形成良好亲子关系非常重要的基础。但是在与孩子相处的过程中，除了一起度过的那些开心、美好的时光，留在你心间的一定还有很多灰暗和充满阴霾的时刻。那就是家长要处理很多由孩子带来的冲突和矛盾，要不断地矫正孩子不适当的行为，还要紧张焦虑地督促孩子的学习。家长要想成功地处理这些与孩子相关的难题，仅仅有尊重是不够的，还要学会理解孩子。

理解孩子并不是一件容易的事，理解孩子的前提是我们需要了解自己的孩子以及孩子的发展。很多家长会说，"我很了解他呀，我知道他喜欢吃什么、不喜欢吃什么，我知道他高兴起来有什么表现，知道他有什么小秘密等"。可是，这些还远远不够。我们所说的了解，是了解孩子行为的原因，了解孩子发展成长的规律和特点。

我们可以尝试回答下面几个问题，看看自己是否真的是从"行为"和"学习"这两个角度去了解孩子的。

（1）处在这个年龄段的孩子会有什么明显的行为表现？

（2）处在这个年龄段的孩子为什么会有这些行为表现？

（3）处在这个年龄段的孩子最应该学什么？

（4）处在这个年龄段的孩子怎么学习最有效？

我们可以看一下这个例子：在如何对待婴儿的哭闹时，一位妈妈分享了她的经验。她说："我妈妈告诉我，不需要对孩子的每一个要求都作出反应，否则会把孩子宠坏的！"于是她仅仅是根据孩子哭闹的程度作出了反应。结果，孩子的哭闹不仅没有减少，反而更厉害了。

事实并非像这位妈妈所想的那样。儿童心理学的研究告诉我们，婴儿直到8个月才会拥有建立起因果关系的思维能力。因此，孩子不可能为了唤起妈妈或外婆的注意，而故意躺在小床上大声哭闹去引诱妈妈走到自己跟前来。相反，哭闹只是婴儿表达不适或者需求没有得到满足，当他的哭闹得到及时回应时，会慢慢减少焦虑，从而意识到这个世界是一个美好的地方，人们都关爱他，他会得到很好的照顾。

显然，这位妈妈缺乏对婴儿发展和对婴儿行为表现的认知，因此她才根据自己妈妈的"经验"作出了照顾婴儿的不恰当行为。

我们还可以分享一个例子，就是很多家长都头疼的2岁孩子会有特别明显的"自我中心主义"的表现。这个年龄段的孩子认为东西都是自己的，不喜欢给别人，也不愿意和其他小朋友分享，甚至还会出现抢夺别人物品的行为。很多家长在处理孩子的这种行为时往往采取两种方法：一是惩罚孩子，通过惩戒的方式避免相同行为的再现；二是和孩子讲道理，希望孩子懂得和学会与人分享。

但是如果我们学习或了解了一些2岁孩子发展的特点就会知道，这个时期孩子的典型特点就是只会从自身的需求出发看待世界，和孩子交谈、说教甚至责备也不会对孩子的行为有任何改变。这个时期的孩子就是通过拥有和获得去形成自我感，而只有自我感形成之后，孩子才会开始去关爱其他人，也才有可能去分享。《一个学步幼儿的信条》清晰地反映了这个年龄阶段孩子的行为特点。

以上两个案例都清晰地表明了一点，"理解孩子"不是空洞的说辞，而是需要一定的知识作为支撑。只有了解了孩子的发展，我们才能真正理解他们的行为表现以及原因。

那么，怎样才能做到有效地了解孩子呢？以下建议供你参考。

（1）做一个热爱学习的家长——尽管关于子女教育的书汗牛充栋，我们还是建议你的案头应该有一本《儿童心理学》或《发展心理学》，你可以根据孩子的年龄特点和书中孩子的发展阶段进行对照。

（2）做一个勤于观察和记录的家长——建议你把孩子的典型表现以及孩子

的问题都记录下来，包括你是尝试如何解决的、效果如何等。观察和记录会让你对孩子的认识更加理性和客观，会帮助你不断地反思自己的教育行为。

（3）做一个善于表达和沟通的家长——建议你定期和孩子进行"一对一"的沟通，或者以家庭会议的方式进行沟通。你可以和孩子交流一下对一个问题的看法或者对彼此关系的认识等，刚开始的时候孩子和你也许都会有些不习惯，慢慢你就会发现你们都会喜欢上这样一个坦诚交流的时刻。这不仅会加深你们的亲子关系，更会让每一个家庭成员都感受到自己很重要。

| 拓展阅读 |

一个学步幼儿的信条

如果我想要，它就是我的。

如果我把它给你了，但后来我又改变了主意，它就还是我的。

如果我可以从你手中拿走它，它就是我的。

如果刚才我拿着它，它就是我的。

如果它是我的，它就将再也不会属于其他任何人，不管它是什么。

如果我们在一起搭积木，那么所有的零件也都是我的。

如果它看上去像我的，那么它就是我的。

二、理解孩子的核心是要让孩子获得价值感和归属感

一百多年前，被誉为现代自我心理学之父的奥地利心理学家阿尔弗雷德·阿德勒在《儿童教育心理学》中就指出，"人天生追求价值感和归属感"。阿尔弗雷德·阿德勒认为，价值感和归属感是影响孩子成长的内在力量，帮助儿童建立和培养独立、自信、勇敢、不惧困难的品质以及积极与他人、集体合作的能力，关键在于让孩子获得价值感和归属感，而孩子的不良行为也是建立在对怎样达到价值感和归属感的错误想法之上的。阿尔弗雷德·阿德

勒的心理学理论产生了深远的影响，美国著名教育专家简·尼尔森正是在阿尔弗雷德·阿德勒的研究基础上建立了"正面管教"的系统教育方法，风靡全球。

价值感（Sense of Significance）是指得到他人与社会的尊重以及感受到生存的价值。对孩子而言，就是孩子能够感受到自己的能力，认为自己在这个集体中是有能力的、有价值的、能作出贡献的。心理学研究表明，习得社会价值标准是形成儿童价值感的关键，而这一关键环节是儿童在社会化过程中不断实现的。随着儿童社会化程度不断加深，价值感的来源也不再仅仅限于父母的接纳和喜爱，逐渐来自更多的社会性交往。

儿童对社会价值标准的习得经历了从无标准到外界标准再到内化标准的过程（见表4-2）。

表4-2　儿童对社会价值标准的习得过程及表现

儿童对社会价值标准的习得	表现
无标准和外界标准阶段	儿童对行为标准的认识是缺乏或外在的，他们对自我行为的判断更多是通过成人或同伴的反应性评价，如果个人行为获得了成人或同伴的肯定，孩子就会认为自己的行为是好的、正确的，也就是符合了社会价值标准，从而获得了价值感，就表现得高兴和自豪；相反，如果孩子的行为引起了成人或同伴的否定、批评，他就会认为自己的行为是不好的、错误的，不符合社会价值标准，也就不会获得价值感，通常的表现是悲伤、后悔、羞愧等负面情绪
社会标准内化阶段	儿童对自己行为的判断不会过度依赖于他人的反馈，而是通过内化的社会价值标准来评价自身的行为是对还是错，并相应产生喜悦或难过等类似的情绪体验，获得价值感或无价值感

可见，学龄前的孩子处于无标准或外界标准的阶段，他们获得价值感最主要来自外在的反馈，尤其是与孩子关系亲密的父母、同龄伙伴或教师等；学龄期的孩子对外界的评价逐渐客观化，并慢慢地形成了一套相对成熟的自我评价机制，自我价值感也逐渐稳定下来。

归属感（Sense of Belonging）是指个体认同所在的群体（团体）并感觉自己也被群体所接纳从而产生的一种属于这个群体、与这个群体息息相关的感觉。这是孩子作为一个社会个体最基本的需求。

| 拓展阅读 |

儿童理解社会价值标准的三个阶段

1. 无规则阶段——该阶段儿童社会价值标准概念几乎为零，他们不能把个体行为与集体、社会联系在一起。虽然儿童也知道要遵守规则，即听大人的话，但是不知道为什么要遵守规则，而且会把无必然联系的社会规则等同起来，但他们对偷窃、撒谎等行为能够判断，认为那是坏行为。

2. 成人规则阶段——该阶段的儿童以父母或老师的要求作为社会价值标准，成人的话就是绝对权威，产生了"必须绝对服从"的概念，虽然孩子还不能理解社会规则价值的内涵，但能够认识到社会价值标准和一般规则对于自己的生活是非常重要的。

3. 清楚认识阶段——该阶段儿童已经理解社会规则和社会生活的行为标准，认识到它们对于集体生活和全社会成员的重要性，具有了一定的道德观念，并且在与他人的相互作用中，学会遵守社会价值标准和行为规则。

（日本学者新井，1989）

美国著名心理学家马斯洛在著名的需求层次理论中，将"归属与爱的需求"列为继"生理的需求""安全的需求"之后最基本的需求之一，并认为这是人的一种基本的精神需求（见图4-1）。

研究也发现，一个人对某个群体（家庭、班级、学校）等的归属感会影响他对这个群体的亲密程度和对群体规则的接受程度。归属感强的人往往责任感也强，会主动将群体联系在一起，并进行有益于群体的行为；而缺乏归属感的人，会觉得自己孤独，没有依靠，没有安全感。对于儿童来说，归属感来自他们对群体生活的直接感受和体验，家庭是幼儿最早接触的社会群体，父母对待儿童的态度和方法对幼儿的归属感会产生非常重要的影响。

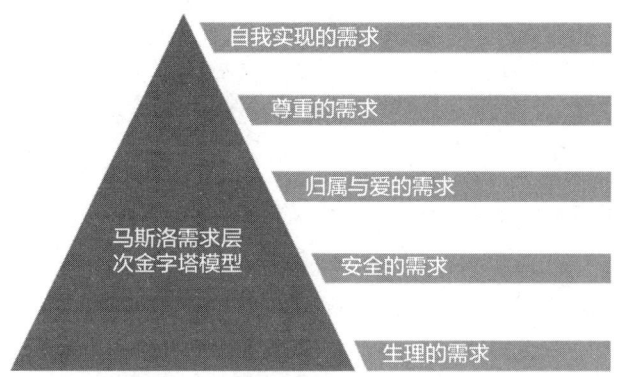

图4-1 马斯洛需求层次金字塔模型

通过以上分析可以发现，价值感和归属感都是儿童成长与发展最基本的精神需求和心理需要，如果家长不能及时让孩子在价值感和归属感上得到满足，孩子就会通过各种行为去寻找、获得这种满足，一些不良行为或"坏孩子"行为就会产生。

作为家长，应如何让孩子获得价值感和归属感呢？以下一些原则和建议供你参考。

（1）用真正钦佩和具体的评论来承认、欣赏孩子的成就。

（2）努力创设一种鼓励和重视孩子个性的家庭氛围，如把孩子的作品放在家里显眼的位置。

（3）为孩子提供能够安全享有的自由，避免伴随左右或限制儿童的行为等过度的保护。

（4）积极地倾听，用"在我看来你……""听上去你感到……"等富有同理心的语言表达对孩子感受的理解和关切。

（5）为孩子提供丰富的信息，让孩子意识到家庭、同伴对自己的友好和关爱。

（6）在孩子感受到挫败、生气、失望时给予陪伴和支持，尝试让孩子表达内心的感受和想法。

第三节 让孩子感受到爱

一、给孩子具有支持性的爱

"爱"是孩子在成长过程中一种关键性的心理需要,它对孩子自我发展的稳定性和统一性具有重要作用。爱的需要是指孩子具有充分感受到被他人尊重、理解、关心、爱护的需要,同时也表现出具有尊重、关心和爱护他人的需要。爱的需要既包括对来自他人的爱的需要,又包括主动付出、表达爱的需要,前者是他人指向自己,后者是自己指向他人,是个体的爱的付出的需要。孩子"爱"的来源广泛,既有亲情(父母)之爱、友情(朋友)之爱,还有教育者(师生)之爱,但在孩子成长早期,父母之爱是照亮孩子生命最重要的那道阳光。

对孩子的"爱"有很多种,有宠爱、溺爱、钟爱等,并非父母所有的爱都对孩子的成长有益。我们强调给孩子的"爱"是一种具有支持性的"爱",这种爱既不宠溺娇惯,也不放任自由,它着眼于孩子内心的成长,在尊重和理解的基础上,让孩子积极主动地生活,热情投入地学习。表4-3可以帮助大家清楚理解"支持性的爱"和"缺乏支持性的爱"对孩子发展的不同影响。

表4-3 支持性的爱和缺乏支持性的爱对孩子的不同作用

支持性的爱对孩子的作用	缺乏支持性的爱对孩子的作用
1. 允许孩子追随自己的兴趣和想法	1. 增加孩子对家长的依赖
2. 帮助孩子发展独立性和主动性	2. 促进孩子的服从感和遵从感
3. 增强孩子对自己的信心;培养孩子的同情心以及关心他人的行为	3. 增加孩子的恐惧感、攻击性和愤怒感
4. 通过谈论和阐释等多种方式教会幼儿解决问题	4. 鼓励没有思想的顺从,而不鼓励拥有采取建设性行为的意愿
5. 不断促进家长对孩子发展的理解	5. 限制孩子恰当表达强烈情感的能力
6. 不断让父母以发展的眼光积极地理解孩子的行为,不认为孩子是淘气的、顽劣的或有其他不良的动机	6. 使幼儿习惯于受他人支配而不是自我支配,从而限制孩子主动性的发展
	7. 将注意力放在孩子的"坏"上,而不是问题或行为上,增加了孩子的内疚感

在具有支持性的爱的环境中，父母和孩子是合作者，父母重视并理解孩子，努力给孩子创造一种充满支持性的氛围，孩子会感到舒适自在，和其他人的相处也融洽而和谐。孩子可以自由地追随自己的兴趣爱好开展各种活动，学习在自然而然地发生，成长是一种积极、快乐和自然的体验。

如何给孩子营造一种具有支持性的爱的家庭氛围？采取以下三种策略有助于你实现愿望。

（一）父母和孩子分享控制

在支持性的爱的氛围中，分享控制意味着家长和孩子轮流担任主导者和被主导者、讲话者和倾听者，每个人都有机会和权利发表自己的观点和做一些事情。家长可以采取下面的一些方法。

（1）应孩子的要求参加他的活动。父母按照孩子的提示进行游戏和交流，听从孩子的指挥，接受孩子分配的角色，赞赏孩子的想法并且真诚地表达自己从中获得了快乐。

（2）向孩子学习。不要把自己当成无所不知的全能爸爸或超人妈妈，而要把自己当成和孩子一样的学习者，当孩子愿意主动告诉我们一些事情的时候，积极地倾听；当你需要帮助时，向孩子提出请求，如果他也不知道，鼓励他并和他一起学习找到答案。

（3）有意识地给予孩子支配权。安排一些事情和时间让孩子自己管理，让孩子感受到自己想法的力量。

（二）把注意力放在孩子的优点上

父母常常会将注意力放到孩子"不能做什么"或"不会做什么"上去，并总是着急地想让孩子"会做"和"能做"，可是这种做法会给孩子带来极大的心理压力，他们会变得焦虑，自然也就感受不到父母的爱了。只有以孩子"想做什么"和"能做什么"为出发点，孩子强烈的动机和兴趣才会被激发出来。下面的方法会帮助你关注孩子的特长和优点。

（1）密切关注孩子的兴趣。孩子总是愿意去做一些建立在已有知识经验基础之上的新事物，有时候父母会觉得孩子老是在重复，如果仔细观察，就会发现孩子的兴趣也在发生变化，这时为他提供一些新东西会更快地激发孩子的兴趣。

（2）从孩子的角度看问题。为什么孩子总是不好好吃饭？其实对很多孩子来说吃饭就是一种游戏，当你理解了这一点，你就不会责怪孩子了。所以，尝试用开放的心态去看待孩子的行为，鼓励孩子多试试别的方法。

（3）围绕孩子的优势和兴趣制订计划。家长可以把孩子每天做的有趣的事情记录下来，然后想想在家里要提供什么样的玩具和活动才能让孩子更好地学习，尽量每天都能让孩子在家里找到让他们感兴趣的东西。

（三）鼓励而不是赞扬

很多父母认为赞扬可以让孩子建立自信，还有的父母把表扬作为一种对孩子行为管理的手段，就是让孩子赶快平静下来，让孩子表现得像一个"好孩子"一样。但研究表明，赞扬对孩子可能利大于弊。当父母运用表扬时，孩子学会了依靠成人来判断对错，而不是运用自己的判断能力判断是非，赞扬还会使幼儿为了得到表扬或奖励去好好表现，而不是出于自己内心的需要进行学习，还有的孩子甚至会把得不到表扬作为批评，他们会责问父母："你们为什么还不表扬我？"

我们强烈建议父母使用鼓励而不是赞扬的方法。通过鼓励，表明父母认可孩子的努力，让孩子意识到父母关注的是他们的行为和他们学到了什么，而不是是否能让父母满意。可以尝试以下方法来鼓励孩子。

（1）参与孩子的活动。参与孩子的活动或者游戏是一种积极的鼓励方式，这让孩子感到他们的活动和想法是重要的和有意义的。它也提供机会让父母来为孩子引进新的经验，扩展孩子的知识和技能。

（2）鼓励孩子描述他们的努力、想法和成果。不要告诉孩子他们做了一件好事或是做了漂亮的东西，而应该给他们非常具体的意见和建议，鼓励他们讨论做了什么、是怎么做的以及具体的过程。父母的注意力要放在孩子的行动上，而不是结果上。如果孩子画了一幅画，你可以说："我想知道你是怎么给这只小鸟画出了这么多颜色的羽毛的？"而不是说："你这幅画真漂亮！"这样的对话会向孩子清晰地传递这样一个信息：你是感兴趣的，你是真的喜欢！这样会促成你和孩子间一次真挚自然的交流，也会加深你们的关系。

二、用爱培育孩子的学习品质

我们努力尊重、理解孩子，为孩子付出全部的心血和爱，这都是为了什么呢？答案是我们希望用爱、用理解、用尊重为孩子一生的发展打下坚实的基础，给他一个良好的开端。

为人生奠基，为未来起航，最重要的就是为"学习"做好准备。"学习"是孩子成长最有效的方式，父母为孩子做的一切、付出的一切，从某种意义上说都是为了孩子更好地学习。然而，家长对孩子的"学习"看法却大不相同。有的父母认为写汉字、背古诗、学英语是学习，有的家长认为游戏是学习，还有的家长认为只要孩子做自己喜欢的事就是学习。对孩子而言，"怎么学"比"学什么"更为重要。"学习"不只在于知识和经验的获得，即"学什么"，更为重要的是怎么养成良好的学习习惯，如何形成积极的学习态度和动机，怎样获得高效的学习方法。因为在"怎么学"的过程中所体现出的兴趣、意志、专注、热情这些品质在相当程度上决定了孩子今后是否能够独立、自主、积极主动地获取知识、解决问题、发展能力，甚至决定着孩子在学业、个人生活和事业上的成功。因此，孩子"怎么学"更具有终身发展的价值，这就需要我们用尊重、理解和爱去培育孩子的学习品质（见表4-4）。

表4-4　什么是学习品质

项目	描述
学习品质的定义	学习品质是从儿童早期开始形成、发展，并对儿童现在和将来学习都发挥重要作用的基本素质，包括学习态度、行为习惯、方法等方面
重要的学习品质	"孩子在活动过程中表现出来的积极态度和良好的行为倾向""积极主动、认真专注、不怕困难、敢于探究和尝试、乐于想象和创造"等
学习品质的作用	学习品质可以强化孩子的学习能力，可以帮助孩子通过计划、专注、克服困难、坚持到达目标，让孩子在学习中获得成功的体验

美国著名学者马里奥认为学习品质由两个维度组成：对学习的热情

（Enthusiasm）和学习中的投入（Engagement）。对学习的热情是引发和维持学习的情感及动机，包括兴趣、快乐和学习动机三个要素；学习中的投入是在学习中表现出来的行动或行为，包括专注、坚持性、灵活性和自我调节四个要素（见图4-2）。

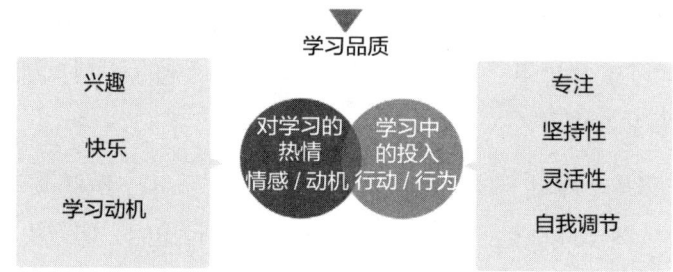

图4-2　学习品质的维度和要素

研究证明，培育孩子的学习品质有两个重要的策略：一是和孩子建立良好的亲密关系；二是和孩子一起建造爱的共同体。

（一）建立良好的亲密关系

父母不要想当然地认为孩子与你的亲密是一种自然的关系，特别是随着孩子的成长，父母甚至会产生疑问："孩子为什么越大和自己越不亲了呢？"与孩子良好的亲密关系需要父母的经营与维护，前面谈到的"尊重"和"理解"其实已经为亲密关系进行了很好的诠释，不过还可以采取一些策略来使你和孩子的关系更加亲密。

（1）当你的眼睛与孩子的眼睛触碰到一起时，请保持微笑。

（2）当你在倾听孩子谈话时，请将身体朝向他。

（3）当你结束了和孩子的谈话时，请停留一会儿，继续看着孩子，然后再转向别的活动——你这是在向孩子确认，他和这次谈话对你很重要。

（4）在教给孩子知识时，与孩子分享自己的经验。如在看一本关于大山的书时，和孩子分享自己小时候爬山的经历。

（5）让孩子看到你是不完美的："哎呀，爸爸忘记带钥匙了，你能帮爸爸想想办法吗？"

（6）对孩子的喊叫、攻击等行为表示理解并给予回应，给孩子安全的心理环境。

(二)建造爱的共同体

"爱的共同体"是父母和孩子之间基于统一的目的、共同价值观而产生的"同心圆",彼此相互关心,相互支持,主动参与并一起进行活动和决策。"爱的共同体"为孩子提供了归属感和价值感,使家庭成员间的亲密关系得以维持并不断深化。很多研究都表明,对所有的孩子来说,强调营造共同体的家庭和学校,能够培养孩子学习品质的关键要素,即更加浓厚的自我导向和更加强烈的学习动机。建造爱的共同体可以从小处入手,从一点一滴做起。

(1)试着说"我们可以一起做决定",而不是总是替孩子做决定。

(2)为孩子示范尊重性的语言,鼓励孩子使用这些语言,如"谢谢你帮妈妈收拾了餐桌和碗筷"。

(3)一起制定家庭共同规则,和孩子一起讨论为什么要制定规则以及如何遵守这些规则。

(4)教孩子学会听取别人的意见,在讨论中作出贡献,听别人讲话时要看着他,发言要学会等待,等等。

(5)用出去野餐或其他适当的方式作为庆祝和建造爱的共同体的仪式,让孩子清晰地知道自己是这个共同体中重要的一员。

(6)和孩子一起感谢为爱的共同体作出贡献的人或事,帮助和引导孩子关注、描述别人做的好事。

参考文献

[1] 弗朗索瓦兹·多尔多. 儿童的利益:学会尊重孩子 [M]. 王文新,译. 上海:上海社会科学院出版社,2012.

[2] 英海尔德,等. 学习与认知发展 [M]. 李其维,译. 上海:华东师范大学出版社,2001.

[3] 芭芭拉·鲍曼,等. 渴望学习:教育我们的幼儿 [M]. 吴亦东,等译. 南京:南京师范大学出版社,2006.

[4] 戴安娜·帕帕拉，萨莉·奥尔兹，露丝·费尔德曼.发展心理学——从生命早期到青春期[M].李西营，等译.北京：人民邮电出版社，2013.

[5] 简妮·爱丽丝·奥姆罗德.学习心理学[M].汪玲，等译.北京：中国人民大学出版社，2015.

[6] 约翰·霍特.孩子是如何学习的[M].张雪兰，译，北京：北京联合出版公司，2016.

[7] 卡罗尔·格斯特维奇.发展适宜性实践[M].霍力岩，等译.北京：教育科学出版社，2011.

[8] 简·尼尔森.正面管教[M].玉冰，译.北京：北京联合出版公司，2016.

[9] 约翰·D.布兰思福特，等.人是如何学习的[M].程可拉，等译.上海：华东师范大学出版社，2002.

[10] 李季湄，冯晓霞.3-6岁儿童学习与发展指南[M].北京：人民教育出版社，2013.

第五章 家长应具备的教育能力

本章概要

　　当今社会，对人的素质要求越来越高，任何岗位都要求培训、考核，尤其重要的岗位对其培训更多、更严格，且是持续性的。然而作为孩子的第一任老师，肩负着生、养、育、引等重大责任的父母，却几乎是"无证上岗"的。"父母是一份没有上岗证的职业，孩子是没有说明书的产品。"有的家长盲目认为教育孩子可以无师自通，或者把教育孩子的责任推给学校，或者千方百计地为孩子找好学校，不惜花费重金让孩子从小挤进各种重点学校。大多数家长并没有真正意识到培养一个身心智健全的孩子需要承担哪些责任，也没有认识到科学的家庭教育对孩子学业和职业发展的重要性。家庭教育是其他一切教育的基础，家长对于孩子的成长起着决定性的作用。

　　一个优秀的孩子从来不是自发地长大成才，一定是教出来的，无论是得益于家长的言传身教还是有章可循的悉心指导。无论是外界物质环境还是内心精神世界，家长对孩子的影响和教育作用远远大于任何其他教育形式。这就要求家长具备教育的能力，学习教育的方法，懂得孩子的成长规律，了解孩子的心理，才能使孩子有好的发展和未来。在孩子成长过程中，家长的教育能力是需要不断学习补充、及时修正和完善的，好父母都是不断学习和实践出来的。

本章我们将和您一起探讨，在孩子成长过程中，家长应具备和不断完善引领的能力、情绪的自控能力、沟通能力及家庭环境营造能力等教育能力。

第一节 引领的能力

一、家庭教育的目标

（一）让家长了解家庭教育的意义和作用

家庭教育是教育孩子的起点和基点。家庭成员是亲密关系的重要组成部分，家庭教育就是家长在日常生活中，有意通过亲密的深度的情感连接影响彼此，父母通过言传身教以及按照各自家庭的养育和教养方式，对子女施以一定影响，从而达到教育和引导的作用。家庭教育既是一种教育方式也是家庭活动，其结果既影响家庭成员也影响整个社会的人才发展水平。在完整的教育体系中，家庭教育占50%，学校和社会教育各占20%，自我教育占10%。每个家庭对孩子的教育目标虽各不相同，其影响因素也有所不同，但是关于孩子的教育问题，不仅是家庭的头等大事，更关乎一个国家的命运和未来发展。

（二）让家长学习科学的育儿和教育方法

家庭教育，不仅是对孩子的培育和管教，也是对家长的教育和培训：做一个合格的家庭导师，让家长更像家长。家庭教育其实是一门艺术，而家长想要掌握正确的教育理念和方式，就需要不断地学习和培训，提升自身素质，改变自身的缺点和问题。

家长除了从专业途径吸取经验和知识，学习方法和技能技巧，还要学会掌握孩子各个年龄段的心理特征，使用更贴近生命规律的教育方式。不仅要树立正确的家庭教育观念，而且要不断地顺应时代发展，为孩子营造良好的家庭教育环境。

（三）养育和培育"新三好"孩子

当今对"三好"孩子的定义是"身体好、习惯好、性格好"，这"新三好"不仅是对孩子身体素质、行为习惯、性格品行等多方面能力均衡发展的要求，也是对家长教育孩子新的关注点的引导。

家庭教育的目标不是让孩子考上大学或者找到一份好工作，而是把孩子培养成一个完整的人：一个人格健全、心智正常、有教养、懂规则、能独立生活的人。

二、以身作则

（一）以身作则的重要性

家长是孩子的第一任老师，家庭是孩子的第一所学校。孩子从出生到整个成长的过程都在观察和模仿养育他的人以及适应周围的环境，父母是孩子的一面镜子，父母的一言一行都影响着孩子。俗语说"龙生龙，凤生凤""有其父必有其子"，同理就是"问题孩子的背后也有一对问题家长"。

（二）如何做到以身作则

家长的一言一行、一举一动孩子都看在眼里，甚至家长不为外人所知的习惯和处理事情的思维模式、做事方式等孩子都是能够感受到的。

一个满嘴脏话和粗话的家长很难教出一个礼貌儒雅的孩子；一个对老人不孝顺的家长，其孩子自然也很难怀有感恩之心；生活不自律或者不守约定的家长，孩子学到的也是拖沓懒散和不遵守约定、无规则感；一个时刻手机不离手的家长，要求孩子不玩手机也几乎是不可能实现的……

家长应以身作则，时刻注意自身的言行举止和待人接物的方式态度，严格要求自己、不断学习和提升自己，孩子能从家长身上看到并习得、感受到正能量，逐渐吸纳、内化，从而发展为良好的性格和品质。

（三）如何做好孩子的榜样

（1）尊重孩子，把孩子放在平等位置上，把孩子当作一个人来处理问题，而不是当作一个"小人儿"去征服。

（2）孩子犯错，不要马上就居高临下地教训和呵斥，而是首先问清缘由和帮助其理清问题出在哪儿，并告知注意事项或告诫。

（3）家长需要勇于承认自身的错误，不要随意撒谎和随便毁约，接纳自己的不完美并努力改进，别以为孩子不懂或者不知道，孩子能感知的远比你看到的要多得多。

（4）尽可能陪伴和花时间训练孩子，就连动物园的动物都能被驯兽师培训出多种讨喜的技能，何况是一个活蹦乱跳、心智正常的孩子。陪伴能够促进亲子关系和谐，更有利于沟通和行为示范。花时间训练是因为没有哪一种技能和行为是一蹴而就或者一说就能做到的，培养一个好的习惯，需要家长与孩子一起完成并相互监督提醒。

（5）让孩子多看到家长在工作中积极向上、在生活中乐观善良的方面，就算家长没有时间经常陪孩子，但孩子从父母的精神面貌、语言行为以及工作和生活的状态中依然能得到很多力量和能量。

（6）家长注意对自身情绪的管理，很多时候一个家庭出现问题往往是因为相互间不能好好说话或者不能很好地控制情绪。

三、不惩罚、不骄纵的管教

惩罚孩子和骄纵孩子的坏处及影响毋庸赘言，但是如何做到既不惩罚也不骄纵，这对家长的要求比较高，正确且适度地把握和善与坚定，需要家长不断地学习和在生活中践行、修正。可以参考借鉴风靡美国30多年的"正面管教"理念和方法。正面管教以相互尊重与合作为基础，主张"和善与坚定"地教育孩子。父母可以通过体验式课程学习正面管教的理念、方法技巧以及52张工具卡的使用，在生活中不断实践，培养孩子的各项能力，与孩子共同成长。

| 拓展阅读 |

正面管教

  "正面管教"既是一本书的名称,也是一种体验式教育课程体系的称呼。正面管教创始人简·尼尔森,是教育学博士,杰出的心理学家、教育家,加利福尼亚婚姻和家庭执业心理治疗师,美国"正面管教协会"的创始人。

  《正面管教》的书籍被翻译成16种语言,在美国销量超过400万册,在美国之外的国家销量超过200万册。正面管教主张和善与坚定地管教孩子,是一种既不惩罚也不娇纵的管教方法,培养自律、有责任感、懂得合作以及能够独立自主解决问题的能力。

第二节　情绪的自控能力

一、认识情绪

(一)情绪的形成

  情绪是个体的一种心理活动,是一系列主观认知经验的通称,包括感观和行为综合产生的心理及生理状态。情绪分为与生俱来的"基本情绪"和后天学习到的"复杂情绪"。影响情绪的因素也多种多样,包括内在和外在因素两大类,也有心理和生理的交互作用,还受到荷尔蒙和神经递质影响。

(二)情绪的大脑密码

  人的大脑可以粗略地分为三个部分:最里面的是脑干,负责人体的基本功能,如心跳、呼吸等;包裹着脑干的是边缘系统,有小丘脑、杏仁核等,主要负责情绪的产生;最外面的是大脑皮层,像帽子一样扣在边缘系统上,主要负责理性思考、逻辑及数字判断等。其中,杏仁核是产生情绪、识别情绪、调节情绪的大脑中枢，也是控制情绪、学习和记忆的脑区，可以说杏仁核是情绪的总司令，情绪比理性的产生快6~7秒，然后才转移到大脑皮层，因此在这6~7秒，大脑就像死机一样，什么都听不进去，情绪也停不下来。

脑科学家Dr.魏把人脑中进行的运算分为两种：一种叫I型信息处理，这种运算非常迅速，不需要思考就能作出反应。情绪就是I型信息处理的典型代表。另一种是II型信息处理，是理性思考能力，以语言分析为代表。它是慢速的，需要调动很多认知资源，处理起来比较费劲。所以，有时候一不小心没控制住情绪，让它冲了出来也是正常的，很多成年人尚且如此，何况是孩子。

（三）情绪的作用

情绪的产生是人的本能，是上天赐给我们的礼物，它有助于我们的生存，保护我们不受伤害，但处理、疏导或消除这种情绪的时候，每个人的方式方法、思维看法以及最后决定采取的行为不同，因此情绪产生的影响有积极和消极两方面。

情绪对健康的影响。情绪本身没有好与坏，但是消极情绪逐渐累积会对神经系统和免疫系统产生影响，从而影响内分泌和对应的各个器官的健康，常言道"喜伤心、怒伤肝、思伤脾、忧伤肺、恐伤肾"，消极情绪严重时也可导致病变。严重的负性情绪本身就是一种不健康状态，积极的情绪有利于健康和长寿。

情绪对工作和人际关系的影响。情绪是一种能量，是可以流动和传递的，因此情绪不仅仅对产生情绪的个体有影响，而且对其身边的人也有影响，最直接影响的人就是身边的家人和同事，进而会影响亲密关系、家庭和谐、人际交往和工作效率、事业成败。

二、觉察控制情绪

（一）找到情绪的来源

情绪的来源其实是内在的想法，当情绪到来时，我们要觉察到情绪的存在，识别它的来源，理解它为什么会出现。然后面对并接纳它，最后才是想办法如何管理它、调整它或淡化它、摆脱它,使其不会对自己身心健康产生太大的负面影响。接纳不是像个垃圾桶,无论什么情绪都照单全收,而是无条件接纳自己的感受,想想它从哪里来,找到情绪真实的源头。

(二)应对情绪的错误方法

当消极的情绪到来时,很多人往往采用了错误的应对方法:一是忍,这样的严重后果就是深深地伤害到自身;二是直接发泄,或者大发雷霆,或者冲动暴力,其后果是让事情更难堪,且破坏了人际关系;三是逃避,越逃避的事情往往越没有放下,而且会暗暗酝酿成比较严重的负面情绪。

(三)正确应对情绪的方法

一是淡化法,改变心中的想法,大事化小,小事化了;二是抽离法,也叫积极暂停法,让自己暂停一切行为或暂时离开当下的场景;三是与情绪和解,即带着这种情绪去写写心情文字,配合这种情绪去做一些自己喜欢的事情。认可情绪才能很好地接纳它,认可情绪以应对情绪的黄金法则就是"先处理心情,再处理事情"。

(四)情绪是可控可塑的

神经科学家戴维森经长期实验论证和研究发现,情绪形态由六种向度组合,包括回弹力(回复快/慢)、展望(正向/负向)、社会直觉(麻木/善解人意)、自我觉识(不自知/敏锐)、情境敏感度(失礼/得体)与注意力(聚焦/分心),这构成我们的情绪图纹,也就是个人大脑情绪生活的基础;通过评估情绪形态的问卷,你可以了解自己在各个向度上的落点。正因为情绪形态由大脑神经回路决定,所以大脑可塑性让情绪管理有很大的改善空间。

三、共情

共情,也称为神入、同理心,是由人本主义创始人罗杰斯所阐述的概念,指的是一种能深入他人的主观世界,了解其感受的能力。产生共情的方法有换位思考、认真倾听、表达尊重。共情能力不仅有助于个人的身心健康和持续发展,还有助于社会的和谐持续发展。

婴儿在无人关注他时会哭，有人抱着哄时会笑；孩子上幼儿园时常常因各种事情发脾气，有时是因为别人引起的，有时是因为自己"办不到"引发的。孩子越长大，来自周围的压力越大，面对的冲突、挫折越多，家长需要把孩子的每一次情绪表达视为辅助他成长的机会，家长无须对孩子的情绪负责。一个人成熟的重要标志之一就是做情绪的主人。

当孩子情绪到来的时候，家长要能够正确地识别它，并无条件地接纳它，与孩子产生共情，有规则地接纳孩子的行为，帮助孩子认识情绪，引导孩子分析原因并找到排解、宣泄情绪的方法。无论家长还是孩子，都需要"允许情绪正常地来，能够让情绪正常地走"。只有让孩子学会自己体验、表达和控制、疏导、排解各种情绪，他才能成为真正自主和快乐的人。

| 案例 |

共　情

孩子跟妈妈一起逛超市，看见一个玩具非要买，但是家里已经有很多类似的玩具，而且这个玩具比较贵，不在当天的采购预算之列，孩子哭闹或者要赖一定要买。

妈妈："嗯，我看到你哭了，我知道现在不给你买这个玩具，你很难过是吗？"（询问感受）

孩子："是的，我就是想要这个玩具。"

妈妈："我知道你很想要这个玩具，但是家里已经有很多这样的玩具了呀，你还记得……（罗列出类似的玩具的名字，勾起孩子玩这些玩具时的美好回忆）；何况，这个玩具的价格已经超出了我们今天采购的预算哦，今天我们家的购物清单里并没有打算要买玩具的。"（与孩子产生共情，并解释不买的原因）

孩子："可是我真的很喜欢这个玩具呀。"

妈妈："我也很喜欢新的东西，就像你总是喜欢新的玩具一样，但是我们家买玩具是有约定的哦，还记得是什么吗？（罗列平时的约定或者家庭规则：一是要用自己的零花钱；二是节日时爸爸妈妈会送给你的，还有就是你自己的表现好争取到的，如帮忙做家务）你觉得现在能够符合哪一条呢？"

孩子："……"（可能说出其中一点，或者不说话）

妈妈："我会和你一起遵守约定哦，如果下次你凑够了零花钱，或者下个月你生日的时候你还想要这个玩具的话，我就把它当作生日礼物送给你吧。"

孩子："好的。"

四、当孩子有情绪时，家长应该怎么做

（一）家长做到四不要

（1）不要去控制、压制孩子的情绪。每当孩子产生情绪，有的家长像救火消防员一样，马上拿着高压水枪把孩子的情绪浇灭。这样会使孩子产生逆反心理或把负能量积累在心里。

（2）不要试图解救孩子或包办解决孩子的所有问题。否则，会剥夺孩子自我感受和处理情绪问题的机会，不能很好地认识和处理自己的情绪问题。与负面情绪过招，是孩子成长的必经之路，何况家长不能包办代替孩子一辈子，不能帮助他们去感受生活中的各种痛苦和快乐。

（3）不要只为息事宁人或让孩子快速安静，在孩子负面情绪产生时就一味地退让和妥协，甚至讨好、取悦孩子。否则，会让孩子为了达到"目的"肆无忌惮地"爆发"情绪，不能找到真正的原因和正常的排解方式，甚至将这种爆发情绪延伸到社会交往中，但其他人却不会如父母一般妥协和退让，因此会严重影响孩子未来的社会交往和人际关系。

（4）不要对孩子的情绪视而不见或者完全冷落孩子，或认为小孩子的情绪纯属矫情或者无关紧要，或有的家长比较忙也根本无暇顾及孩子的情绪和需

求。否则，长此以往，孩子得不到父母的回应和关爱，会变得孤独、懦弱、封闭，不自信、不愿表达自己。

（二）家长可以做到

（1）帮助孩子正确地认识情绪、感知情绪。每一次孩子产生情绪，让孩子认真体会当下的感受，学会认识自己的情绪，感知和接纳自我情绪。感知情绪，本身就是安抚，倘若孩子还能将感受表达出来，情绪问题就基本已经解决了。

| 小贴士 |

认识情绪小工具——情绪脸谱

把"情绪脸谱"或者家长与孩子一起制作的各种情绪的表情图贴在家里比较显眼的位置。当一件事情发生，或者一种情绪出现，引导孩子对照图片识别自己的情绪，找到自己的感受。家长描述发生的事情，然后询问孩子："请问你现在的感受是什么呀？感受可以用一个词来形容的话，你看看这个图上，哪种情绪或者表情图跟你现在的感受一样呢？"

（2）与孩子共情。当孩子从情绪脸谱上找到了那种感受，或表述出了那个情绪关键词，家长需要理解孩子当下的情绪，并能够与之产生共情，认可孩子的感受。如果孩子选择的是"难过"，家长就需要试着去理解孩子心中的"难过"感受，试着询问、确定或帮助分析孩子难过的原因。

（3）引导孩子合理地宣泄情绪。孩子对自己的情绪认识度不高，有时候甚至辨别不出自己的感受，家长可以告诉孩子："过一会儿你再告诉我也没关系，当你准备好之后（等你感觉稍微好一点儿后），可以随时来找爸爸或者妈妈谈谈。"孩子常常无法排解和合理宣泄负面情绪，也无法控制好自己的情绪，不要让孩子的负面情绪在心中产生郁积或者造成内伤，如自闭、自卑、畏惧等，也不要让孩子一直采用不良的宣泄方式来表达不满和愤怒，如无理取闹、撒泼打滚、倔强、暴力、伤害自己或他人等，家长需要帮助孩子学习如何排解和找到不伤害自己和他人的宣泄情绪法。情绪的宣泄全部向内和全部向外都是不可取的，需要引导孩子自己找到让内心平衡、平和的宣泄方式，而且还不会对周围的人造成不良影响。

| 小贴士 |

引导孩子合理宣泄情绪的小妙招

通过游戏和玩具或者"角色扮演、场景再现"等方式来帮助孩子认识情绪、宣泄情绪。游戏能帮助孩子宣泄内心的紧张，为负面情绪提供转移注意力的机会。如"扔沙包""打地鼠""击鼓"和"拍毛毛熊屁股"等需要消耗体力的投掷、拍打、喊叫的游戏，能帮助孩子宣泄负能量。而场景再现和角色扮演通常是对事件的复盘和对一些可能会发生的情况的提前预防，让孩子在发生冲突或遇到挫折时有心理预期和正确的应对方式。家长还可以鼓励孩子培养健康的兴趣爱好和参加体育锻炼，帮助他们在产生压力和负面情绪时找到健康的排解、宣泄方式。

通过积极暂停和暂时隔离，让孩子学会在平静之后再处理问题，即"先处理心情，再处理事情"。家长理解孩子的感受，允许孩子"宣泄"情绪，以尊重、理解孩子的态度认真倾听孩子的表达，甚至是"告状"。帮助其弄清事实、理清思路和找到孩子的真正所需，让孩子自己寻求解决问题的办法。当孩子感觉到了足够的关爱、受到了尊重和理解，他们的情绪就会表现出一种良好的状态，从而得到心理上的平衡，即"只有当孩子感觉好了，才能做得好"。

当孩子有情绪时，应避免对孩子进行惩罚，或粗暴、冷漠地回应孩子，也须避免对孩子的攻击行为作出让步和妥协。同时，要避免对孩子进行情绪绑架，比如，家长应避免跟孩子说"你那样做，妈妈会很生气（妈妈不喜欢）"，即"孩子不应对家长的情绪负责"。

第三节　沟通能力

一、积极倾听

（1）沟通是一种能力，更是一种习惯，应该从小养成。顺畅沟通的前提是积极倾听，但倾听是父母最难学会的沟通技巧，积极倾听才是真正沟通的开始。生活中有些父母觉得沟通就是不断地说、讲、谈，其实需要经过暂停、观察、倾听三步之后，才能有效地进行良性互动的沟通。

（2）人的情绪和感觉是看不见摸不着的，当孩子想要对你表达什么的时候，请首先暂停手中的事情，诚恳地看着孩子的眼睛，仔细地观察孩子的表情动作和情绪状态。只有当孩子感觉到家长的尊重和重视，感受到亲子间的情感连接之后，感受到是在一个安全和谐的氛围之中，他们才能放松地说出真实的想法，然后才是耐心地听一下到底孩子想表达什么，并能够给予回应，哪怕是"是的""我了解""哦，这样啊"这些简单的回应语言也是必不可少的。当积极倾听这一步做到位了，孩子说出了心里想说的话，也相当于在引导孩子学会自己理清自己的思路，事情就解决了一半了。因此，沟通法则之一是"先建立情感连接，再进行沟通"。

| 小贴士 |

启发式提问——典型的启发式问题

问事实（Fact）：你当时想要完成什么？——事情起因

问感受（Feeling）：你对发生的事情有什么感觉？——询问感觉和感受

问想法（Thinking）：你认为是什么原因导致了那件事情的发生？——关注孩子的思考能力

问行动（Action）：接下来，可以怎么做呢？

　　问收获（Leaning）：你从这件事情中学到了什么？你怎样才能把这次学到的东西用于下一次（将来）？你现在对解决这一问题有什么想法？——引导孩子归纳总结

（3）使用启发式提问，需要保持平等和尊重的心态，带着真正的好奇心提问，不带预设答案或者套路孩子；要给孩子权利，如选择权和决定权，关注解决问题，让孩子自己得出结论；允许孩子不知道，而且通常事情也没有标准答案，不必强求；还需要多问孩子 How 和 What，尽量不问 Why。

二、表达能力培养

（1）孩子 0~3 岁，是学习语言阶段，家长需要有意识地引导孩子讲话和练习各种对话。经常选择不同的话题引导孩子说话，还可以用身边的物品，如图片、绘本、玩具等教孩子练习说话或编故事、模拟角色对话等。通过玩具和书籍等让孩子在玩乐中形成良好的思维并发展语言能力。

（2）孩子 3~6 岁喜欢表达个人的见解了，家长要多引导孩子正常交流和尽量讲长句子。如果有语言和逻辑错误，也可以不经意间重复孩子的意思，以正确的方式表达出来。例如，"宝贝，我听到你刚才讲的是……（正确地重复孩子的意思），对不对呀？"让孩子在不知不觉中学习和模仿正确的表达方式。这个阶段家长需要做到耐心倾听，并积极回应和不刻意纠正。多用问话的方式和孩子沟通，留给孩子更多机会来表述，就能帮助孩子发展思考能力和判断能力。

（3）孩子 6 岁以后，父母要以平等的朋友身份倾听和交谈。建立亲子间的信任和尊重，以及凡事都真诚沟通的对话模式。不要摆出家长的架子试图靠语言和行为压制孩子，使其听话和顺从，也避免使用强硬和命令口气，甚至是念经般没完没了的大道理，孩子并不会心悦诚服，而且会出现逆反和顶嘴。多使用"我注意到……""我看到……"的方式，让孩子感受到平等和尊重。在生活中学会与人好好说话，善于沟通的孩子合作能力才会更好、人际关系更和谐。

（4）多用正面语言。嘴巴是心灵的门户，是诉说和宣告你心里想法的唯一途径，用嘴才能正确地表达出来，别人才能理解，这就是语言。语言还要具有感染性和传递功能。有时候"一句话甚至可以影响人的一生"，有心理学和语言学研究证明，"你的语言可以塑造孩子的行为方式和思维模式"。生活中不乏有家长常用负面的、悲观的、命令的甚至是暴力的语言与孩子讲话。

| 案例 |

场景一

孩子去厨房拿杯子倒水，走到客厅喝，家长如果说"小心点儿，别洒了（别摔了）""别走太快，小心洒出来了（小心摔倒了）"，这就是负面的语言；如果说"好好端着，慢慢地走哦（嗯，端得挺稳的，不错）"，这是正面的语言。要用明确的方式或行为指令告诉孩子可以怎么做，而不是用担心可能发生的事情给孩子造成压力。

场景二

孩子写作业磨蹭，家长着急地说"还不快点儿写，不然又不能按时上床睡觉"；若遇到唠叨的家长，会将"快点儿写作业"这句话来回念叨好多遍；若是严厉的家长，表述就变成了"快点儿写，晚上10点完不成不准睡觉（或者其他惩罚方式）"。孩子通常都有拖拉和磨蹭的行为，有的是习惯问题，有时可能是外界环境干扰使之分心，有时可能因为孩子面对的作业太多或者太难，产生畏惧心理，迟迟不能动手写或者进入状态。这时需要家长关注一下周围的环境和孩子的情绪问题，以及了解孩子拖延的原因，而不是一味地催促和唠叨甚至惩罚。

场景三

孩子做错了事情或者考试考砸了，家长对孩子大吼大叫"你真没用""你这个捣蛋鬼，到处被你搞得乱糟糟的""你怎么这么笨，这点儿事情都做不好""看你考的分数，这几道题都不会做吗"……对这种负面的甚至暴力的沟通语言，孩子除了接收到家长传递的负面情绪和感受到恐惧之外，并不会促进事情往好的方面发展，而且长此以往会伤害到孩子的心灵，对孩子的内心成长造成创伤，孩子更容易出现情感障碍。

解决孩子的问题，家长要用正面的态度、学会把正面的语言运用到生活各个细节中。无论是家庭关系、夫妻关系还是亲子关系，正面语言都是非常重要的情感润滑剂，会避免家庭各种关系出现不必要的碰撞和矛盾。孩子也会在正面积极的谈话氛围中一点一点学会好好说话，学会积极思考和应对问题的技巧。家长给孩子多一些肯定和表扬，少一些否定和批评，有利于孩子树立自信心。不要让负面语言和暴力沟通毁了孩子。

| 拓展阅读 |

非暴力沟通

《非暴力沟通》一书，由马歇尔·卢森堡博士著。非暴力沟通的核心是"寻找需求"，帮助我们"既表达自己，又关心他人"。非暴力沟通的四个要素是观察、感受、需求、请求。其结构如下。

说出一个事实：观察并说出事实，而非评论，学会区分观察和评论，也就是区分事实和观点。

说出自己的感受：切记是表达感受而不是想法。比如形容感受的词语"难过、痛苦、孤独、开心、焦虑、烦躁"等。

说出为什么（需求）：学会表达出自己的需求和发现别人的需求。

提出一个清晰明确的要求：把你真实的想法说出来，需要怎么做及要什么，而不是不要什么，对方才有可能作出积极的回应，沟通效果才有可能会好。

第四节　家庭环境营造能力

人总要在一定的环境中才能成长，人创造环境，也依赖环境，同时环境也能够创造人。家庭环境的营造包括两个方面：一个是物质方面的硬环境，主要体现在家庭的经济状况、居住条件及地域地理位置、父母职业和社会地位等显性的可衡量的条件；另一个是精神方面的软环境，取决于家庭成员的关系、和谐度及父母亲密度，家庭成员的文化素养、道德品质等隐性的无法具体衡量的条件。

一、物质环境的营造

物质环境主要由整个家庭的经济收入水平决定，大到居住条件、生活设施，小到柴米油盐、吃穿用度，都跟家庭的经济条件直接相关。

（一）安全性

安全性是首要的因素，无论居住条件优劣，应至少是安全和稳定的，处于一个整天吵架或抽烟喝酒赌博的环境，孩子的身心都会受到影响，而且会模仿。

（二）家庭经济条件

家庭经济条件能够给孩子提供最基本的温饱和正常必要的学习条件，否则，其他的教育、培养无从谈起。

对物质条件较高一些的要求，是家庭能够提供培养孩子兴趣发展的条件，如因人而异报兴趣班和培养某一项特长，每个家庭应根据自身实力和情况有所选择和取舍。

（三）生活的环境

生活的环境应有一定的开放性和自由度，无论在高档私人别墅还是鳞次栉比的高楼小区，或是农村的独立小院、城市周边的自建房，孩子能够有走出家门玩耍和结识其他小朋友的机会，就算是在家长的陪同下走出去，也比整天只能待在封闭的楼层和房间要好。尽管现代城市社会邻里关系比较陌生，但是同一个街区、同一个小区、同一所学校、同一个村镇的小孩子需要一起玩耍和互动，不要让孩子脱离同龄群体。

（四）家内的干净和舒适度

"环境塑造人"体现在外在环境方面尤其明显，一个脏乱差的家庭很难培养出一个整洁自律的孩子。房间的整洁度和舒适度不仅能反映一家人对家庭的关注度、热爱程度，而且能体现出家长的素质、文化素养甚至情感关系。如果在家庭教育中缺失了"保持房间干净整洁""自己的房间自己收拾"和"家务分配、协作"等教育，那么孩子在成长过程中不但不会成为父母的"帮手"，甚至会逐渐变成"巨婴"。

无论贫富和居住条件如何，家内的干净和舒适度是由家庭所有成员共同参与营造的，让"我爱我家"真正地落实到日常点滴的行动中，让一房一屋、一餐一食都饱含家的味道。

二、精神环境的营造

家庭的物质条件虽重要，但是贫穷或富裕对孩子的成长都有两方面的影响，若要充分发挥优势、克服不利影响，还需要家长积极营造家庭的精神环境。家庭精神环境对孩子的影响要远远超过家庭物质环境的影响，一个家庭无论多贫穷，只要有家人的爱和自由平等的环境，孩子也能够快乐地成长，但一个严肃冷漠或者关系恶劣、彼此漠视的家庭，无论贫富，都不能让孩子感受到快乐和幸福。

（一）家庭正常生活的组织安排

父母有工作、有事可做，有经济收入，无论收入高低，都要能够精打细算或者善于安排组织一家人的生活起居，既能保障必要的生活学习和工作需要，也不铺张浪费，既能保障家庭及成员的安全健康，也能保证舒适和独立性。根据孩子的不同年龄，应教授孩子一定的经济知识、生活常识，让孩子参与家务劳动、参与家庭生活的组织安排和经济管理，对自己的专属空间进行收拾和整理，这有利于孩子归属感和主人翁意识的培养，也能增强孩子的家庭责任感，使孩子在生活实践中学会如何安排生活。

（二）家庭安全感的营造

一个孩子在家庭中是否拥有足够的安全感，取决于家庭成员之间的关系以及对孩子的关爱程度，简言之，爱是一个家庭建立与和谐的基石。只有当孩子感受到爱与自由，才能拥有足够的安全感和面对人生一切困难的勇气与信心。父母或家人最好不要在孩子面前吵架，一个家庭中夫妻关系的重要性要排在所有其他关系之前，父母相亲相爱，孩子才能够感受到安心安定。

此外，父母长辈们都会爱孩子，但爱的方式却有很多种。现代很多家庭的苦恼不是爱太少，就是爱太多或者爱的方式不对，导致一系列的育儿和亲子问题，甚至引发家庭悲剧。要么养出白眼狼，视父母为仇人，要么孩子严重叛逆、离家出走等。爱孩子，不但需要方法，还需要智慧，而且需要全家人的齐心协力。

（三）家庭规则的建立

1."国有国法，家有家规"

诚然，现代家庭很少用到甚至提到"家规"一词，认为这是旧俗传统，不符合现代家庭的生活方式和模式，更不用说有对"家风"传承的概念和意识。不可否认，现代的家庭不能照抄传统的家规家训家法之道，但是一个家庭必须要有"家庭规则"。

何为家庭规则呢？通俗地讲可以分为有形和无形两方面。有形的是一个家庭何时起床、何时吃饭、何时睡觉，家务如何分工，周一到周五如何安排，周六周日如何打算等生活安排、时间管理；无形的是关于待人接物的礼仪礼貌、习惯嗜好、家族内和邻里间的人际关系以及价值观等。因此，家庭规则不仅要求一个家庭生活有规律，而且有规则和规矩，父母既是家庭规则的制定者也是践行者，更重要的是孩子的依靠和榜样。

家庭生活的规律是一个家庭集体长期的行为经验和习惯形成的，包括家庭的生活起居安排、吃穿用、物品的采买和使用、时间管理等，有规律的生活或者有章可循的家庭日常惯例能够让孩子对生活更加有安全感、归属感和秩序感。

家庭规则和规矩是一个家庭精神面貌和价值观的体现，它默默地约束着家庭成员的行为举止，哪些可以做，哪些不可以做。比如，教育小孩子对人有礼貌、不随便拿别人的东西，孩子大了教育他们要遵纪守法，以及教授一些社会规则和道德规范。

2. 使用育儿工具"日常惯例表"

"日常惯例表"是一个培养孩子时间管理能力及自制力的育儿工具，从孩子能听懂话开始就可以使用了，孩子2~5岁刚开始使用时需要家长的协助，6岁以后家长只须引导即可。

生活本就是由一件一件的事情构成的，同成年人一样，孩子的一天也是24小时，孩子每天需要做什么事情也是需要有计划和安排的。在家庭中给孩子一个稳定的秩序，让孩子感受到每一天的生活节奏，而且大部分事情是可以预知的，会让孩子在稳定有序的家庭氛围中愉快地成长。

3. 制作"日常惯例表"的注意事项

（1）孩子年龄不同，家长协助方式和方法不同。当孩子能听懂话但是不会写字时，家长可以通过拍照片的形式来记录孩子每天需要完成的事情，如给孩子做一个睡前的惯例表，可以把每个环节拍照并按顺序贴出来：洗澡、喝奶、刷牙、睡前故事（亲子玩耍）、睡觉。孩子上幼儿园能画画的时候，可以让孩子把需要做的事情画出来，并写上时间。当孩子上小学后，需要完成的事情比较多，可以使用文字和图画结合的方法，或者借助文字和表格来实现。

（2）惯例表制作是在家长与孩子相互尊重和协商的基础上完成的。它是孩子的主观意愿，不是父母强加给孩子，更不是父母控制孩子的工具和借口。比如，哪些时间段需要惯例表，让孩子决定做哪些事情以及完成的先后顺序并标出对应时间。

（3）让孩子将其惯例表贴在显眼的位置，便于提醒自己；而且家长和孩子可以同时制作亲子惯例表，将家庭的时间安排和每天的事务与孩子的事情有效结合，既避免时间冲突，也更能促进亲子协作和相互提醒。

（4）给予孩子有界限、有原则的选择自由和灵活度。如果孩子的惯例表太少或者太满，让孩子在实践过程中去体会，在错误中学习，而且事先可以约定一周或一个月进行反馈和修正，改进惯例表后再继续执行。家长不要急于一次性求完美，也无须奖励、催促和唠叨，不要把惯例表当作紧箍咒或者有魔力的神符。比如，孩子今天吃晚饭拖拉了，家长只需要告诉孩子"今天吃饭用了50分钟，比昨天多用了15分钟"，或者孩子超过晚上9点还没有收起玩具准备洗澡，可以提醒孩子"宝贝，现在9点了，看一下你的惯例表，现在我们该做哪一项事情了呢"。

（5）适时鼓励孩子。一是在孩子坚持不了或者遇到困难时给予协助。虽然孩子是自愿参与制作的惯例表，但是在每天的生活中还是免不了被电子产品或者其他事情诱惑或耽误，造成一再拖延甚至放弃。家长开始要陪同孩子一起执行，能够耐心地花时间训练和帮孩子记录时间及完成事项，但仅限于在一旁协助记录，而不是在孩子耳边不断地提醒和唠叨及指责。二是在孩子完成了惯例表上的事情后鼓励孩子的坚持，并及时感谢孩子遵守了约定。

（6）花时间训练。训练是教会孩子生活技能的重要部分，任何技能和方法都需要不断地重复训练才能熟练掌握。无论是孩子的穿衣穿鞋吃饭、打招呼或待人接物的礼仪礼貌，以及洗脸刷牙洗澡梳头，抑或是做家务、做作业等，孩子不是天生就会做这些的，需要他们的模仿学习，更重要的是家长的训练，这不仅花时间精力，而且也非常需要家长的耐心指导。

| 拓展阅读 |

孩子：挑战

《孩子：挑战》，鲁道夫·德雷克斯著。作者是美国儿童心理学家、精神病医生和教育家，现代实践派儿童心理学奠基人。他开创性地将阿德勒的精神分析法和个体心理学发展为一系列实践方法，直接影响了正面管教、父母PET效能等方法的提出，在西方教育界具有深刻而广泛的影响。

鲁道夫·德雷克斯在书中倡导：家长要学习让孩子成为合作者，能够学会如何去了解孩子、引导孩子，不让他们成为无人管的"野孩子"，也不能事事都抓着不放，事事包办代替和控制孩子，让孩子在成长过程中感到压抑和窒息。他建议，既不能纵容孩子，也不能严惩孩子。每一位父母面对自己的孩子时，要赢得的不是挑战，而是爱和尊重，以及相伴中的彼此成长。

（四）家庭平等、尊重、信任氛围的创建

每一个孩子都是独立的个体，需要被看见、被尊重、被平等地对待。孩子既不需要皇帝式地被全家供奉着，也不能被当成家长的附属品。如果家庭没有平等信任和相互尊重的氛围，那么随着孩子成长，在貌似亲密的关系中，其实彼此的心会越来越远。除了父母在日常生活中的言行示范与榜样引领作用，还可以采取如下方式创建积极的家庭氛围。

1. 注重家庭仪式

所有仪式都有强化价值观并建立连接的作用。爱和关心是一种可以流动的能量，但是需要载体将其体现出来，并帮助其在亲子之间、在家人之间流动起来，而最好的载体就是家庭仪式，它可以把全家人紧紧联系在一起，把平时不敢表露的情感表达出来，互相了解对方、认可彼此，并从中获得力量。家庭仪式并非只是形式，其体现出来的仪式感其实是家人间的情感传递，使每个人感受到存在感、认同感、价值感。仪式感会让夫妻关系更和谐，让亲子关系更亲密，也给孩子不断注入安全感和归属感。

仪式感是什么？《小王子》一书中写道，"它就是使某一天与其他日子不同，使某一时刻与其他时刻不同"。培养家庭或孩子的仪式感，就是教孩子用心对待生活中那些看似平凡的小事。重视传统节日和相应的礼仪礼节与仪式，

不仅是教会孩子学习和感受传统文化，而且让孩子体会到家长们对传统的感恩、敬畏和尊重，体会到传统的庄严及意义。除此之外，全家人的生日、特别的生日礼物、孩子开学第一天、孩子参加演出等重要日子，以及起床后互相问候早安、睡前的亲子共读时光或相互拥抱道声晚安、离开家或者回到家的一个拥抱等日常生活中的言行，都可培养仪式感。

只要家长留心并坚持去做，孩子就会学会并跟随家长一起完成。随着时间流逝，所有家庭仪式在孩子心中构成了美好的回忆，这是孩子一生的心灵养分，使孩子精神富足，也是孩子走入社会后面对未来未知困难和挫折的安全基石。

2. 召开家庭会议

（1）家庭会议的作用：一是解决生活中出现的矛盾和冲突，把问题放到家庭会议上，大家充分参与和讨论，一起理智地想办法解决；二是把家庭中重要的事情和安排通过大家讨论明确时间和任务以及各自责任，使事情或安排得到足够重视，并协调全家人的步伐和想法，达成共识之后再处理家庭事务，会得到一个更好的解决方案且避免冲突。

（2）家庭会议的意义：其一，家庭会议是把家人和孩子用爱和理性凝聚到一起，相互传递积极的感觉，认真对待身边每一个人和每一件事情，让孩子在此过程中能够感受到参与感、价值感和被尊重，并从中学习解决问题的好方法。其二，家庭会议促进家人之间的合作和亲密感，是营造家庭温暖时光的重要方法。其三，家庭会议让家人之间学会倾听、合作，关注解决问题，具有正面思维，能够培养尊重彼此、对家庭事务认真的态度，能学会换位思考、从不同角度看待问题。其四，家庭会议避免事事操纵和干预孩子，让孩子学会自律和遵守约定以及承担责任，而且父母以身作则、树立榜样，能营造家庭温馨氛围，让每个家庭成员都享受家庭乐趣。其五，会议前的致谢，是心与心的联结，对家人说了感恩的话，他们会觉得自己所做和付出值得，会特别有成就感，也愿意持续为家庭付出；致谢也能让每个人的努力和贡献、优点都被看见，更有价值感、满足感和受重视的感觉。

（3）家庭会议的规则：时间控制在 15～25 分钟，尽量不要超时。需要有主持人、记录员和计时员；准备一个发言棒，拿到发言棒的人才可以发言，其他人不可以抢话，且每人讲话不得超过2分钟。刚开始练习召开家庭会议时，不讨论任何事情，只相互致谢和一起分享美食，让大家习惯聚坐在一起相互感谢和熟悉召开家庭会议的模式，感谢是需要练习的，说习惯了就会自然，感谢可以表达我们内在的喜悦和善于发现家人的长处，让孩子在互相的感谢中懂得知足和学会感恩。开启积极和谐的沟通氛围，并约定好家庭会议的常规时间，从第五次开始按照约定时间，把现阶段家庭中需要解决的问题或者较大的事情安排作为议题进行讨论。每次会议结束前，将事先准备好的美食端出来大家分享，将文字记录或者合影留存，让每一次家庭会议都有仪式感，孩子甚至会期待下一次会议并积极准备。

（4）家庭会议的注意事项：致谢不是简单的敷衍，而是具体细化的真诚感谢，比如，"谢谢妈妈今天早上帮我梳的辫子，很漂亮""谢谢爸爸开车送我去学校""谢谢奶奶今天给我买了冰激凌吃"。通过头脑风暴的方式进行讨论，讨论是开放的、自由的，拿到发言棒的人可以围绕讨论的议题畅所欲言，没有固定模式和答案，但是其他人不可以插话或者随意评价。家庭会议不是批斗会，也不是家长合伙套路孩子的工具，让孩子充分参与和表达，并能轮流做主持人、记录员或计时员等。记住，长期目标是给孩子传递有价值的生活技能，专注于寻找解决问题的方案，始终把注意力专注于彼此尊重和解决方案上，而不是争输赢高下，也不是一言堂。不要急于求成、没有耐心，或者心存怀疑、浅尝辄止，技能是需要学习的，习惯是需要训练的，效果是循序渐进的，凡事都需要不断磨合和实践。

参考文献

[1] 简·尼尔森. 正面管教 [M]. 玉冰，译. 北京：京华出版社，2009.

[2] DAVIDSON R J, BEGLEY S. 情绪大脑的秘密档案 [M]. 台湾：远流出版社，2013.

[3] 鲁道夫·德雷克斯，薇姬·索尔兹. 孩子：挑战 [M]. 甄颖，译. 北京：生活·读书·新知三联书店，2015.

[4] 济南龅牙兔儿童情商教育的博客：http://blog.sina.com.cn/bitoeq.

[5] 傅真人的博客：http://blog.sina.com.cn/u/2740683240.

[6] 慧育家的博客：http://blog.sina.com.cn/u/3855814610.

[7] 沈阳蒙台梭利儿童之家的博客：http://blog.sina.com.cn/babylovema.

[8] 三有国际的博客：http://blog.sina.com.cn/sanyoupd.

第六章 家长需要处理好的各种关系

本章概要

个体心理学认为，人一生的三大课题包括职业、友谊和亲密关系，个体如何处理在工作、友谊和亲密关系中涉及的人与人合作中的问题，直接体现了人们自身对生活的态度，以及对人生意义的理解。一个人如果可以较好地处理人与人之间的沟通、交流和合作问题，那么个体将在职业、友谊和亲密关系等方面获得较大的满足和幸福。

家长为了更好地培养孩子与人合作的能力，需要学习和提高处理各种人际关系的能力，本章涉及了家长需要学习并处理好的七种人际关系：家长与自我的关系、同胞关系、夫妻关系、隔代关系、单亲与离异家庭关系、家长与教师的关系以及孩子与朋友的关系（见图6-1）。家长不断学习和提升这七种能力,一方面能为孩子起到妥善处理人际关系的榜样和示范作用;另一方面能为孩子的成长起到更大的陪伴和教育的作用。

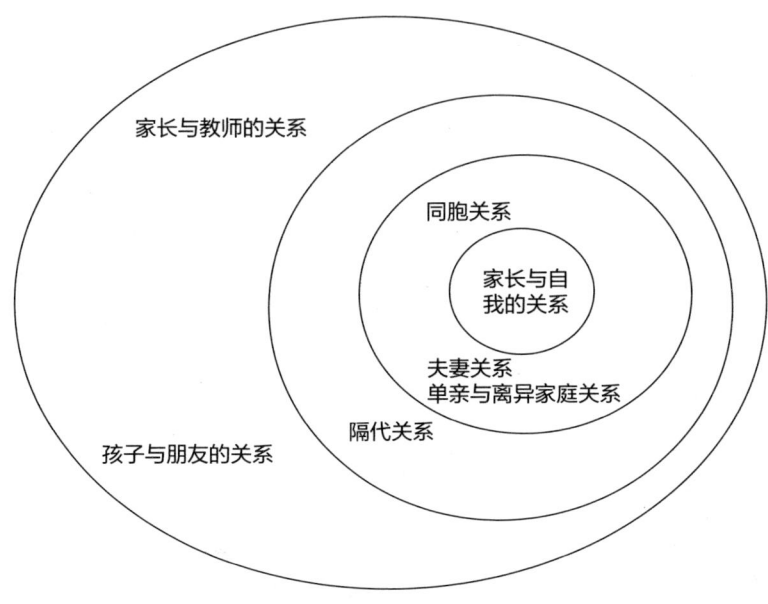

图6-1 家长需要处理的七种关系

第一节 家长与自我的关系处理

在家庭教育中,家长和孩子在生活、学习、交友等方面不断互动,家长在互动中不断地自我觉察和自我接纳,是家长自我提高和改变的前提,是家长处理自我关系和其他人际关系处理能力的开始,也是家长不断提高教养、教育孩子能力的开始。

一、家长的自我觉察能力

(一)自我觉察能力

自我觉察是指个体能够以旁观者的身份来观察和谈论自己,将自己的注意力向内心集中,试着去感知自己的内心活动,辨别和理解自己的内心想法、感受和行为的能力。自我觉察意味着一个人不再对外界环境被动地反应，而是把自己的想法、感受和行为作为觉察和思考的对象，并可以有效地觉察调整自己的错误想法，调控自己的消极情绪状态，使自身的行为有利于积极主动地应对外部环境。

自我觉察可以分为事情发生之前的觉察、事情发生之时的觉察和事情发生之后的觉察。

|案例|

小明妈妈的自我觉察

有一天，小明妈妈下班回家，看见小明坐在地上大哭，外婆在一旁不停地哄劝他。妈妈非常心疼小明，放下手提包过来抱他，他不仅不让妈妈抱，还一把把妈妈推开，而且把外婆递过来的果汁也推倒在地上，果汁洒了一地。妈妈看着大哭的孩子、无可奈何的外婆、满地的果汁，气不打一处来，一把抓住小明，狠狠地照着他的屁股拍了两巴掌，孩子哭得更厉害了。

后来小明妈妈想了想，自己这段时间工作太忙了，很久没有抽出时间陪孩子，看着孩子哭，特别心疼他，但自己那天正好还有工作，要等着孩子睡了再完成，所以整个人也特别没有耐心，很急躁。小明妈妈也不太赞成外婆的教育方式，和外婆说过很多次了，孩子哭的时候就让他哭一会儿，陪着他就好了，等他情绪好了再想办法。另外，小明妈妈也是心疼外婆，这么大年龄了还帮着带孩子。这些想法都在脑子里，一时小明妈妈又内疚，又着急，又生气，又自责，行为也失控了，就把孩子打了。

这个案例就是小明妈妈在把小明"拍了两巴掌"之后，对自己想法、感受和行为的觉察。小明妈妈对自己的想法、感受和行为进行反思与觉察之后，主动向孩子道歉，和孩子约定以后不开心的时候母子二人单独待一会儿，等情绪平静之后再解决问题；小明也向姥姥道歉，保证以后一定注意调控自己的情绪。自我觉察能力有利于家长在与孩子的互动中，不断提高自己的家庭教育能力，有利于孩子的身心健康成长。

从萨提亚家庭治疗理论来看，家长的自我觉察能力在于家长可以通过自己的行为看到自己行为下面蕴藏的情绪、感受、期待和渴望。

| 拓展阅读 |

萨提亚冰山理论

萨提亚通过冰山进行比喻：人的"自我"就像一座漂浮在水面上的巨大冰山，我们能看到的只是冰山表面大约只有八分之一露出水面的部分，也就是我们的行为。另外的八分之七藏在水底，这部分暗涌在水面之下更大的山体不为人所见，是长期被我们压抑并忽略的"内在"，是我们的感受、想法、期待和渴望。

当亲子问题发生时，如果家长可以及时、深入地去体会和觉察自己"冰山"下面的感受、观点、期待和渴望，就可以采用有效的教育方法，亲子关系会越来越融洽，取得良好的教育效果；如果不能觉察自己的感受和想法，就可能产生适得其反的效果。

| 案例 |

孩子沉迷游戏的背后

李强的父亲坚持要高考结束后的李强报考医学专业。李强与父亲产生了激烈的冲突，但最后还是屈从于父亲的权威入读某大学学习医学专业，却对专业没有丝毫兴趣，整日沉迷游戏不能自拔。

李强的父亲带李强去学校心理中心咨询，才发现自己的行为对孩子产生了多大的影响，对自己的行为、感受、想法和期待有了更多的了解。李强的父亲对安全感、价值感、认同感和自由有强烈的渴望，同时又对现实生活有深深的担心和忧虑，产生了"一定要读最有价值的专业，其他专业都不如医学专业""孩子不具备判断能力，不知道专业好坏""我都是为了孩子好"的想法，在孩子坚持选择汉语言文学专业，不愿听自己的建议时产生了无力、焦虑、无助、愤怒等情绪，指责孩子，痛斥孩子什么都不懂，不懂事，不明白自己的一片苦心，一意孤行将来要吃苦果子（见图6-2）。

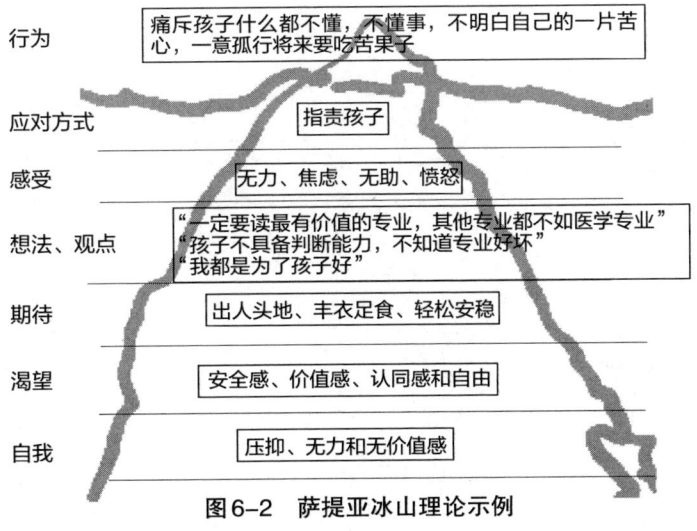

图6-2 萨提亚冰山理论示例

面对亲子养育问题或亲子关系的问题，我们可以通过逐步探索自己的"水下冰山世界"，不断提高自我觉察能力，促进自我成长，进而改善教育方法，取得良好的教育效果。

（二）自我觉察能力的重要性

家长是否具有自我觉察能力，养成觉察自己"内在冰山世界"的习惯，是家长个人身心成长的转折点，也是有效处理家庭教育问题、培养和谐的亲子关系的里程碑。

（1）自我觉察能力的提高有助于家长更好地觉察、理解和控制自己在与孩

子互动中的情绪及行为,逐渐摸索形成良好的教育方法,培养亲密、合作的亲子关系。

> 经过家长课程的学习,我意识到以前自己总是盯着孩子的缺点,而且总是把这些缺点的影响放大,总是挑剔他、打击他,自己也感觉非常焦虑、愤怒、担心。尤其是我自己的情绪不好的时候,我更容易指责他。
> ——欢欢妈妈

(2)自我觉察能力有助于家长个人的不断成长,改善家庭关系。

> 我以前比较容易暴躁,对爱人有很多指责,爱人虽然包容但也受不了。我通过默默地观察自己,并记日记整理思路,不开心的时候就去健身房发泄,目前这种状况好多了,对爱人的指责少了,夫妻关系也融洽多了。
> ——果果妈妈

(三)提高自我觉察能力的方法

自我觉察的方法是从觉察和反思自己的习惯性感受、行为和思维方式开始的。通过对习惯性感受、行为和思维方式的觉察,对习惯性思维和行为模式的反思,我们会发现,我们信以为真或视为天经地义的想法可能都在一定程度上扭曲了真相,我们会看到更多的可能和选择性,对家人和孩子也会有更多的理解、包容和合作。

1. 重视觉察我们的感受

在日常生活中,从觉察我们的感受入手,更容易识别我们习惯性的思维和行为模式。心理学研究认为每当我们产生喜、怒、哀、惧、厌等各种情绪感受时,从轻微的不舒服,到强烈的悲伤、愤怒或绝望,这些感受都是由我们大脑中某一特定想法引起的,不管我们是否觉察到它。

关注我们产生的每一种感受,审视感受背后的想法,我们对自己的习惯性行为和思维模式就会产生觉察，个人的成长正是通过深层的自我觉察来完成的。

| 案例 |

再哭你就出去

通过自我觉察，我认识到我发脾气的时候很像我爸爸，我爸爸小时候粗暴地对待我，我一哭，他就大喊"再哭你就出去"。然而，我现在在孩子面前也成了一个施暴者，"再哭你就出去"也成了我在面对孩子哭时的"杀手锏"。

当我的大女儿对我的小女儿大喊"再哭你就出去"时，我认识到不能再用这种方式教育孩子了。我觉察到在教育孩子的过程中，孩子哭的时候我是很心疼孩子的，我希望她们可以停止哭泣，但我却无计可施，我既心疼孩子又无能为力，所以我才大发脾气。

意识到这一点，我知道了我的行为不仅不能缓解孩子的伤心，会更伤害她们，而且也会影响她们的人际行为方式。所以，我开始了不断学习，自我成长，两年以来，我发生了很大的变化。女儿们都说，喜欢现在的爸爸。

2. 识别自己的习惯性行为方式

在日常生活中，我们每个人都有自己习惯性的行为方式，这种习惯性的行为方式在我们很小的时候就已经形成了，我们一直采用这种方式行事，很少思考这种行为方式是否真的会有效果。即使没有效果，我们也会认为这是别人的错，或者还不够努力、不够坚持。这种行为方式其实是由我们的习惯性思维决定的，习惯性思维导致我们行动的重复性、机械性。

通过识别自己的习惯性行为，可以有效地了解自己的习惯性思维。以下是一位妈妈对自己习惯性行为的觉察，在觉察到自己的习惯性行为之后，这位妈妈意识到其实这种无意识的管教行为来源于自己对孩子的不信任和控制。

我先是让她自己做好计划，提醒她按计划完成学习，然后哄劝，再讲道理，接着小小威胁、吓唬、发脾气，基本上就是这些步骤。一开始这种方式还很有用，但现在她已经摸清我的方式了，现在根本不管用了。

习惯性行为模式具有很强的模式性和影响，足以使我们生活在习惯行为的驱使之下。而且，习惯性行为会通过家庭教育在亲子之间产生"遗传"。在"再哭你就出去"的案例中，已经出现了代际遗传的征兆，在譬喻故事《百喻经》中也有这样一个故事，可见习惯性的行为和思维方式对我们进行家庭教育的影响。

| 拓展阅读 |

《百喻经》故事

从前，有一户人家来了客人。父亲让儿子到街上去买酒买菜，准备请客。儿子出去了很久也没有回来，父亲等得不耐烦了，就出去找儿子。在一条小路上，父亲发现儿子手里拎着买好的酒菜，正和另外一个人面对面地站着，很奇怪。父亲过去问道："怎么还不回家？站在这里干什么？"儿子高声回答："爸爸，这条路窄，没办法两个人并行。这个人不让我过去，我也不让他过去，所以就僵在这里，看看究竟谁让谁！"父亲立刻说道："孩子，你先把酒菜拿回家去给客人吃，换爸爸来跟他对一对，看看谁让谁！"

只有通过对行为的观察和觉知，我们才能识别和超越自己的习惯性行为模式，才能不再被习惯反应所驱使，而是能够反省、改变行为的模式。

3. 识别我们的核心信念

美国个体心理学家琳·洛特认为，"冰山"水面上是我们可观测的行为，

"冰山"水下面的感受是行为的"能量",而产生感受和主导行为的是我们的"核心信念"。这些核心信念,有些是能被我们意识到的,有些是藏在潜意识里面的,是无意识的,然而在我们处理问题时,正是这些有意识的或者无意识的核心信念决定着我们的感受和行为。

每个人的核心信念都不同,而每个人都以自己的核心信念去判断、分析和推理,如果我们对核心信念能觉察和理解,遇到事情时我们就会自动依据自己的核心信念进行判断、分析和推理。

| 案例 |

怀橘遗亲

陆绩六岁时,随父亲陆康到九江谒见袁术,袁术拿出橘子招待,陆绩往怀里藏了两个橘子。临行时,橘子滚落地上,袁术嘲笑道:"陆郎来我家做客,走的时候还要怀藏主人的橘子吗?"陆绩回答说:"母亲喜欢吃橘子,我想拿回去送给母亲尝尝。"

袁术见他小小年纪就懂得孝顺母亲,十分惊奇。

个体心理学认为引发人际之间误解和冲突的,并非发生的事情本身,而是我们对发生事情的想法,也就是我们的核心信念在我们头脑中判断、分析和推理出的故事。对于陆绩在怀里藏了两个橘子这种行为,袁术的核心信念在他的头脑里自动产生了小孩子贪嘴、不懂礼节的看法,这就是对自己的核心信念缺乏觉察的状况,以自己的观念和想法为准则,来评价判断孩子的行为。在家庭教育中,不经自我觉察的父母经常会依据自己的核心信念来判断孩子的需要,对孩子进行教育。很多女孩的母亲有的时候突然会发现,自己为女儿买的衣服其实都是在满足自己小时候对漂亮衣服的幻想,而很多男孩的爸爸会发现,自己为孩子买的那么多辆玩具车其实是为了满足自己对玩具的需求。

二、家长的自我接纳能力

（一）自我接纳能力

1. 什么是自我接纳

自我接纳是个体心理健康的一项重要标准，自我接纳的目标是自我和谐。自我接纳是指个体对自我及其一切特征，采取一种积极的、欣然接受的态度。一个自我接纳的人具备两方面的特点：一是能清楚地了解和接受自己身体、心理和能力等方面的正面价值，不因自身的优点、特长和成绩而骄傲；二是能正视并欣然接受自身存在的负面问题，不因存在的某种缺点、失误而自责和自卑。

自我接纳的个体是坦率和真实的，是不卑不亢的，他们能真诚地对待自己的感受和想法，不掩饰自己存在的问题和不足，并可以坦诚地表达自己的感受和想法，在人际交往中不害怕被否定和拒绝，可以做到很好地倾听、沟通和合作。

2. 自我接纳不是自暴自弃

去奋斗，去寻觅，去探索，但绝不屈服。

——阿尔弗雷德·丁尼生

一个自我接纳的人喜欢自己、悦纳自己，但喜欢自己、悦纳自己不等于满足现状、停滞不前，而是鼓励自己不断努力和成长。如果我们把自我接纳当成一个不改变、不负责任的借口，那这样的"自我接纳"不是自我接纳，而是自暴自弃。以下这些想法都不是自我接纳，而是自暴自弃。

"把儿子打了一顿，回头想想，也没什么好后悔的，谁让他不好好写作业呢？期末成绩那么一点儿分，对得起我吗？我要接纳自己，接纳我的脾气就是这样的。"

"家里好久没有大扫除了，书籍、玩具、零食和衣服堆得到处都是，告诉自己，自己太忙了，乱就乱点儿吧，脏就脏点儿吧，要自我接纳。"

"和另一半生气时说了很多难听的话，事后不愿意去改变，告诉自己我就这样了，接纳自己的坏脾气。"

（二）自我接纳的重要性

一个人自我接纳的程度影响着一个人面对困难或者失败时的感受和态度。对于一个自我接纳程度高的人来说，失败只是意味着没有做好某件事，或意味着缺乏某项能力。失败对自我接纳程度高的人来说是学习的好机会，是成功之母。而自我接纳程度低的人总是会泛化失败，对于这类人来说，失败意味着不胜任："我是一个无能的、很差的人。"失败对自我接纳程度低的人打击非常大，有研究表明抑郁症患者通常都是自我接纳程度低的个体。

自我接纳程度高的人相信自己是有价值的、有独特性的，而且相信自己有能力、有潜能，在生活中往往可以表现出可贵的勇气和毅力，愿意并敢于尝试新事物，在生活中获得更多的成功的机会，享受到更多的满足与快乐。他们喜欢自己，而且能客观地认识现实，能认识和欣赏他人的成功，并从中吸取经验，促进自我成长。而自我接纳程度非常低的人，会经常有"没有价值""谁也不需要我""前途一片黑暗，我没有未来"之类的想法，严重影响日常的工作、学习和生活。

（三）自我接纳的方法

自我觉察是自我接纳的前提，自我接纳是改变的开始。真正的自我接纳，是一种对自我的完整的看见，不是恐惧和回避，而是对于真相各个层面的接受、了解与认同，是改变的开始。真正的自我接纳包含四个方面的内容。

第一，了解自己的期望。要从简单、容易上手的工作开始，小步前进，一旦你开始采取行动改变自己，一切就变得越来越容易。

第二，接受自己目前的状态。认清自己，认清自己对自己真实的评价，承认而不是否定这些评价给自己带来的感受，接受自己目前的状态。

第三，接纳改变不是一蹴而就的。

第四，把实现自己的期望可以作出的改变和提升全部列出来，逐个分析，看自己可以为每一个项目作出什么行动。万事开头难。

| 案例 |

自我接纳只是一个开始

曾经有一个妈妈找我咨询，她说："老师，大家都在讲自我接纳，但是我真的觉得自己好像一无是处，不聪明、不漂亮、没情商、没智商、养孩子养不好、工作做不好、身体也不好，我该怎样做到自我接纳呢？"

这个问题非常典型，如果我们现实中的样子和理想中的样子完全是两个人，我们怎么可能喜欢自己呢？所以我跟这个妈妈一起制订了一套帮助她接纳自己的"改变计划"。我们先从她对自己最理想状态的想象开始，我让她很详细地列出自己希望成为的样子。她写下了身体健康、调控情绪、善于交际、工作有业绩、形象气质好等十几个目标。

然后单独看每一项目标，为达到她理想的样子，都能做些什么。比如，想要身体健康，就需要定期运动；想要形象气质好，不仅要注意在化妆着装上下功夫，还要在读书学习方面多投入时间。所有需要做的列完之后，猛地一看，觉得她需要做的事情特别多，但当我们把所有的项目都分成长期目标和短期目标，短期目标再拆成一个一个小步骤的时候，每天需要做的也只有一点点。

一开始这位妈妈还有一点儿抵触，因为人总是倾向于留在舒适区，而且懒惰也是一种习惯。如果你平时习惯于对自己没有要求，要去完成这么多的"任务"看上去是一个巨大的挑战。但是你会发现，由于这些事情全部是建设性的，所以只要开始做，就会产生良性循环。这个妈妈决定先每天早睡早起，每天跑步，化淡妆，每周参加一次家庭教育父母沙龙活动，学习调控情绪，与孩子沟通和合作。

几个月下来，她变得越来越积极，越来越喜欢自己。后来她对我说："我现在才觉得我是真的接纳自己了，原先那种所谓的接纳其实是一种自我欺骗。只有我能够不断成为更好的自己，我才能够真正接纳自己。"

第二节　同胞关系处理

随着国家二孩政策的全面放开，伴随二孩家庭的增多，同胞关系处理这一问题也日益凸显出来，家长对学习和提高处理同胞关系的能力的需要提上日程。同胞关系是血缘关系，是不需要刻意维护也不会改变的关系，但同时也是最需要智慧和爱去处理的亲密关系。认识和了解同胞关系的类型，正确引导同胞之间的比较和竞争，促进同胞之间的合作和亲密是二孩家庭的家长必备的知识和技能。

一、同胞关系的重要意义

孩子的人际关系分为垂直关系和水平关系，其中垂直关系，如亲子关系、师生关系，侧重于保护、传授知识。而同胞关系是一种水平关系，在水平关系中，孩子们更侧重于相互支持、交流经验和学习技能。随着孩子年龄的增长，垂直关系对儿童的影响逐渐减弱，而水平关系的影响则越来越深刻和广泛。在孩子的儿童期和青春期，同胞关系可以为孩子提供更多的陪伴、支持和鼓励，积极的同胞关系可以培养孩子共同面对生活中的挫折和成功，习得管理情绪和解决问题的技能。在成年期，同胞之间还能在家庭生活和事业发展方面互相扶助。有研究表明同胞关系融洽的儿童、青少年和成人，处事有更积极的心态，更自信和乐观，有更高水平的人际关系能力和恋爱能力。

依据家庭系统理论，同胞之间在童年期的感情和行为的互动方式，可能会影响到成年后在其他人际关系中的行为和表现，尤其对婚姻关系的影响非常明显。

　　一个妈妈发现，自己就是按照与自己哥哥的样子，与自己的爱人恋爱结婚的。

另一个妈妈发现,自己的妹妹选择了现在的丈夫,有很大的可能是像童年一样,是在想显示她一点儿也不比自己差。

一个爸爸认识到,他与妻子争论的方式与他过去和自己的妹妹争论时的样子完全一样。

二、同胞关系的类型

同胞关系存在积极和消极两个维度,积极的同胞关系包括同胞亲密、同胞温暖、同胞友谊等;消极的同胞关系有同胞权利对比、同胞竞争和同胞冲突等。

(一)权利对比型同胞关系

权利对比型同胞关系是指同胞之间在以下六方面的对比中形成的关系:对父母关爱的对比、对物质金钱的对比、对话语权的对比、个人能力的对比、家庭责任的对比和男女性别对比。

| 案例 |

孩子,最好的观察者

"我希望我们家就我一个孩子,当初妈妈没有生妹妹该多好!"

"妈妈很久都没有抱着我一起睡了,妈妈都是抱着妹妹,我都是一个人躺在妈妈背后睡着的。"

"妈妈你又给姐姐买了新裙子,怎么没有给我买呢?我也想要新裙子。"

(二)竞争型同胞关系

在同胞间对于爱、感情以及父母的注意等的对比出现后,同胞间会产生力图胜过或压倒对方的心理需要和行为活动,产生竞争型同胞关系。日常生活中"争宠"就属于比较典型的同胞竞争。

| 案例 |

弟弟的打算

哥哥考上大学以后,弟弟心情一直比较低落,哥哥找他一起出去玩,他也不理不睬,搞得哥哥也不知道到底是什么原因。后来弟弟找妈妈聊天,弟弟和妈妈说:"哥哥考上大学了,将来工作一定没问题,家里还要花那么多钱给他交学费;我学习不好,中学毕业就不读了,我这段时间想了想,我也要有个能养活我自己的工作,现在我想创业,开个汽车维修站,希望家里能给我点儿本钱。"

值得关注的是,如果同胞一方觉得在某一方面无任何希望获得胜出,就会放弃在这方面的努力,转而寻求在其他方面的优势。上文案例中提到的弟弟,很早就放弃了在学习方面胜过哥哥的努力,但是在人际关系和汽车维修方面可能会表现出很强的能力。

| 拓展阅读 |

同胞竞争障碍

同胞竞争障碍是头胎儿童在弟弟妹妹出生后的几个月内,迫切要求得到父母的关注、重视、疼爱,为与初生儿争夺父母关注而产生的各种情绪和行为的紊乱,表现为以下五个方面。

一是竞争和嫉妒。头胎儿童会表达希望把弟弟妹妹送走的想法,或者不分享、不关心,或者弟弟妹妹睡觉时大吵大闹,动手打人,预谋伤害,有明显敌意甚至伤害行为。

二是退化行为。在年龄小的头胎儿童身上比较容易出现,表现为丧失以前学到的技能,如大小便失禁、尿湿裤子、想要吃奶瓶、吃手指、用幼儿语言说话、缠着母亲不放。

三是情绪变化。头胎儿童会出现焦虑、抑郁、社会退缩、躯体化的心理和生理问题。学龄前的头胎儿童会更多表现为哭闹,大一点的儿童会述说不开心、痛苦、父母不爱自己甚至出现自杀想法。

四是行为问题。表现为头胎儿童多动、注意力不集中,与父母对立冲突,发脾气,破坏弟弟妹妹的东西,说谎、逃学、离家出走甚至自杀。

五是社会功能受损。头胎儿童严重的情绪和行为紊乱导致家庭不安宁,学习成绩下降,同学关系紧张。

(三)冲突型同胞关系

冲突型同胞关系也发生在同胞权利对比的基础上,是同胞之间产生语言或行为上冲突的关系类型。同胞之间产生冲突是正常的,关键在于父母如何引导同胞之间正确看待差异。

> 一个妈妈意识到,自己和妹妹关系紧张有可能来自母亲当初对自己和妹妹的评价。当初母亲这样评价她们:"我大女儿学习成绩特别好,考上了重点高校,是我们家族的骄傲,但就是一点儿都不会穿衣打扮,不注意个人形象。我二女儿很聪明,但就是不爱学习,长得漂亮,而且特别会打扮,化妆、衣服搭配样样在行。"

(四)积极的同胞关系

积极的同胞关系包括同胞亲密、同胞温暖、同胞友谊等。积极的同胞关系通常表现为同胞之间的互相理解、喜爱、欣赏、陪伴、关心、合作和帮助。

| 案例 |

让爸爸妈妈带我们一起去玩,好不好?

姐姐 6 岁 3 个月,妹妹 4 岁 11 个月。妹妹和姐姐喜欢一起看小时候的照片,一次妹妹看到一张她还没出生时爸爸妈妈和姐姐的合照,以为是自己和爸爸妈妈的合照,便和姐姐炫耀。

姐姐说:"哦,你觉得是你啊?你再观察一下,看看这张你在妈妈肚子里的照片,还有这是我小时候的泳衣,这张照片里的就是我,那时你还在妈妈肚子里呢。"

妹妹听了很伤心,哇哇大哭起来,姐姐马上过来抱妹妹:"你也想和爸爸妈妈照相啊,也想去水城玩啊?等过段时间,让爸爸妈妈带我们一起去玩,好不好?"

三、同胞关系的处理方法

(一)关注头胎,处理好同胞之间的竞争

目前,社会上关于头胎儿童对二胎进行打骂、虐待等负面报道较多,可以看出家长们目前仍缺少实际面对和解决同胞关系问题的知识及经验。因此,对于计划二胎或者已经生育二胎的家长来说,增加相关家庭教育知识储备,关注头胎儿童的心理,对头胎孩子进行有效的引导是非常重要的。

| 小贴士 |

同胞竞争障碍的引导

并不是每个头胎儿童都会出现同胞竞争障碍,这与二胎出生前的亲子关系、头胎儿童的性格特点、父母在生产前对头胎儿童的引导和教育

都有密切的关系。父母为引导同胞竞争，避免或有效面对同胞竞争障碍，应做好以下几方面。

一是需要在二胎生产前、后做好对头胎儿童的教育，通过口头交流、绘本、动画等形式不断与头胎儿童强调，弟弟或妹妹出生后爸爸妈妈依然是爱他的，弟弟或妹妹是头胎儿童的好伙伴。

二是要在二胎出生后，理解和接纳头胎儿童可能出现的紊乱的情绪和行为，保持耐心，不指责和惩罚孩子的不当行为。

三是要引导头胎儿童加入照顾二胎婴儿的工作中来，头胎儿童感受到自己是被需要的、有价值的，不良情绪和行为可以慢慢减少。

四是二胎儿童出生后，父母一定要有单独陪伴头胎儿童的时间，可以一起游戏、吃饭或者出游。可以减少头胎儿童被忽视、不被爱的感受，增强对父母仍然爱自己的自信。

（二）学会接纳，正确面对同胞之间的冲突

父母要学会接受同胞之间可能出现冲突的事实，二胎学步期以后，年龄差距较小的同胞之间的冲突就开始了，并在青春期之前有愈演愈烈的趋势。所以对于父母来说，接纳孩子之间会有冲突是非常重要的。相对于有的父母对同胞之间冲突的不理解、焦虑和担忧，保持耐心和冷静，寻求公平公正的解决办法是更有效的。

一个妈妈说："严格来说，在老大4岁以前，你都可能误以为，有没有手足不一定那么重要。而且，有可能你会后悔要了老二，同胞争抢和哭闹可能是二孩家庭的常态。"

（三）优化教养方式，公平公正地对待孩子

对每一个孩子都抱有同样的爱，公平公正地对待每个孩子是每对父母都要做的功课。有的时候父母眼中的公平公正，在孩子眼中未必是公平公正的，所

以如何公平公正地对待孩子，形成和谐的亲子关系，是每对父母都需要不断学习的。

父母在处理消极同胞关系的时候，受我国传统的教育方式影响，一般会因为头胎儿童年龄大，父母便让头胎儿童忍让弟弟或妹妹，发生同胞冲突的时候也会更多责备头胎儿童，这种不公正的同胞关系处理方式不但会影响同胞关系，也会影响亲子关系。

> 小莉的妈妈经常告诉小莉："你是姐姐，你比弟弟大，要谦让。"在小莉与弟弟发生冲突的时候，妈妈也总是训斥小莉，指责小莉不懂事。小莉不敢反抗父母，但慢慢地小莉不喜欢和弟弟一起玩了，有的时候甚至背着父母打弟弟。

（四）明确而恰当地表达，让孩子感受到父母的爱

面对同胞之间的对比、竞争和冲突，家长做到公平公正是前提，而且更为重要的是要把父母对子女的爱明确而恰当地表达出来，让孩子能感受得到。

我国著名的思想家、政治家和教育家梁启超先生一共有九个子女，九个子女各个取得了不凡的成就，在中国名门大族中有"一门三院士，父子九专家"的美称，这与梁启超对每个孩子公平公正的爱和发自内心的热情的爱的表达是分不开的。梁启超给每个孩子都取了专属爱称，长女叫"大宝贝"，次女叫"小庄庄"，三女儿梁思懿叫"司马懿"，小女儿梁思宁叫"六六"，小儿子梁思礼则被他俏皮地称为"老白鼻"（英文"老宝贝"的谐音）。在《梁启超家书》中，我们可以充分体会梁启超对孩子的关心和爱护，以及梁启超爱的智慧。

> "你们须知你爹爹是最富于情感的人，对于你们的爱情，十二分热烈……"

"小宝贝庄庄：我想你得很，所以我把这得意之作裱成这玲珑小巧的精美手卷寄给你……小乖乖，你赶紧收好吧。"

——引自《梁启超家书》

（五）正确引导同胞对比和同胞竞争

家长要对同胞对比和同胞竞争给予正确的引导，在同胞之间形成良好的竞争和合作关系。同胞之间的对比和竞争不应该局限在有限的物质资源上，更重要的是要引导孩子们树立远大的理想，树立正确的人生观和价值观。梁启超的九个儿女都取得了优异的成就，有"士者之风，满门俊秀"的美誉，这与梁启超对儿女的立志、成功、做人教育引导是密不可分的。

天下事业无所谓大小，士大夫救济天下和农夫善治其十亩之田所成就一样。

只要在自己责任内，尽自己力量去做，便是第一等人物。

——引自《梁启超家书》

第三节 夫妻关系处理

夫妻关系是一切家庭关系的基础和起点，是家庭系统的核心和关键要素。夫妻关系越好，矛盾冲突越少，就越能够团结一致形成家庭教育合力，更倾向于采取积极的教养方式教育孩子，为孩子的成长营造积极的充满爱的环境，促进孩子的全面发展。处理好夫妻关系需要伴侣间保持良性沟通，并对解决夫妻关系中存在的问题充满信心。

一、夫妻关系及其重要性

（一）夫妻关系

夫妻关系是因婚姻关系的确立而形成的一种姻亲关系，是在人的自然属性和社会属性的基础上实现的两性结合，需要夫妻共同承担家庭生活的重担，完成生儿育女、抚养后代、赡养老人的任务。

（二）夫妻关系的重要性

夫妻关系的好坏不仅关系到夫妻二人的身心健康、生活幸福和事业提升，而且夫妻关系是家庭系统的核心和关键要素，夫妻关系通过各种直接或间接的途径影响长期生活于其中的儿童的身心成长。依据马斯洛的需求层次理论，一个人只有当较低层次的需要求得到基本的满足时，较高层次的需求才会出现；夫妻关系的稳定和母亲情绪的稳定作为个体幼儿、童年期安全感的重要来源，对孩子的身心发展有重大的影响。

一个长期生活在父母的夫妻关系失和的家庭中的孩子，安全感很难建立；而一个没有安全感的孩子可能唯一的目标就是"没有人伤害我就行了"，在社会交往和学业发展上很难取得令人满意的成绩。

二、不良夫妻关系对孩子的负面影响

有良好夫妻关系的家庭，夫妻之间的矛盾冲突较少，即使有也可以妥善解决，夫妻之间能够团结一致，形成家庭教育合力，采取积极的教养方式养育孩子。而夫妻关系较差的家庭，夫妻之间不仅不能形成家庭教育合力，更严重的是在夫妻关系中体验到的消极情绪，会无意识地带入与孩子的互动中，导致孩子安全感缺失，产生焦虑、抑郁情绪等，影响孩子的学业和人际关系。

（一）对孩子情绪发展的影响

父母情绪表达对儿童的情绪表达、情绪理解以及情绪调节等产生直接影响。家庭生活中持续存在的紧张、压抑、沉闷的情绪氛围会直接影响到孩子的正常生活，使孩子感到失去了可依恋的对象。特别是当父母发生激烈的冲突时，其声音和神态都使孩子的情绪受到强烈的冲击，孩子会产生焦虑、孤僻、冷漠、恐惧、悲伤、无助等消极情绪。这些不良情绪对于儿童的社会交往和学业发展具有严重的阻碍作用。

（二）对孩子个性的影响

持续紧张的夫妻关系影响孩子的自我意识水平，孩子更容易产生自卑心理，对未来容易悲观失望。在夫妻关系差的家庭气氛中，孩子可以敏锐地从父母的言行之中，察觉到自己的父母和其他小朋友的父母不一样，感觉自己和别的孩子不一样，有一些孩子还会产生"父母之所以'不和'，都是因为自己造成的"的想法。这样的孩子性格不稳定、内向、压抑，表面上想逃离和躲避，但内心又渴望关爱。

（三）对孩子学业的影响

在有良好夫妻关系的家庭中，孩子具有较强的安全感和归属感，有利于孩子的想象力、创造力的培养，有利于孩子在学业方面追求更好的成绩，实现自我价值。而在夫妻关系不良的家庭中，孩子缺乏安全感和归属感，在学业上更容易存在困难，会转而向其他领域寻找价值感，如很多孩子网络成瘾，很大的原因就是在网络中孩子可以寻找到在家庭和学校中无法寻找到的归属感和价值感。有研究表明父母冲突的频率和强度越高，青少年网络成瘾的可能性就会越大。

（四）对孩子人际关系的影响

在父母频繁激烈争吵的家庭中，孩子会产生被抛弃的心理，孩子会以为父母不要自己了，倍感伤心和无助。同时，看到自己最信赖的人之间也针锋相对，对他人可能会持有不信任、嫉妒、傲慢甚至仇恨和敌视的态度，因此，孩子在人际交往行为上也容易出现逃避、退缩或攻击性行为。有的孩子可能会为了逃避责备以及自责，不愿与人交往，希望尽量不引起他人的注意。有的孩子会以为冷战、吵架、谩骂乃至打架都是解决冲突的办法，出现对同伴进行言语侮辱或者身体攻击的行为。然而，无论是退缩还是攻击都影响了孩子与其他人的正常交往活动。

父母的夫妻关系对孩子成人后的恋爱和婚姻关系也会产生影响。亲眼目睹父母婚姻悲剧的孩子，会清楚地感知到父母关系的不稳定，萌生对恋爱和婚姻的消极看法与不安全感，这种消极态度和不安全感会影响孩子成年后对爱情和婚姻的认知，一些孩子会有罹患恐婚症的可能。与之相反，另一些孩子会产生补偿心理，即在失调的夫妻关系中，孩子感觉到自己被忽视，然而其内心却充满对关注的期待，渴望长大后可以摆脱一切，对亲密关系充满幻想。所以当孩子进入青春期以后，会更容易草率地结交异性朋友，到家庭之外寻求情感上的关注。

而且，由于父母没有在相互尊重、情绪调节和人际沟通方面为子女作出良好的行为示范，孩子成人以后在自己的恋爱和婚姻中，在学习经营恋爱和婚姻上可能会遇到更多的挫折，付出更多的时间、精力和代价。

三、夫妻关系的处理方法

（一）保持良性沟通

夫妻之间的沟通方式是影响夫妻关系的关键因素，能一直保持浪漫与活力的夫妻，夫妻双方都有很好的沟通能力，夫妻之间都保持着大量的有关感受和想法的沟通。夫妻双方缺乏沟通能力，夫妻之间缺乏沟通交流，或者认为不需要沟通对方就可以领会自己的内心，是两性沟通的最大障碍。以下这两种想法都是不利于双方之间沟通和交流的，会给夫妻关系带来不良的影响。

"我不需要告诉你我的需要或想法，你就应该意会我的心思。"
"真可怕，你竟然不知道我的想法，这简直是无法容忍的。"

以下几个方面对夫妻之间保持良性沟通有非常重要的作用。首先，在沟通中的自我表露。夫妻双方互相表露内心世界，是夫妻保持良性沟通的必要条件，是衡量夫妻之间亲密程度的重要指标之一。同时，需要注意的是，夫妻之间的自我表露,需要彼此之间给予良好的表露回应,即得到理解、接纳、同情、支持和尊重。这样夫妻之间的自我表露和相互喜欢就会进入良性循环:夫妻之间越喜欢对方,就越愿意表露;夫妻之间越愿意自我表露,就越喜欢对方。

其次,夫妻之间要注意非语言沟通。非语言的沟通具有巨大的影响力,非语言沟通传递信息的渠道包括面部表情、注视行为、身体动作、身体接触、人际距离、副语言六个方面。大多数情况下,非语言行为与话语传递着相同的信息,非语言沟通技巧影响关系的满意程度。有研究表明,如果伴侣任何一方对非语言行为表现出松懈或不注意,夫妻关系就可能产生更多的误解、更少的幸福感和满意度。在不幸的婚姻中,夫妻双方都不能很好地理解对方的非语言行为。而研究也表明,如果男女两性都仔细看、耐心听、用心思索,他们在非语言沟通上都能做得很好。

| 小贴士 |

爱的五种语言——哪种语言能让你感受到爱

第一种是肯定的语言。在表达爱的时候要给予对方肯定和信心,在语言上支持、鼓励对方,学会换位思考,为对方着想,让另一半在跟你相处的时候有如沐春风的感觉。

第二种是精心的时刻。要让对方能感受到跟你在一起的时候是一心一意的关注、重视,给对方全部的注意力。保持肢体的接触和眼神的交流,能给另一半留下深刻的印象。

第三种是有意义的礼物。伴侣之间特别的或者是花费心思去准备的礼物,并且突出为此努力的仪式感,能让对方感受到你满满的爱意。送礼物不管是在恋爱生活还是婚姻生活中,都是促进感情的催化剂,有意义的礼物关键还是在用心上面。

第四种是自愿的行动。当另一半需要你做某件事的时候,你要表现出积极并且乐意为对方付出的状态。多主动去做另一半喜欢的事情，处处先想到对方的需要。

第五种是身体的接触。牵手、抚摸、拥抱、亲吻这些爱人之间需要经常表达的行为，要多多表现出来。爱除了要大声说出来，还要用身体的行动来表现。

最后，夫妻之间应该有意识提高沟通能力，采用非暴力沟通的方式。在痛苦的夫妻关系中，沟通能力不良是显而易见的，缺乏沟通能力，只会使不幸福的夫妻之间的不满更多，使事情变得更糟。罗兰·米勒在《亲密关系》中提到，不幸福的夫妻通常会有三种不良的沟通模式：第一种是沟通语言表述不精确，小题大做，把小问题上升到人格和品德的高度，而且存在同时抱怨几个问题的情况，并且常常偏离主题。第二种不良的沟通模式是缺乏倾听能力，缺少仔细思索伴侣所说的话的耐心。第三种不良的沟通模式是沟通中常常表现出消极情感，沟通中充满对对方人格的讽刺挖苦、贬低和鄙视。

| 拓展阅读 |

三种不良的沟通模式

一是语言表述不精确：

"不只是因为你粗心，都是你和你那帮狐朋狗友瞎玩，对家里的事情从来不上心。"

"我说的你从来不去做，你和你母亲一样顽固，你老是站在她那边。"

二是缺乏倾听能力：

"你这么说就是要惹我生气，是因为昨天的事向我报复。"

"是的，我可以试一试，不过这并不可行，因为……"

三是表现出消极情感：

A："我讨厌你把盘碟丢在洗涤池里不洗。"

B:"哼,我也讨厌你把衣服随便扔在地板上。"

——《亲密关系》

存在沟通问题的夫妻,应努力做好以下几点。第一,需要在精确表达方面下功夫,尽可能清楚明白、详细具体地指出惹怒自己的特定行为,专指某一特定时间,不涉及普遍性,不使用"总是""从不"等词语,同时用第一人称陈述来说明自己的感受。

错误表达:"你总是这么不为我着想,从来不让我把话说完。"
精确表达:"你刚刚打断我讲话的时候,我感到很生气。"

——《亲密关系》

第二,要学会积极倾听,要准确理解对方话语所表述的意思,要向对方传达关注和理解,使对方知道我们对他的话是在意的。其中,复述接收到的信息,即用自己的话复述对方的意思,是检查自己对对方的话理解得是否正确、避免争吵和冲突的好办法。

妻子:"(叹气)我感到高兴,婆婆决定下周不来我们家住了。"
丈夫:"(发怒)我妈怎么了?你总是拿她说事,你真是个忘恩负义的人。"
复述有可能缓和关系:
妻子:"(叹气)我感到高兴,婆婆决定下周不来我们家住了。"
丈夫:"(发怒)你是说你不喜欢她来咱们家?"
妻子:"(吃惊)不,我一直欢迎婆婆来我们家。只是我的课程论文就要交了,下周我没有多少时间在家里。"
丈夫:"(松了口气)哦!"

——《亲密关系》

第三，夫妻在沟通中被对方激怒的时候能保持清醒，学会暂停情绪，在开始生气的时候就能觉察到生气不但无法解决问题，反而会使事情变得更糟，能冷静下来是非常可贵的技能。

（二）尊重和包容

夫妻双方对对方的情绪、行为或者个性品质中存在的缺点或不足（如暴躁、吸烟、抱怨、指责、不主动、缺乏赞美等）的合理性的承认，对对方立场的尊重，是进行良好的沟通最关键的因素。尊重是夫妻关系幸福的关键，也是目前婚姻关系治疗的一个核心要素。

尊重并不需要我们一定与对方的观点一致，而是即使夫妻之间的观点相左，仍然可以对其观点表示适当的尊重和认可。思考以下三种对抱怨的不同回应方式，哪一种更能体现尊重呢？

丈夫："我讨厌你那样做。"

妻子：

（回应一）"哼，我也讨厌你和老李喝醉酒。"

（回应二）"好吧，你说的对，我不会那样了。"

（回应三）"是的，我明白你的感受。你说的有道理。但我希望你也能理解我的感受。"

（三）对夫妻关系充满信心

对夫妻关系充满信心是指夫妻之间对目前婚姻状态的满足，即使目前处于婚姻冲突的状态，仍然抱有对成功处理婚姻冲突的信心，对未来亲密、愉快和健康关系的信心。对夫妻关系充满信心会推动夫妻双方想办法提升自己、尽全力去解决问题，维持健康的婚姻关系，而不轻言放弃。若夫妻缺乏对彼此关系的信心，则会对婚姻关系失望甚至绝望，进而导致放弃婚姻甚至婚姻破裂。

第四节　隔代关系处理

隔代养育是在我国的特殊文化背景及时代背景下，父母因为各种原因不能依靠或完全依靠自己养育下一代，需要祖父母或外祖父母参与到养育过程的社会现象。比如，父母是双职工，需要去工作，父母因缺少优良的社会支持，不得不让祖辈参与到孩子的养育过程当中。如果父母一代人是独生子女，那么祖辈会更多地介入下一代养育过程当中。

在这种情况下，隔代养育家庭中祖辈与父辈为照顾孙辈而生活在一起，隔代养育关系就产生了，而祖辈与父辈在生活习惯、养育观念、行为方面难免存在诸多分歧和矛盾，在祖辈与父辈缺乏沟通的情况下，容易导致家庭的矛盾纠纷。有仅仅因为尿布之争就几乎爆发战争的婆媳，也有因为送孩子去幼儿园的问题横生嫌隙的翁婿，这伤害的并不仅仅是祖辈和父辈的关系，还有可能伤害到孩子。

因此，父母学会处理好隔代养育中与祖辈的关系，对孩子的成长具有非常重要的意义。

一、隔代养育中父辈与祖辈关系问题产生的原因

从临床心理的观点看，在隔代养育中，家庭生活和育儿方式，是一个显示并争夺权力的地方，隔代养育方面的冲突，往往是成年人争夺权力的表现。

| 拓展阅读 |

常见的隔代养育婆媳权力冲突形式

1. 婆婆的经验教训作用大还是媳妇的受教育经历更有用？——知识冲突

2. 工资卡究竟是放在婆婆手里还是放在媳妇手里？——地位冲突

3. 奶奶和妈妈，你和谁好？——情感冲突

这种权力争夺首先表现为地位的争夺，我国传统孝伦理要求父辈对祖辈绝对服从，所以封建伦理思想固化的祖辈，希望在家中孙辈的教育中拥有决策权，然而年轻父辈则在当代自由、平等教育环境中成长，推崇人与人之间的平等权利，这样祖辈和父辈二者的冲击难免造成碰撞。其次是知识的冲突，表现为祖辈与父辈在养育观念上的差异，到底是传统的方法好，还是前卫、科学的育儿理念好。最后是情感的冲突，表现为在孩子心中，祖辈更好，还是父辈更好；或者在丈夫心中，媳妇更重要，还是婆婆更重要（或在妻子心中，丈夫更重要，还是岳父更重要）。

二、站在孩子的利益角度来看待和处理隔代养育的问题与冲突

解决隔代养育中可能出现的问题需要注意几个方面：一是不要在孩子身上解决大人之间的权力争夺问题。例如，最常见的是在婆媳关系中，如果婆婆和媳妇都认为，对方对于怎样养育孩子是在表达"我是一家之主，养育孩子应该听我的"，婆婆和媳妇就可能会加入权力的斗争当中。如果这种斗争一发不可收拾，对于孩子的成长是非常有害的。

| 案例 |

一床被子引发的争吵

小明出生以后，小明奶奶来照顾月子。按照老家的风俗，小明的包被要用奶奶从老家买来的被子。小明妈妈发现包被还没有洗过，有很重的化学用品味道，和奶奶说把被子洗一下再用来包小明，奶奶口头答应，但不付诸行动。妈妈又和小明爸爸沟通，爸爸也和奶奶商量洗被

子，奶奶仍然无动于衷，爸爸也毫无办法。最后妈妈愤然把被子丢在地上，奶奶也不高兴，以发生争吵告终。

二是从孩子利益出发，探索包容和合作的途径与方法。无论是父辈还是祖辈，其实都是为了孩子更好地成长，所以应该跳出权力争夺的局限，换一个视角来看隔代养育冲突，站在孩子的立场上，处理父辈和祖辈在育儿理念与育儿方法方面的冲突。

三是理清家庭成员之间的责任和界限。在家庭教育问题上，每个家庭成员都有自己要承担的责任，谁是负主要责任的，谁是进行协助的，具体分工要清楚，也需要家庭成员之间的配合和不断磨合。

| 小贴士 |

共同学习，交流育儿理念

为了与祖辈达成包容和合作，父辈可以和祖辈们交换彼此的育儿心得与经验，共同交流一些育儿的方法。祖辈们意识到日新月异的现代生活也要求与时俱进，父辈们认识到祖辈的传统经验也有可取之处。在遇到分歧时可以共同查阅一下书籍，从而避免矛盾的产生。同时，还可以利用一些信息互联网技术，父辈和祖辈一起学习现在孩子的心理和年龄特点，了解现代教育方式方法。

四是促成解决矛盾冲突的良好沟通方式。父母需要和祖辈明确养育的方针是什么，或者具体该怎么做，这是成年人之间需要达成的共识。如何能达成共识，需要的是在处理关系问题时良好的态度、方法和勇气，需要的是对矛盾双方内心的理解和同情，需要的是处理问题时有效的方法和平静的情绪表达，需要的是不期待矛盾消失、关系瞬间变好的耐心。

| 案例 |

一个媳妇的成长

我婆婆经常指责、批评别人也是有原因的,说明她缺爱,很没安全感,她满身刺是因为防备心很强,生怕别人伤害到她,她也是很可怜的。

思前想后,改变不了别人,那就改变自己,从自己做起吧,由心出发,顺着自己的心平静地走,面对婆婆的越界行为我就平静对待,因为她也可怜。我首先按我的内心做事,我就是我,做事快慢由我说了算。同时,我也不再介意婆婆的越界,因为我的内心已经强大了,她碰不到我,但她也很可怜,所以我也不会攻击她,我会先沉默对待。等婆婆发现她的方法对我已经没用后,我再跟她就事论事交流,整个过程都保持内心平静。

所以婆婆也听得进我们的话,遇到她不赞成的观点和行为也会继续保持批评与指责,但她已经觉得说了没用,所以慢慢也不说了。就算一说,我跟我爱人也就背地里说"你看,又开始说了",然后一笑而过,她的批评和指责已经对我变得没杀伤力了。

大家都在变化中,所以家庭氛围越来越好,甚至比以前更好了。

五是维系良好的亲子关系。许多父辈会担心,隔代养育会破坏与孩子的亲子关系。其实,不论什么关系的维系,都在质不在量,虽然父母照顾孩子时间有限,但只要以尊重的态度、全身心地与孩子相处,就可以培养出良好的亲子关系。而且,祖辈参与到孩子的照顾、教育和关心中,可以为孩子提供不可多得的精神和情感财富,可以提供不同角色的学习,可以和孩子之间建立安全的亲子关系,帮助孩子拥有自信的人格。

第五节　单亲与离异家庭关系处理

进入 21 世纪，随着经济和社会的不断发展、变革，多元文化的不断碰撞、融合，传统婚姻观念和家庭模式已经发生了巨大的改变。随着我国离婚率的不断攀升，单亲家庭日益增多，单亲与离异家庭子女数量也随之剧增。和完整的家庭相比，单亲家庭往往要克服更多经济、社会、人际交往和感情方面的困难，而且家庭教育中的亲子关系矛盾也日益凸显出来。

一、单亲与离异家庭关系及其影响

在全球范围内涉及成千上万人的研究表明，父母离异对孩子成长的影响是确凿无疑的，这些影响一般来说不是很严重，但整体影响都是负面的。与那些父母存在矛盾，但仍然致力于解决问题，维持较和谐婚姻状态的人相比，单亲与离异家庭的儿童在青少年期和成人早期幸福感都较低。这些孩子心理适应力较差，生活满意度较低，会有更多的消沉和焦虑的情绪，也更容易产生学业不良、早恋、沉迷网络和违法犯罪的问题行为。而且这些孩子成年后的亲密关系也比其他人更为脆弱，比其他人更容易离异。

研究也表明，如果父母持续发生冲突，但没有尝试改进问题又没有离婚，孩子的状况会更糟，如果离婚能结束一个愤怒、困难重重的家庭，孩子的幸福感几乎没有下降。因此，痛苦的夫妻是否应该"为了孩子而不离婚"，这一点取决于他们是否彼此以礼相待。

也有研究表明，并不是所有的单亲与离异家庭的孩子都遭受了不利的影响，"影响儿童适应的是家庭功能，而不是家庭结构"。也就是说，家庭成员是否完整不是造成儿童适应问题的关键因素，只要条件具备，单亲与离异家庭的孩子仍然可以不受影响。

二、单亲家庭亲子关系存在问题的类型

（一）拒绝型

拒绝型亲子关系可以分为积极拒绝型和消极拒绝型两种。积极拒绝型的父母有可能将家庭的变故、婚姻的失败归咎于孩子，把孩子当成情绪发泄的出口，把经济压力、情感失败而产生的不良情绪发泄在孩子身上，更容易在家庭教育中使用体罚、虐待、威吓、苛求的教育方式。父母如果以这种态度教育子女，很容易使子女产生粗暴、攻击、反抗等不良行为。

消极拒绝型的父母为了逃避精神、情感的伤痛，或者为了家庭经济情况拼命忙于工作，对孩子的教育放任自流，对孩子不理不睬，忽略孩子的想法和情感、感受。在这样的环境中成长的孩子性格容易自我封闭，不容易对别人产生亲密感和信任感，不容易与人建立亲密关系。

> 郭平从小品学兼优，是父母的骄傲，也是邻居羡慕的对象。父母本来也一直相处融洽，一家三口日子过得不错。一年前，郭平父母突然离婚，母亲与邻居同居且合伙骗取钱财，郭平因此遭受了多重打击，丧失了奋发向上的动力，没有继续接受大学教育。辍学后，他又无法找到合适的工作，与邻里和奶奶的关系也十分紧张，经常争吵。

（二）期待型

期待型是指父母把孩子视为自己唯一的精神支柱和寄托，将自己的愿望投射在子女的身上，忽视子女的性格与兴趣爱好，希望孩子完全遵从父母的要求和标准去做。在这样的养育方式下，孩子因为怕父亲或母亲失望，会产生过重的心理负担，即使可以成为父亲或母亲心中的"精英"，也容易敏感，缺乏自信，独立性差，被动，不善与人交往，也容易出现意志消沉、缺乏热情和自制力差及适应不良的情况。

董哲现在读高三，从小妈妈就对他说："你是妈妈的希望，一定要努力学习，考上名牌大学我们家才有希望……妈妈一辈子的心愿就寄托在你身上……"现在一到月考的时候，董哲就特别紧张，担心自己考不好，甚至睡不着觉，脑海中总是浮现出妈妈期待的眼神。

（三）干涉型

干涉型是指父母对子女虽然有爱，但对子女的日常生活、学习、身体健康和人际交往等方面，具有完全不必要的担心，或者为了能使子女在各个方面变得更好，给予其全面、细致的要求、嘱咐和帮助。

对于渴望独立的孩子来说，若父母以严厉、顽固、强迫的态度或禁止、命令的方式对待孩子，会加剧亲子之间的对立，尤其是青春期的子女更容易出现叛逆。而对于依赖性较强的孩子来说，这种养育方式会使孩子出现缺乏独立自主能力、意志薄弱、遇事推卸责任等行为，人际交往方面也会受到影响。

子曦总是觉得我干涉他，我其实只不过是想好好照顾他，让他明白事事都要考虑周到，要做对做好，所以不小心谨慎怎么能行呢。子曦还小，好习惯是从小养成的，一定要多嘱咐、多操心，怎么能放手不管呢，万一学坏了怎么办？

（四）溺爱型

溺爱型是指单亲与离异家庭的父母为弥补失败的婚姻给自己和孩子带来的巨大伤害，一切以子女的需要为中心，不管付出多大努力，只要是子女提出的要求、主张和意见都会无条件地接受，想方设法迎合孩子的要求。这样的教养方式容易产生"花盆效应"，孩子自我意识较弱，缺乏独立生活能力，在人际交往中经常以自我为中心，为人处世也容易出现畏难情绪。

| 拓展阅读 |

花盆效应

"花盆效应"是教育生态学术语,又称为局部生境效应。首先,花盆在空间上有很大的局限性;其次,它是人为创造出来的一个适宜生长的空间,由人工来控制湿度和温度。因此,在一定时间内,作物和花卉可以长得好。一旦离开人工控制的环境,就会出现经不起温度的变化,更经不起风吹雨打的情况。"花盆效应"会削弱教育生态个体(或群体)的生存能力,泯灭个体的抗争精神,形成逆来顺受的个性,对个体(或群体)的成长十分不利。

(五)矛盾型

矛盾型亲子关系的出现,往往是因为父母自身的安全感不强,因为自身心境的变化,对子女的教育行为有时严厉、斥责,有时又安慰、鼓励,在教育态度和行为上缺乏一致性。处于矛盾型亲子关系中的孩子,对父母的情绪和行为变化无法预期,对受到父亲或母亲的优待有很强的希望和期望,但时刻担心会被斥责,有比较强烈的不安感和紧张感。长期处于这种关系中的孩子,无所适从,难以作出决定,时间长了容易出现焦虑症、强迫症等症状,不能很好地适应日常生活。

三、单亲家庭亲子关系的解决途径

(一)单亲家庭家长要积极寻求社会支持

单亲家庭家长有很大的可能会在一段时间或者更长时间陷入经济压力,以及无奈、无助、自卑、孤独和痛苦等负面情绪之中,影响面对生活的积极性和自我能力的重建。加之单亲家庭的社交圈子变小,单亲家庭家长个体社交圈的朋友未必全都是支持性的,导致单亲父亲或母亲很难获得足够的社会支持，各种不良情绪难以得到排解，可能严重损害身心健康发展。在各方面巨大的压力下，家长可能会出现把自己的压力和坏情绪发泄到孩子身上的情况。

多数单亲母亲表示离婚之初，自己的心理和精神都处在非常糟糕的状态，自信心降到最低点，对未来感到十分迷茫，她们特别希望那时能得到专业的辅导和帮助，帮助她们认真地审视婚姻和重新认识自己。

在这种情况下，单亲家庭家长积极寻求社会支持是非常重要的，不仅需要从家人、亲属、朋友那里获取情感、经济和生活照料等非正式的社会支持，还需要积极寻求专业的社会支持，如社工的介入、社区的专项服务、专业的心理辅导等。

| 拓展阅读 |

三类社会支持

情感性支持：指个体的价值、经验等受到他人的尊重、称赞和接纳，使个体实现与他人的社会交往，能帮助个体从生活困境中解脱出来，保持积极的情感状态。

信息性支持：指帮助个体界定、理解和应对问题，给予忠告、评价和指导。

工具性支持：指提供财力帮助、物质资源或所需服务等。

目前社会上对单亲家庭有专项社会支持服务，有研究表明一些单亲妈妈寻求专业的社会支持后，取得了较好的效果。

"我和老师谈过后非常舒心,我能感受到力量,我想之前如果能早点儿得到这样的社会支持,我也不会那么无助了。"

"我一直不知道找谁才能把自己心里的痛苦和难受讲出来,也不知道要不要讲出来……我一直很压抑,情绪很低落,有机会参加这个沙龙,我得到倾诉的机会,仿佛一瞬间就轻松了,我的心病治了百分之九十。"

(二)激发自身潜能,做好家庭的支柱

寻求帮助对单亲家庭父母来说具有重要的作用,更能激发自身的潜能,独立自主地去迎接生活的挑战。单亲家庭父母需要想办法调整好心态,从婚姻失败和家庭变故的巨大负面情绪与困境中走出来,看到自己的优势所在;需要增强自己的自信心和抗压能力,积极主动地去寻找能够提供支持的社会资源;需要加强与他人的交往,积极参加各项社会活动,主动建立和维护社交网络,激发社会支持网络的支持功效,改善自己的弱势地位,发挥家庭的支柱作用。

(三)了解子女的心理,学习和采用合适的教育方法

有研究表明,单亲家庭子女在学业上相对更容易出现问题,幼儿期的孩子在心理行为上更多地表现为退缩,小学生则表现为情绪低落或较多的问题行为,初中生则表现为行为暴躁、易怒等。

国内外研究和现实生活也表明,只要条件具备,单亲与离异家庭的孩子仍然可以不受影响。单亲与离异家庭的父母只要能够给孩子免于贫困的经济环境,使孩子得到双亲慈爱、可靠和持续的养育,免受离婚后父母双方冲突的戕害,孩子就可能幸福地成长。因此,单亲家庭父母更多地学习和应用合适的亲子关系与教育方式,将给孩子带来更多的爱和成长。

第六节　家长与教师的关系处理

家长与教师之间的关系好坏影响着教师和家长的教育是否可以形成合力，影响着孩子人格、人际关系形成和学业发展。在我国当前，教师与家长之间的互动、交往整体上表现为事务性互动，教师与家长之间的互动主要为解决学生中突发事件、询问与汇报学生的成绩这些事务性的活动。

| 拓展阅读 |

事务性互动和情感性互动

人际之间交往和互动类型可分为两种：事务性互动和情感性互动。在事务性互动中，互动开启的原因在于参与互动的主体担负着某种制度要求的职能，主体围绕职能进行你来我往的互动行为，互动结束则意味着互动主体职能履行完毕。

而在情感性互动中，互动生发有赖于一方对另一方或是双方彼此都怀有某种兴趣，互动的过程是主体之间沟通情感、交流信息的组合行为，互动的结束或是继续以互动双方自身需要满足与否为标准。

根据哈贝马斯群体内互动行为的分类（见表6-1），家长和教师之间的这种事务性互动属于B类型和C类型。在这两种类型的家长和教师互动过程中，教师会因为学生出现行为偏差给予父母意见或指令，在得不到父母有效回应的情况下产生不满，而抱怨父母；而许多父母因为孩子的学习成绩不好，会对教师的行为表示反对，对教师的指令表示异议，产生不满而埋怨教师。

无论是B类型还是C类型，这种家长和教师的互动关系，都表现为较少地从对方的角度考虑问题，较少照顾对方的情感需要，可能会出现较多的消极情绪。不仅会给家庭教育和学校教育带来不便,也可能使孩子感到焦虑、不适甚至引起身心发展异常,影响学业发展。

表6-1　哈贝马斯群体内互动行为分类

类型		观点
A	1. 表示支持	支持、赞赏、显示亲密
A	2. 表示满意	表示紧张消除、开玩笑、满足
A	3. 表示同意	同意、理解、接受
B	4. 给予指令	给予指示、建议、允许自律
B	5. 给予意见	提出观点,评价分析,表达情感、愿望
B	6. 给予资料	提供、确认信息
C	7. 询索资料	请求提供与确认信息
C	8. 征询意见	请求提供观点、帮助评价、分析、表达
C	9. 请求指令	寻求建议、知识、行为方向
D	10. 表示异议	不同意、消极地拒绝,拒绝帮助
D	11. 表示不满	拘谨、表示紧张、求援、回避
D	12. 表示反对	攻击、说人坏话、过度自我防卫

一、家长与教师关系问题的类型

事务性和消极性互动的家长与教师关系,不利于家长和教师双方有效地对孩子进行教育,更容易使家长和教师的关系出现问题,出现相互疏离、相互阻隔甚至相互冲突的情况。

(一)相互疏离

教师不认识家长,也不了解家庭;父母也不过问学校的事情。他们也不会常见面,教师与家长之间的联系、互动仅仅是偶发性的联系和互动,教师与家长之间是相互疏离的关系。

> 针对有一些家长很少主动与老师沟通的情况,有研究者进行了调查,发现家长们不主动和老师沟通主要源于以下几点想法:老师忙,不好意思打扰;不知道和老师说什么;不知道老师愿不愿意和家长交心。

如果我们把教师与家长之间的关系用两个圆的位置关系来比拟的话，教师与家长间的这种相互疏离关系则可描述成两个完全不相交的圆，两个圆存在于各自的封闭界限内，很难有碰撞、相融的机会（见图6-3）。

图6-3 疏离型亲师关系

（二）单向支配

单向支配是指教师与家长的关系是一种非逆性指导的关系。这种关系最突出的特征表现在，教师作为指导者与家长作为被指导者的位置恒定不变，家长成为教师教学的配合者，或者教师成为家长教育要求的配合者。

> 某小学以"优""良""合格""不合格"四个等级评定学生学业成绩，因此在家长们眼中，孩子能拿到多少个"优"，是衡量学业成绩好坏的标准。"全优生"应运而生，顾名思义，所有科目全部是"优"，其中当然也包括音体美等学科。
>
> 近年来，有些父母会直接找任课老师沟通，甚至据理力争，要求更改等级，非拿"优"不可。有校长告诉记者，曾有一位家长硬逼着体育老师改成绩，结果把年轻的体育老师给气哭了。

"把年轻的体育老师气哭了"源自家长对教师教育权力的强势干预，家长没有考虑到教育教学方法的科学性、公平性和长期性。

同样用两个圆的位置关系比拟家长和教师的关系，以上的案例中教师是小圆，家长是大圆，小圆融入了大圆，家长对教师是高高在上的强制要求关系，见图6-4（a）。在现实生活中，当然也存在家长是小圆、教师是大圆，家长被要求绝对遵从教师的教育指令的现象，见图6-4（b）。

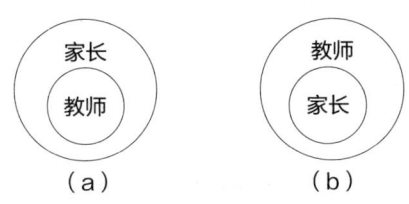

图6-4 单向支配型亲师关系

(三)"战时"联盟

"战时"意指在孩子出现问题的时候,同时也指称时间的有限性。"联盟"是指教师与家长互动行为的表现形式:相互合作,共同应对。"战时"联盟是指为了解决发生在孩子身上的问题,教师与家长在短期内,相互间在认识上、行动上达成一致。随着问题的解决,这种即时的联盟也就解体了。

最近几天,班主任安老师发现景然上学常迟到,这天上午他居然没上学,问其原因,说是妈妈生病了。下午,安老师给景然爸爸景先生单位打电话,才得知景然撒谎。

安老师:"景先生,我们可以断定这孩子一定有事瞒着老师和父母。"

景先生:"我今晚一定质问他。"

安老师:"为了不让他再撒谎,我觉得我们还是弄清楚他在那段时间做什么。"

景先生:"好。"

第二天,景先生跟着景然,发现他去了一家游戏厅。为了防止他再去游戏厅,安老师和景然的父母为景然配备了签到联系本,老师和家长严格地规定景然上学、放学的时间。当景然不在游戏厅驻足时,老师与家长间的联系取消。

我们同样分别用两个圆来表示这种教师与家长关系:从相交走向相离(见图6-5)。

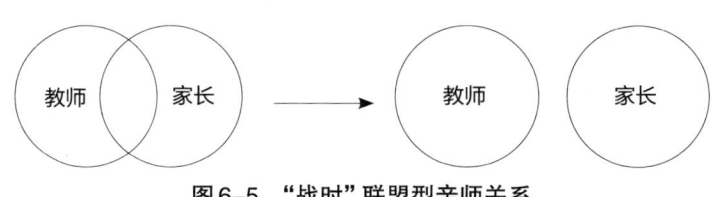

图6-5 "战时"联盟型亲师关系

（四）相互敌对

教师与家长间发生较为明显的冲突、指责，呈现相互敌对的关系。

> 某学校的老师经常在家长群里点名批评家长："昨晚赚了几百万元？""你这样，将来你的孩子和你一样可悲！"
> 这种行为引起了家长们的普遍不满，但又敢怒不敢言。后来家长终于不能忍受了，向其发问："你的所作所为对得起这三尺讲台吗？"

如同两个相互撞击的圆之间的关系，教师和家长的关系中出现的冲突，不仅会伤害一方，也伤害另一方（见图6-6）。

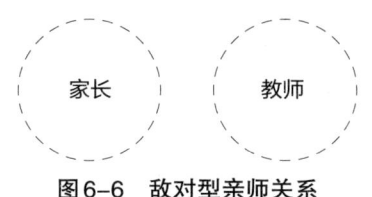

图6-6 敌对型亲师关系

二、家长与教师关系问题的解决对策

通过改善家长和教师的关系，形成亲师良性互动、亲师合作的氛围，是促进教育效能的必要条件，通过父母与教师的密切联系，针对孩子的问题做正面、有效的互动，可以帮助孩子成长、进步，顺利地学习并培养健康人格。

（一）树立家长和教师合作的理念

作为家长，要充分认识到家长与教师形成合力对于孩子学习和成长的重要性，应该抛开"家长是教师工作的配合者"的观念，努力建立相互支持、教师与家长合作的关系。

家长不仅是孩子教育的启蒙者，也是他们永久的教育者，如何与教师一起为孩子的成长创造有利的环境也是家长的职责所在。

家长与教师合作的关系最大的特征表现在，家长和教师是平等的、尊重的，在教育孩子成长方面，家长不仅是不可或缺的，而且具有重要的作用。家长需要充分发挥主观能动性，与教师在情感上相互理解，在孩子的学业上相互支持，促成积极有效的沟通方式，使家长与教师形成教育合力，为学生的生活、学习造就一个完整的、积极的、有促进作用的外部环境（见图6-7）。

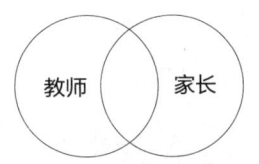

图6-7 合作型亲师关系

（二）就孩子的学习和学生生活与教师保持沟通合作

要建立家长和教师之间的良性亲师互动，为孩子的学习和成长创造良好的环境，家长应积极支持、参与到有助于学生学习和成长的班级活动或学校活动中。家长要通过多种方式与教师保持持续不断的、频繁的联系，多参加班会、亲师座谈会、学校亲职培训及相关讲座会议，或者利用家校沟通联系本、小卡片、微信等方式保持联系。在各项活动的沟通互动中，家长和教师不仅要抱着相互学习有利于孩子成长的心态，而且要真诚地进行思想和情感的交流。

通过家校互动,我深深懂得学生综合素质的形成和培养离不开良好的教育环境。作为家长,我认为应从以下三个方面积极主动地与老师沟通:一是家长、老师心连心,与学校的教育形成合力;二是家长、学校面对面,及时了解学生的情况,对问题与老师达成共识;三是家长、老师一线牵,通过电话、网络了解子女的在校情况。通过以上方法,达到与老师和学生的沟通。

(三)针对孩子的问题做正面、有效的互动

家长除了主动与教师进行沟通之外,还要在沟通方面表现出积极性,确保沟通正面、有效地进行。这要求家长与教师就孩子的学习和生活问题进行沟通的时候,首先要做好情绪管理,平静的情绪是沟通的前提。其次要充分意识到孩子的成长问题是多种因素引发的,不仅要了解学生的身心发展特点,而且要关注学生成长的环境因素。最后家长与教师的沟通要以解决问题为导向,做到沟通行为具有目标感、沟通语言要讲求分寸感、沟通方式具有艺术感,沟通要注意时机和场合。家长与教师进行交流时,总能找到有效、合适的角度和方法。

第七节　孩子与朋友的关系处理

孩子与朋友的关系是孩子人际关系的重要组成部分,良好的朋友关系对孩子身心健康成长和人际关系发展具有重要意义。不良的朋友关系可能伴随着同伴交往危机,导致孩子脱离群体,变得孤僻、冷漠、抑郁,限制孩子社会技能获得的途径,影响孩子的学习,更会严重影响孩子的心理健康。为解决孩子和朋友的关系问题,家长应对孩子与朋友的关系问题给予足够关注,帮助孩子疏通交往障碍,以促进孩子正常的人际交往和同伴交往。

一、孩子与朋友关系的特点

（一）学前期的特点

学前期，幼儿进入班级群体，开始与同伴进行稳定而持续的互动，朋友逐渐成为幼儿的重要他人。如果幼儿能快速与同伴建立起稳定、亲密的朋友关系，就更容易适应幼儿园的学习生活，而且对未来与同伴关系的发展和环境适应有重大的影响。

小班阶段，幼儿更多的是关注自己，忽略其他的同伴，一般没有确定的朋友。受同伴喜欢是因为"良好的交往态度"，受同伴拒绝是因为"不陪伴活动"，或者有攻击行为等消极社会行为，被同伴拒绝的原因一旦经过外界有意无意的强化，以至于幼儿受拒绝的地位被奠定，就会影响将来的发展。

中班阶段，幼儿开始关注同伴，对朋友关系进行广泛探索。在这一阶段，几乎没有哪个幼儿是被忽视的，几乎所有的幼儿都参与到交往互动中。随着同伴社会交往增多，幼儿对选择谁做朋友、和谁更多地交往开始固定，朋友关系开始变得明确了。中班是幼儿朋友关系培养的关键期，如果发现孩子与朋友交往不良，父母要关注并给予引导，因为同伴地位定型后幼儿很难改变在同伴心目中的形象。

大班时期，幼儿的朋友关系基本稳定下来，幼儿与同伴之间的互动经历了中班的极大面的尝试互动后，已经具有稳定的朋友交往偏好，喜欢谁、和谁一起玩已经确定。由于幼儿的朋友关系已经稳定，对于朋友关系不良的孩子来说，需要家长、教师和班级同伴团体共同努力才有可能解决问题。这个时期如果转学、加入新班级会给孩子的朋友交往和朋友关系带来较大的负面影响。

（二）小学期的特点

小学是儿童心理发展转折期、孩子朋友关系发展的关键期，被同伴忽视或被拒绝的孩子面临着同伴交往方面的苦恼。如果这类孩子得不到有效的辅导和干预，朋友关系不良会导致他们的社会适应性以及心理健康等方面受到不良影响。

1. 接纳程度低

接纳程度是指儿童在同伴中受欢迎的程度，在小学阶段，孩子存在比较严重的同伴之间接纳程度低的问题，直接影响孩子与朋友的关系。研究表明，在小学，伴随孩子与同伴的交往互动，会出现四种不同的同伴接纳水平的孩子：受欢迎的孩子、受忽视的孩子、遭拒绝的孩子和有争议的孩子。而国内调查均显示，在一个班级里有高达 20%～42% 是被拒绝和不受欢迎的孩子。

| 拓展阅读 |

影响青少年同伴接纳性的因素

第一，美感。

古希腊哲学家亚里士多德曾经说过："美丽比其他任何一封介绍信都更具有推荐力。"人们在交往过程中，对外貌有一种特别的注意力，并且容易使人产生好的印象。但是我们最经常犯的错误是将美泛化，认为一个人长得漂亮，就一切都好。实际上，语言美和气质美比美貌更重要，更使人产生美感。所以，青少年朋友大可不必为自己的"形象"产生焦虑，只要加强自身的修养，重视对自己的形象塑造，培养自己的能力，优化自己的性格，拥有了内在的、更具魅力的美，那么你就可以充满自信地与别人交往。

第二，行为特征。

美感很多时候会成为受同伴欢迎的重要因素，但若行为不适当或有反社会行为，则同样不受欢迎。调查发现，友好、亲社会、有反应和积极交往往往使儿童易于被同伴接纳。相反的反应和反社会行为则可能引起同伴的拒绝。一般来讲，参与校内俱乐部和参与各种校外社会活动是青少年寻求社会接受的一种途径。

第三，认知技能和交往技能。

认知技能与交往技能都与青少年是否被同伴接受有联系。智力与被同伴接受程度有正相关。在许多团体中，智商高的青少年更受欢迎。

第四，个人品质。

青少年能否与他人友好相处，外部因素是一个影响因素，但更主要的是内在因素。要获得社会接受，个人品质是非常重要的。一项有关青少年的研究指出，在友谊关系中，人际因素比成绩或物理特征都重要。可见，个人品质比学业成绩、相貌更为重要。

——王艳华《青少年人际关系的发展》

2. 朋友交往功利化

小学期间的朋友关系的另一特点是朋友交往目的功利化。由于受社会环境和学校教育环境的影响，小学生交友首先追求学习"实用型"。孩子更愿意有选择地与各科学习好的同学交往，这样就容易造成两极分化，学习好的同学与学习好的同学形成友谊关系，觉得学习不好的学生只知道玩，和他们交朋友没有任何好处可言，从而影响到学习成绩好的孩子和学习成绩不好的孩子的正常交往。

其次，孩子之间为了结交朋友、维持友谊，会出现以金钱支撑友谊的现象，攀比风盛行。朋友交往技能欠缺的孩子为了交到朋友，可能会出现请同学们吃好吃的、分享玩具的现象，更有甚者可能会出现拿钱请同学出去吃饭、玩耍的行为。

3. 同伴关系冲突

同伴关系冲突在小学期间会出现比较多，是指在孩子与朋友的互动过程中出现情绪失控、争吵或攻击性行为，校园欺凌也从小学阶段开始出现。出现同伴关系冲突主要有两个原因：一是攻击性行为引起的同伴冲突。这是同伴交往冲突中最突出的问题，主要由孩子在同伴交往中情绪失控引发的攻击性行为导致。二是孩子为"追求"公平、"捍卫"利益不惜冲突，一些具有强烈自我中心个性的孩子，对于"公平""利益"要求非常高，一旦面对自己利益损失、感觉受到不公平待遇时就随时会产生矛盾、争吵和暴力行为。

（三）青春期的特点

与童年期相比，青少年的人际关系重心逐渐由父母转向朋友。随着青少年与朋友之间基于互相了解和喜爱出现更多亲密互动，朋友成为青少年寻求支持陪伴、价值感和归属感的重要来源，朋友关系成为支持青少年身心发展和社会适应的重要力量，积极的同伴关系有助于缓解不良家庭环境对青少年身心发展的消极影响。

随着青少年生理和心理的发展，青少年异性之间交往的愿望日益强烈，青少年时期成为异性交往的敏感期和频繁期。对青少年来说，异性交往有利于他们增进自我认知，增加对异性的了解，扩大社会交往的范围，促进人格的全面和健康发展，为成人后的恋爱和婚姻做好准备。如果孩子在青少年期缺乏异性交往的心理准备，又缺乏相应的经验和技巧，就有可能会产生心理和行为问题。因此，在这一时期有效指导青少年培养异性交往能力、积累异性交往经验十分必要。

二、处理孩子与朋友关系的方法和原则

（一）提高孩子与朋友交往能力的途径

1. 重视家长自身的榜样示范作用

孩子最擅长的就是模仿，而家长是孩子的第一位老师，所以家长需要身先示范，为孩子创造模仿学习的好机会。家长在日常生活中要让孩子看到人与人交往要有关爱、理解、信任、体谅。一个不善于与他人交往的家长很难教育出乐于结交朋友的孩子，一个待人冷漠的家长同样很难教育出热情的孩子。所以，家长要在乐于与人交往、善于与人交往方面为孩子作出表率，切实用自己良好的人际关系教育熏陶孩子。

在日常生活中家长也需要给孩子营造交往学习的氛围。养成召开家庭会议的习惯，让孩子在参与家庭事务中学会与人交往、解决问题的技能，而且应

适当地带孩子进入父母的社交圈，给孩子在接人待物方面创造模仿和锻炼的机会。

2. 教给孩子基本的交往技能

孩子交往技能的形成，除了需要家长以身作则以外，还需要家长从幼儿期就开始对孩子进行培养和训练，而且要保持训练的经常性。例如，如何邀请同伴开展活动或参与到同伴的游戏活动中去，如何表达自己的情绪和想法，如何有效倾听，如何觉察交往对象的想法和感受，并给予同情、关心和帮助，这些都需要家长给予耐心的培养和训练。

3. 积极创造孩子与朋友交流的机会

孩子正是在不断与朋友交流中，体验同伴交往，形成同伴交往愿望，学习和提升观察、倾听、表达等交往技能的，在不断的体验中，学会角色转换，学会接纳，学会关爱他人、尊重他人。因此，要尽可能地为孩子打开生活空间，家长可以鼓励孩子广交朋友，参加各种团体活动。鼓励孩子邀请朋友来家做客，为孩子创造与同学、朋友以及成人接触、交往的机会。

（二）对孩子进行性别角色意识的辅导

1. 帮助孩子了解男女之间的差异并塑造健康的性别形象

社会对不同性别的差异对待，可能会影响到孩子对自身性别的正确认识，要引导孩子明白男性和女性在心理、社会角色方面的差异不是天生的，而是受到社会文化影响而成的，从而确立正确的自我态度，塑造健康的性别形象。

2. 注意在青春期之前朋友关系中的性别疏离现象

受早期人类的性别文化的影响，青春期之前的孩子倾向于避开异性同伴，偏爱同性同伴并与同性别同伴游戏。由于这种性别疏离情况的存在，孩子在各自同伴群体内形成了不同的交往方式。为使孩子更早地对自己的性别有所意识，形成良好的性别形象，家长需要有意识地在青春期之前，甚至从幼儿阶段开始就为孩子创造与异性同伴交往的机会。

3. 帮助孩子接受并完善自我的性别意识

对于家长来说，目前青春期的异性交往教育还是较为薄弱的环节，部分家长视青春期异性交往为洪水猛兽,把孩子的异性交往视为"谈朋友""早恋",对孩子的异性交往讳莫如深,甚至严禁孩子与异性交往,这不仅不利于孩子形成健康的性别意识,而且不利于孩子形成健康、良好的性别形象。

| 拓展阅读 |

男女性别之间的差异

由于社会文化的长期影响,男女两性在智力、情感和社会交往中表现出了一定的差异。只是就总体而言是这样,每一个女孩或男孩会有很大的差异。

在智能方面,总的来说男女之间没有差异,都能达到同样聪明的水平。但是在一些特殊的智能上有不同,女孩子通常在观察的细致和全面、机械记忆、形象思维、语言表达、按照所学的知识思考、联想和解决问题等方面占优势;男孩子则在理解记忆、抽象与逻辑思维、数学能力、创造性地运用知识解决问题等方面占优势,等等。

在情感表达方面,女孩子一般比男孩子外露,喜欢对同伴诉说,不太稳定,男孩子较为稳定些,不太爱说出来;情感体验上女孩子更细腻与敏感,男孩子则要粗一些;在同情心上,女孩子比男孩子更容易被打动、同情别人;另外,女孩子比男孩子更容易产生焦虑,更容易害羞,等等。在人格倾向、自我意识等方面,女孩子内向的多,男孩子外向的多;男孩子一般比女孩子更加自信;女孩子往往自我评价偏低、更重视别人对自己的评价,男孩子则自我评价偏高、不太介意外界评价,而且更容易产生逆反心理;女孩子比较倾向于依附与服从别人,男孩子的支配性较强,倾向于支配他人;女孩子的生活目标更倾向于从追求安全出发,而男孩子则更倾向于追求成功,等等。

在社会交往中,女孩子更喜欢三三两两,倾向于少而深的同伴关系,追求稳定和结局;男孩子更偏好成群结队、广交朋友,但容易是泛泛之交,不太稳定。和男孩子相比,女孩子在交往中更依附对方,容易因朋友之间的矛盾、误解而发生纠纷，产生不安、焦虑、嫉妒的负面情绪。

——王佳《初中生的异性交往态度及其与父母教养方式、性别角色意识的关系研究》

（三）处理青春期孩子异性交往的几个原则

1. 接纳青春期孩子的异性交往需要

孩子在青春期出现对异性的探究兴趣和需要、出现特殊情感体验等都是正常而无法回避的，这些经历对他们的成长与发展是有非常积极的意义的，将为他们未来的恋爱和婚姻生活做必要的准备。因此，家长以平常心接纳孩子在异性交往方面的尝试和探索是非常有必要的。

2. 尊重孩子

尊重孩子主要表现为尊重孩子对自己情感的处理。有一些家长发现孩子与异性交往，就如临大敌，把孩子放在一边，却直接找对方家长或教师商量解决办法，这是极为不尊重孩子的，很容易引起孩子的叛逆和对抗。家长如果发现孩子与异性交往严重影响了孩子的日常学习和生活，最好先和孩子共同探讨孩子的感受、心情，这样才能得到孩子的信任，与孩子一起探索解决问题的办法。

3. 恰当放权

青春期孩子在性心理和异性交往活动中产生困惑、偏差乃至错误也是正常现象，这需要家长要有耐心和宽容，与孩子建立起"统一战线"，给孩子足够的关爱和教育，在孩子最需要的时候给孩子最大的支持，给孩子时间和空间去探索、感悟和成长。

参考文献

[1] 萨提亚. 新家庭如何塑造人 [M].2 版. 易春丽，等译. 北京：世界图书出版公司，2018.

[2] 约翰·鲍尔比.依恋三部曲：依恋、分离、丧失[M].付琳,等译.北京：世界图书出版公司,2017.

[3] 简·尼尔森.正面管教[M].玉冰,译.北京：北京联合出版公司,2016.

[4] 阿尔弗雷德·阿德勒.自卑与超越[M].马晓佳,译.北京：民主与建设出版社,2017.

[5] 查普曼,托马斯.爱的五种语言[M].吕海霞,译.北京：中国电影出版社,2014.

[6] 克里斯多福·孟.亲密关系——通往灵魂的桥梁[M].张德芬,余慧玲,译.长沙：湖南文艺出版社,2015.

[7] 罗兰·米勒,丹尼尔·珀尔曼.亲密关系[M].王伟平,译.北京：人民邮电出版社,2011.

[8] 丁彦华.父母婚姻质量与儿童心理发展的关系[J].中小学心理健康教育,2014（22）.

[9] 吴丽君.马斯洛人性理论初探[D].呼和浩特：内蒙古大学,2005.

[10] 陈旭.教育生态学视角下的离异单亲家庭教育问题研究[J].文教资料,2016（22）.

[11] 冯超超.单亲母亲的社会支持研究[D].北京：中国青年政治学院,2016.

[12] 朱赛红.教师与家长互动关系的研究[D].长沙：湖南师范大学,2004.

[13] 王佳.初中生的异性交往态度及其与父母教养方式、性别角色意识的关系研究[D].上海：上海师范大学,2016.

第七章 不同阶段儿童的身心发展特征与教育

本章概要

在养育和教育孩子的过程中,我们常常不具备区别不同年龄段的孩子应该学习哪些内容的知识。比如,很多次我们看到家长试图和2岁的孩子讲道理,想要说服孩子什么样的举止才是合适的,才能让他人接受,可是对于2岁的孩子来说,他们的大脑还不具备分析因果的能力,所以任凭家长讲再多的道理,孩子也无法理解其中的缘由。因此,我们要认识到不同年龄阶段的儿童身心发展的特征,并且根据这些特征实施有效的教育行为。本章主要分为两大部分:第一部分主要介绍不同时期儿童的心理特点,分婴幼儿期(0~3岁)、幼儿期(3~6岁)、儿童期(6~12岁)、青春期(12~18岁)四个阶段;第二部分主要介绍在不同的阶段,家长教育孩子的一些策略和方法。

第一节 婴幼儿期（0~3岁）

早期教育是非常重要的基础教育，它能够为儿童身心健康发展打下良好的基础。它能够促进婴幼儿大脑的发育，对其心理发展产生良好影响，同时，对婴幼儿身体与生理发育起促进作用。很多国家很早就提出了对0~3岁的婴幼儿进行智力开发的想法。比如，新西兰的早期教育提出"教育要从出生开始"。又如，秘鲁、加纳等国把0~6岁儿童的教育列入了"国家行动计划"当中，并提出"0~3岁是早期教育的黄金期，也是大脑发育的黄金期"。3岁以前的婴幼儿大脑发展最迅速，是语言、数字逻辑概念掌握的关键期，也是行为、性格、人格发展的奠定期。我国《幼儿园教育指导纲要》明确指出，幼儿园教育要与0~3岁婴幼儿的保育教育相衔接。早期教育是提高人口素质的途径之一。

一、0~3岁时期婴幼儿身心发展特点

（一）0~1岁婴儿的身心发展特点

0~1岁婴儿的心理现象是伴随感官与动作的发展而产生的。这一时期的婴儿发展可以分为0~3个月、3~6个月、6~9个月和9~12个月四个阶段。

从出生到3个月的婴儿。以睡眠为主。眼睛能够随着呈现在他面前的物体移动，能注视人的面孔出现生理性微笑；能够追随着声音将头转向声音来源；能够抓握接触到的东西，也就是我们常说的抓握反应。这时如果把周围的环境布置得丰富一些，让孩子经常接受各种丰富的视觉和听觉刺激并受到亲人的爱抚和照顾，就会进一步促进他的神经系统的成熟和心理健康的发展。

3~6个月的婴儿。视、听能力比前一段有进步，开始能有目的地伸手抓住面前的东西以及较长时间地玩胸前的玩具，并喜欢把东西放进嘴里。这时的婴儿是靠眼、耳、手、口等感觉器官认识事物。此时，父母多和孩子互动，经常抱孩子到室外散步感受户外环境的刺激，并且多与他"说话"对孩子未来的

语言发展是十分有利的。在婴儿 4 个月的时候可以进一步添加些辅食，这些辅食不仅能够刺激他们的嗅觉和味觉，也能够刺激胃里的消化酶活动。

6~9 个月的婴儿。能用眼睛长时间注视某一件物品；能够分辨出妈妈的声音；会两手交替拿东西或用双手拿东西，在手臂的支撑下，能挺起上半身；喜欢把东西往地上扔，会使用玩具相互撞击发出声音；能听懂一些简单的语言，如"拍手""再见""谢谢"等，并且能作出相应的行为。这一阶段家长应多帮助婴儿练习翻身、爬、坐、站等动作；给孩子一些中等大小的软球、彩色积木、木制小动物和小摇铃等玩具，并陪伴婴儿一起玩，用正确的语言告诉他玩具的名称并且进行准确的描述，如"这是一片绿色的、软软的叶子"。

9~12 个月的婴儿。能够在东西不见的时候用眼睛去寻找；能模仿自己听到的声音，如鸭子的"嘎嘎"声、小车的"吱吱"声等；学会说"爸爸""妈妈"等简单的词语；能自己拿着奶瓶或杯子喝水；能拉着大人的手或扶着家具行走。由于此时婴儿自身能力的发展，他对探索自己周围的世界表现出极大的兴趣，对很多东西都想看一看、摸一摸或把东西放入嘴巴里尝一尝。这一阶段家长可以扶着婴儿教他学习走路，经常与他一起做各种游戏，教他说简单的语言，以及在保证安全的情况下尽量满足婴儿急于想探索世界的要求。婴儿出生后的第一年是他一生的开始阶段，只有当他在生活上得到悉心照料、在精神上得到来自养育者的爱抚和热情的关怀，婴儿才会建立对这个世界的信任感和安全感，从而为将来心理的健康发展打下良好的基础。

（二）1~2 岁幼儿的身心发展特点

孩子到了 1 岁左右，可以自如爬行，可以站立片刻，发育快的孩子甚至还可以独立走几步。手眼活动从之前的不协调到协调，如可以自如地喂饼干；五指从之前的不分工到较为灵活地分工，如可以用食指和拇指对捏糖块；双手从"各自为政"到能够相互配合，如可以一起摆弄玩具。精细动作得到一定的发展，如可以独自抱着奶瓶喝奶、打开瓶盖、把圈圈套在棍子上等。

1 岁多的孩子可以听懂自己的名字，可以听懂一些简单的词汇，并且会说一些简单的词汇，能同成人一样分辨声源，有了明显的回忆能力，可以想起很久以前记住的事情,并将之用于当前的"工作"中,可以模仿大人的动作。这时孩子能随着节奏鲜明的音乐作出相应的律动动作,会初步分辨颜色,喜爱色彩鲜艳的玩具,爱看漂亮的人脸,爱看图画书和大而鲜艳的图片。可以听懂常用的物品的名称,会学着大人说话,可以用简单的词汇表达内心的想法,如可以用"汪汪"代表小狗、"喵喵"代表小猫。这一时期的孩子会认生,害怕陌生人,害怕奇怪模样的物体,害怕未曾经历过的情况。这时开始有明显的"依恋"情结,喜欢做妈妈的"小尾巴",妈妈去哪里,他就会跟着去哪里。喜欢与成年人交往,能知道大人的情绪变化,如高兴还是生气;会设法引起大人的注意,如主动讨好大人或者故意淘气等。和小朋友有了以物品为中心的简单交往,但还不是真正意义上的社会交往。有了最初的自我意识,可以把自己和物品分开,可以意识到自己的力量。有了最初的独立性,会拒绝大人的帮助,如会说"不",愿意自己动手,而且可以做一些简单的事情。

　　1岁半至2岁的孩子,不管看到或听到什么,总是会问:这是什么?那是什么?从这个时候开始,孩子的语言能力极速发展,几乎把所有的精力都花在记住事物的名称上。孩子一旦知道所有物品的名称后,就开始提出要记住更多的东西。而一般情况下大人对这些询问通常选择不加理会的方法。不过,在2岁前后的"问题阶段"孩子所问的问题都相当简单,只是往往令大人感到啰唆和麻烦,孩子就是用这种方法来记住人名和事物的,这也是孩子们聪明的一种表现。

　　孩子到了2岁左右,最主要的特征是有了强烈的自我意识,会尝试独立自主,父母若不马上适应这种急速的变化,只会感到泄气和灰心,如果在这个时候顺着孩子,也许他们的"叛逆"还不至于太强,其实一个可爱而且有依赖性的孩子试着反抗,这对大人而言也是一件可喜的事情。孩子产生反抗意图,较能激发起他应对人生冲突的意志并且增强他的思考能力。

　　在2岁孩子的成长中,最明显的是运动功能的发展,所以,孩子有着一身用不完的力气去跑、跳。这时他们的思想逐渐成熟,并且趋于复杂化,大人这时不可以再一味地认为这个时候的孩子什么都不懂。孩子们喜欢凡事都有规律性，父母允许看电视的时间若加以合理分配，让他在固定的时间看喜欢的节目，他会感到高兴。

这段时间孩子对时间的知觉是比较含糊和具有局限性的，他们从成人那里模仿到一些有关时间的词汇，却不会把它们用到正确的地方，这也说明这时期的孩子对时间概念的认知尚未清晰。他们的注意力从1岁起就开始不断发展，一般来说，1岁半时能集中注意力5~8分钟，2岁时能集中注意力10~20分钟，能够长时间地注意一个事物，自己也可以独立地玩较长时间。这时父母应该让孩子更多地参与到日常生活的活动中，如一起去购物买菜、餐前摆放碗筷、扫地、拖地等，在这些活动中促进一家人之间的亲密关系，让他感受到家庭给自己带来的无尽欢乐，而且还能够在活动中教孩子数数、认识事物、说话，从而培养他的独立能力，以及爱清洁、有规律的生活作息习惯。

1~2岁的孩子尚处于完全模仿阶段，他们对任何事物的反应都来自成人尤其是父母的影响，因而父母一定要注意自己言行的正确性。2岁半以后的幼儿大多会发生"口吃"现象，这种现象是生理性的正常反应，因为此时的幼儿思维发展速度要比语言发展速度快，所以在幼儿边想边说的过程中就会出现断断续续、磕磕巴巴的现象，父母要耐心引导，不可过于急躁或者直接给孩子贴上"口吃"的错误标签。

（三）3岁幼儿的身心发展特点

3岁幼儿就记忆方面而言，父母读书给孩子听时，只要多读几遍，孩子就能完全记住故事的内容，之后如果中间说错了一点点，他就会给你指出来。唱歌也是如此，学得快、记得牢，教几遍就能够唱。3岁的孩子不但能记住那些具体的、自己体验过的事物，还能够记住那些从他人那儿听来的、自己说过的抽象的事物。这是3岁幼儿在记忆方面的一大特征。

3岁幼儿对周围一切事物都很关心，拥有很浓厚的兴趣，对所有事物都一定要刨根问底问个没完，这是由于孩子对这些事物怀有极大兴趣，所以他会努力观察、学习、询问和尽力想理解。可以说，孩子智力发展与否的关键在于兴趣如何。3岁，正是对很多事物都抱有极浓厚兴趣的时期，因此，作为父母应该尽一切力量创造机会让孩子接触到各方面的知识，培养孩子的兴趣，这对孩子的大脑智力发育非常重要。

3岁幼儿开始懂得害怕一些看得见的东西或看不见的东西，如动物、假面具、黑暗等。主要原因是虽然孩子已经开阔了眼界，看得多、听得多，但尚未真正理解这一切。比如，1岁的孩子看见狗不会害怕，这是因为此年龄阶段孩子的情感尚未发达，同时也不知道狗是什么东西，对自己会造成什么伤害。但到了2~3岁时，孩子看见狗咬人、有的人怕狗的情形，逐渐懂得了狗是可怕的动物，于是就开始害怕狗。等到再大一些，孩子知道了只要喜欢狗，狗是不会随便咬人的，他又不再怕了。

3岁的幼儿可以用语言来表达自己的感受，很少会像2岁那样一发火就躺倒在地上滚来滚去，加上自控能力也逐渐增强，那种最初的攻击性态度少了很多。3岁幼儿的喜悦已经不再局限于一般的物质性物体，会因为爸爸妈妈的高兴而高兴。因此，人们又把3岁称作"捧人"的年龄，做什么事只要妈妈高兴，就会神气十足，兴致勃勃。另外，他也会懂得一些幽默了。就这个时期的孩子来说，他们所有接触到的对象都是有生命的，也就是我们所说的"泛灵论"，如天上的太阳、月亮，地上的花草、树木，小河里的小鱼、小虾，或者其他动物，都可以是交谈的对象。比如，他们会问天上飘走的彩云："你要走了还会再来吗？"会对家里的宠物狗说："你是我的弟弟，你要听我的话！""泛灵"（相信世界上所有事物都是具有生命的）是这一时期幼儿心理最突出的特点之一。

3岁幼儿的活动开始活跃起来，他们的游戏也很有趣，他们可以给任何一样东西加上想象的象征性意义。比如，一片树叶在"过家家"的游戏中可以当作"盘子"，或者在买东西的时候当作"钱"；一个长木块，可以当火车、当手枪，也可以当成一个木头人。幼儿在一起玩游戏时，每个游戏都有孩子们自命的意义，任何一个游戏里都藏着一把打开孩子心灵大门的钥匙。这一时期幼儿游戏的另一个特点就是"共同游戏"，而不再是1~2岁幼儿时候的"单独游戏"。

3岁时期幼儿的心理和行为有另一个重要的特征，就是他们开始学习区分性别。起初，孩子由于男女之间身体上的差异和行为特点而对性别发生兴趣，随后，幼儿便知道自己是"男孩"还是"女孩"，开始习得同自己性别相适应的一系列的态度和行为。在幼儿习得性别区分的过程中，爸爸妈妈及周围的人给予的奖惩会起到直接而巨大的强化作用。幼儿往往会以同性别的父母为榜样，求得同样的行为和感受。女孩子会在游戏中模仿当妈妈，尽量学着做母亲的温柔和女性的性别行为；男孩子则会模仿父亲"男子汉"的态度和行为模式，希望自己像父亲一样严厉、勇敢、果断。

3岁幼儿很喜欢结交伙伴。这一时期的孩子在同伴交往中体验到了完全不同于和爸爸妈妈及其他成年人之间的人际关系。在同小朋友一起游戏的过程中，幼儿的语言、知识、想象力和各种社会能力都能够得到较为充分的发展，这种在伙伴帮助下的自主活动可以使幼儿认识到自我的存在。因此，在这段时间里，父母和幼儿园应为幼儿创造众多的伙伴相互接触的机会，这对他们的心理发展是十分重要的。

二、胎教与婴幼儿时期的教育

（一）胎教

胎教主要指准妈妈为了胎儿的健康发育，通过调控自我身心健康，为胎儿提供一个很好的内外生长环境，适当地刺激成长到一定时期的胎儿，从而促进胎儿的健康发育、改善胎儿素质的科学方法。

广义的胎教是指为了促进胎儿生理上和心理上的健康发育成长，同时确保孕妇能够顺利地度过孕产期所采取的精神、饮食、环境、劳逸等各方面的保健措施。因为没有一个身心健康的母亲，也不会生出身体健康的胎儿，所以有人也把广义胎教称为"间接胎教"。狭义胎教是指根据胎儿各感觉器官发育成长的实际情况，有针对性地、积极主动地给予适当合理的信息刺激，使胎儿建立起条件反射，进而促进其大脑机能、躯体运动机能、感觉机能及神经系统机能的成熟。换言之，狭义胎教就是在胎儿发育成长的各时间段内，科学地提供视觉、听觉、触觉等方面的教育，如音乐、对话、拍打、抚摸等，使胎儿大脑神经元细胞不断受到刺激，神经系统和各个器官的功能得到合理的开发和训练，以最大限度地发掘胎儿的智力潜能，为未来的生长发育奠定良好的生理基础。从这个意义上讲，狭义胎教亦可称为"直接胎教"。

| 小贴士 |

孕妈妈的注意事项

一是营养成分的摄入：在孕期，母亲需要注重的不是吃入的量的多少，而是摄取的营养成分是什么。比如，叶酸和欧米伽-3，叶酸能够有效降低婴儿神经系统发育不良的危险性，其危险性能够降低达76%；欧米伽-3能够辅助婴儿大脑正常发育，孕妇若摄取足量的欧米伽-3，孩子将来会有更好的记忆力、认知力、关注力，而孩子6个月大的时候，身体的行动能力也会比不摄入欧米伽-3的孩子更好。

二是每天锻炼30分钟：锻炼能给孕妇和胎儿带来很大的益处（见表7-1）。比如，锻炼能促进血液流动，从而促使肌体生长出更多的毛细血管。而更多的毛细血管，则能给大脑带来更充足的氧气和能量。有氧运动还能促进BDNF（脑源性神经营养因子）的增长，从而生长出新的神经元。不仅如此，BDNF还能保护现有的神经元，使其不因陷入压力负荷之中而受到损坏。BDNF还能帮助削减"压力激素"带来的毒性负荷，正因如此，腹中胎儿的应激反应系统和边缘系统才能够正常地发育下去。

表7-1 孕妇锻炼给胎儿带来的影响

运动量的大小	对胎儿的影响
中等程度，充满活力： 每天20分钟的游泳、跑步、步行；每周至少锻炼4天以上	胎儿及孕妇的心跳频率、呼吸频率均加快；脐带血流量大幅度提升
剧烈运动，紧张吃力： 心跳频率接近自身极限，达到90%甚至更高，等同于习惯剧烈运动的运动员在竭尽全力	胎儿的心跳频率变慢、脐带血流量降低。但是，运动停止之后，2分半钟之内就能恢复正常

三是替自己减负：有研究显示，在孕期的最后几个月里，孕妈妈若不削减自己的焦虑就会产生毒性负荷，这种毒性负荷会直接转嫁到宝宝身上。过量的毒性负荷可能会使宝宝更容易受刺激，更不容易被安慰；会抑制宝宝的行动能力、关注能力以及专心能力的成长发育；会破坏宝宝的应激反应系统，导致"战斗—逃避激素"一旦激发就长时间不能散去；削减掉平均高达 8% 的宝宝的应有智商（别小看这 8%，它可是聪明与平庸的分水岭）。

（二）婴幼儿时期的教育

1. 营造一种安全的氛围

这里所说的安全是另一种意义上的安全。孩子虽小，但他们对周遭环境却往往感到格外敏感。如果你能给孩子营造出一种安全的氛围，这是一种既充满了爱又没什么大的情绪波动的氛围，那么宝宝就会茁壮成长。宝宝大脑中的应激反应系统会健康成长，压力激素该激发的时候激发，该消减的时候消减，升降皆迅捷且自如。由于压力激素能保持平衡，宝宝的脑神经系统，特别是负责学习以及逻辑推理的神经系统，因此得到了良好保护。宝宝的心血管系统和免疫系统也都得到了良好的保护并良好地运作。生活中一些小的紧张与压力会变成孩子成长的机会，正是因为亲子之间的良性关系给予孩子的坚实依靠，能有效缓解紧张与压力所带来的负面影响。宝宝看到父母如何以健康的模式应对各种紧张与压力，也会学着（模仿）把这种健康模式应用于今后他的日常生活中。

假如家里常常处于尖锐的矛盾冲突之中，宝宝的应激反应系统会遭到破坏，宝宝要么常常处于高度戒备的敏感状态，要么处于近乎麻木的迟钝状态。在这种状态下，宝宝无法跟养育人形成健康的信任与依恋关系。父母不要以为宝宝才一点点大，不能明白爸爸妈妈那是在吵架，其实哪怕未满 6 个月的小宝宝都能感受得到爸爸妈妈之间不对劲，而这时候宝宝的血压会上升，心跳会加速，大脑中分泌的压力激素皮质醇的含量也会随之增加。倘若父母在争吵时仍能秉持对伴侣的尊重，举止之间仍然带着爱意，那么孩子自然看得明白，你们能够并且会处理好彼此之间的矛盾冲突，维持家里的和睦气氛；倘若你们彼此带着敌意、恨意相互侮辱，甚至动粗，这种尖锐的冲突就会对孩子的心理健康造成伤害。

在第一年里宝宝应激反应系统的大致发育进度见表 7-2。

表7-2　在第一年里宝宝应激反应系统的大致发育进度

阶段	表现
新生儿	哪怕宝宝被抱起来，都会造成皮质醇的含量增加
3个月大	抱起来已经不再让宝宝感到紧张，但医生替宝宝检查身体的时候仍然会有影响
6个月大	医生给宝宝做体检、打疫苗的时候，皮质醇含量的变化已经很小
9个月大	妈妈把孩子交托给一个宝宝能信赖的保姆时，已经不再影响皮质醇含量的变化
13个月大	宝宝即便有些生气，也不会影响到皮质醇的含量

注：皮质醇，即指应激激素。皮质醇含量会随着宝宝的应激反应系统在生活体验中的不断微调而发生变化。

2. 多抱抱你的小宝宝

充满爱意的肌肤相亲，对宝宝认知能力的发展以及情绪的安稳至关重要。用更科学化的描述来说，肌肤亲近能发出某种脑神经刺激传导介质，这种介质能舒缓宝宝的神经系统，降低宝宝的压力激素所分泌的皮质醇含量。肌肤亲近，能带给宝宝的大脑这样的信息："我很安全。"

| 案例 |

袋鼠式呵护

在一项调查研究中，一批早产的小婴儿每天都能得到肌肤与肌肤相接触的机会（也就是"袋鼠式呵护"）。之后，研究人员针对这批宝宝，从半岁一直到10岁，定期做跟踪检查，结果每次都发现同样的结果：与放在恒温箱里呵护的同期早产儿相比，这些"袋鼠宝宝"应激反应系统的运作更高效、睡眠更有规律、身体各方面功能的发挥也更好。而这些"袋鼠宝宝"妈妈的焦灼度也更低缓。

3.用抑扬顿挫的声调说话

父母要用富于变化的声调跟宝宝说"儿语"。在宝宝人生最初的18个月里，你的这些话语会帮助宝宝辨别并模仿语言中的发音要素。用这样的方式说话时，每一个元音、每一个单字，发音都更加清晰，也就更方便宝宝分辨。而你用高高的音调，又能与宝宝那尚待发育的窄小的声道（只有你的四分之一那么小的小声道）恰相吻合。

重要的不是你说了些什么，而是你怎么说出来的。当宝宝听见"儿语"的时候，心脏频率会加快，哪怕是外国语言也一样。当你用"儿语"跟一个5个月大的宝宝说话时，他开心的时候会笑得更明显，而不开心或者担心的小表情也一样更明显。当你用"儿语"的方式请一个12个月大的宝宝看一幅图片时，宝宝听从你指令的比率明显比用普通方式发出指令要更高。

4.要对着小宝宝多多说话

在宝宝3岁之前，如果能有机会听你天天说上几箩筐的话，那么，与那些没有机会听过这么多话的孩子相比，你家宝宝的词汇量会更大（见表7-3），智商会更高，甚至上学以后的成绩也会更好。那么，什么时候开始跟宝宝说话最合适？其实从孕期还剩下最后10周的时候，你就可以开始了。当宝宝在妈妈的肚子里能听得见妈妈的声音时，宝宝就开始吸收语音要素了。在和宝宝说话的时候用词要丰富多彩；说话时，父母要多多正面鼓励宝宝；要直接对宝宝说话；要常常对宝宝说话。

表7-3　幼儿词汇量随年龄增长程度

年龄	幼儿能明白的平均词汇量
1岁半	100个单词
3岁	1000个单词
6岁	6000个单词

| 拓展阅读 |

教你跟宝宝"对话"

一是面对新生儿以及小婴儿。

叠衣服的时候:"哈,太好了,我找到了一双袜子!我要把这两只袜子筒套到一起,这样就不会弄丢一只了。好,叠好啦!""唔,多软和的小床单啊。"(一边说,一边把床单盖到宝宝身上)"宝宝呢,怎么不见了啊?看见了,你在这儿!"出门去散步的时候,告诉宝宝今天要去哪里,一路上看到了什么,都可以对着宝宝讲一讲。

二是面对学步期的小宝宝。

把宝宝正在做的那些让你觉得很有本事的事情描述出来。比如,"你把抽屉打开了,你把抽屉关上了。打开了,关上了。做得好!""你正在拉开抽屉,你正在推上抽屉。拉开,推上。""哟,一支笔,你从抽屉里找到了一支笔。嚯,你把笔帽摘下来了!把笔递给我……"

5. 请这么夸宝宝:"你好认真!"

当孩子做了一件让我们很满意的事情时,我们对宝宝的夸奖往往会有几种模式。哪一种夸奖模式最能够激励宝宝爱学习、爱挑战,将来在学校里愿意努力上进呢?孩子们的思维模式大致分为两大类:一种属于"天生派思维模式",相信自己的成功来自他们的天赋,他们认为自己天生就是聪明能干的孩子;另一种属于"成长派思维模式",相信自己的成功在于他们的不断奋斗,在于不懈的努力。那么,是如何形成这两种思维模式的呢?"天生派思维模式"是因为大人注重夸奖孩子的个性特征,又叫作"对人的夸奖";"成长派思维模式"是因为大人注重夸奖孩子在过程中付出的努力与行动,又叫作"对行为的夸奖"(见表7-4)。

表7-4 "成长派思维模式"与"天生派思维模式"两种夸奖举例

"成长派思维模式"夸奖	"天生派思维模式"夸奖
这个要多做! (夸奖孩子的努力)	这个要少做! (夸奖孩子本身)
跑得很好!	你真能干!
很好的尝试!	你真聪明!
你把嘴捂住了,做得好! (指咳嗽的时候)	好孩子! 好儿子!
这幅画你下了不少功夫嘛!	你是一个出色的艺术家!
你可真用功!	你可真聪明!
看来这对你太简单了,我们来做个更有挑战的吧!	我儿子不愧是天才啊!
你解决这个问题的方式挺好,看来动了不少脑筋嘛!	天啊,你都不用学就得了全优啊!

第二节 幼儿期(3~6岁)

一、3~6岁时期孩童身心发展特点

(一)3~4岁孩童的身心发展特点

3~4岁的孩子大肌肉发展较快,身体组织结构和器官功能也都有所加强,骨骼比之前更加坚硬了些,但骨化过程还未完成,容易变形。神经细胞脆弱,易疲劳,身体动作比以前灵活,开始协调。逐步能自然地、有节奏地更好地掌握平衡地行走。这一时期幼儿能够根据物体的特点和功能比较灵活、准确、熟练地操作、摆弄和建构简单造型,在创造性活动中树立自信心、自豪感。他们对鲜明的色彩、线条、音乐、节奏、律动都具有浓厚兴趣,能用动作表达其感受,伴有情感性、愉悦性体验,这阶段是幼儿音乐感受力和听觉能力发展的关键期。幼儿随着动作能力的发展,认知范围逐步扩大。但无意注意仍占优势,对新鲜事物、新奇活动有较强的好奇心。注意力容易分散,不易集中。

3~4岁幼儿已掌握一定的语言能力,逐渐学会了正确的发音,对词意的理解浅显具体。喜欢听故事、儿歌,能安静地听别人讲述并懂得语意。这时候语言进入了飞速发展期,能明白成人的指示,逐步能用简单的句子与别人交流。这个年龄的孩子有明显的独立行动的愿望,喜欢说"不",常要求"我自己来",这都是自主意识发展的体现。依恋成人,喜欢与亲近的成人有身体接触,如抱抱、亲亲、摸摸等,喜欢被关注和赞扬。但还不能很好地控制自己的情绪,常会为小事发脾气,大哭小闹。开始能够接纳、认同同伴,逐步能和同伴一起玩,并能在教师和家长的引导下遵守简单的游戏规则,但还常处于自我中心状态,容易产生外显性的侵犯性行为。

3~4岁幼儿行为具有强烈的情绪性,易受外界的事物和自己的情绪支配,自制力差,易冲动,自我中心化较强,但对成人及熟悉的人仍有依恋情感。他们具有初步的规则意识和行为规范,喜欢用语言、动作与人交往,但仍会出现一些交往障碍或行为问题,逐渐习惯自发地和同伴共同游戏,能对别人表示同情和关心,开始有初步的自我评价,但这个评价还是建立在他人对其看法之上,自己对自己的评价仍未发展。

(二)4~5岁孩童的身心发展特点

4~5岁幼儿的有意识集体行为增加了。他们能接收成人的指令并作出反应,也能在成人的帮助下完成一些力所能及的任务,如帮助家人整理东西等。这表明此时幼儿已出现了最初的责任感。

4岁儿童已经开始学着控制自己的情绪,相对于3岁儿童而言,他们的情绪更稳定。4岁儿童不仅开始表现出自信,而且规则意识也开始萌芽。他们能够懂得排队洗手、依次领取食物等。同时,他们开始有了嫉妒心,能感受到强烈的愤怒与挫折。

4~5岁幼儿的动作发展更加完善,体力明显增强、精力充沛。他们的身体开始结实,基本动作更为灵活,不但可以自如地跑、跳、攀登,而且可以单足站立,会抛接球,能骑小车等;手指比较灵巧,可以熟练地穿脱衣服、系鞋带,也能够完成精细动作,如折纸、穿珠、拼插积木等;动作质量明显提高，既能灵活操作，又能坚持较长时间。

4~5岁幼儿的思维具有具体形象的特点。他们在理解成人语言时，时常凭借自己的具体经验。这时期的儿童在已有感性经验的基础上，开始能对具体事物进行概括分类，但水平较低。这种分类是根据具体事物的表面属性（如颜色、形状）、功能或情景等开展的。譬如，孩子会把苹果、桃、梨归为一类，认为这些水果可以吃，吃起来水分多；把太阳、卷心菜归为一类，认为这些都是圆形的；把玉米、香蕉归为一类，认为这些都是黄色的。

他们对事物的理解能力开始增强。在时间上，能分辨什么时间该做什么事情；在空间上，能区别前后、中间、最先、最后等位置；在数量上，能自如地数1~10。对物体类别的概念也有初步的认识，会区别轻重、厚薄、粗细等。部分儿童还能分清左右，能把物品从大到小摆成一排。

4~5岁幼儿已经能够初步理解周围世界中表面的、简单的因果关系，如能够明白种花若不浇水，花就会枯死的道理。他们的词汇开始丰富，能较为清楚地谈话，喜欢与家人及同伴交谈。他们也能够独立地描述事物，但因为他们还不能记清事物现象和行为动作之间的联系，有时讲话会断断续续。他们还会根据不同对象的理解水平调整自己的语言。

4~5岁的儿童活泼、好动，并且富于想象，难以分清假想和现实。他们常常会把看到的内容融入自己的想象，比如，当儿童站在阳台上往下看时，成人提醒其要当心，他会说"没关系，我会飞"；他们还喜欢假装做什么，常和想象中的伙伴一起玩；他们有时会"撒谎"，用想象代替真实。

（三）5~6岁孩童的身心发展特点

5岁以后，儿童的个性特点有了较明显的表现，其中最突出的是儿童自我意识的发展。这一时期儿童自我意识的发展主要体现在自我评价的能力上。他们不再轻信成人的评价，当成人的评价和儿童的评价不一致时，他们会提出申辩。这时，孩子的情绪控制能力会越来越强，随意发脾气的现象会大大减少，并且能够考虑到同伴的感受、照顾比自己小的孩子。同时，儿童的个人意识也有了一定程度的发展，主要体现在不再愿意轻易地把想法告诉成人。他们的性情喜好也趋于稳定，人际交往中出现了一定的圈子关系，经常会和好朋友在一起玩。

这一阶段的儿童在生活方面更加独立了。他们能自主选择喜欢的衣服，能独立使用筷子、自己安睡，而且非常喜欢参与成人的劳动。在这一阶段，家长不妨放手让他们尝试做一些事情。这样不仅能提高孩子各方面的生活能力，也能让孩子感受到独立自主的快乐，表现出他们的责任感。

5~6岁幼儿的合作意识逐渐增强，规则意识逐步形成。他们会选择自己喜欢的同伴一起行动，在游戏中较好地分配各种角色，在合作中有次序地完成工作任务。

5岁的儿童，在走路速度上已基本接近成人。他们的平衡能力明显增强了，还可以做一些比较复杂的技巧性运动，如骑小自行车、玩滑板车、滑旱冰等。同时，他们也非常喜欢进行一些竞赛性的活动。在这一阶段，家长可以鼓励孩子多参加运动，与伙伴们一起进行友谊性的比赛。

5~6岁儿童开始能从内在的、隐蔽的关系来理解各种现象的产生原因，这是其他年龄的孩子所不具备的。比如，在解释乒乓球为什么能从倾斜的积木上滚落时，他们会认为"乒乓球是圆的，积木是斜的，球放上去会滚下来"。这说明他们已经能够根据已有经验来判断"圆"与"斜"的关系，从事物的内部联系中找出乒乓球滚落的原因。

5~6岁是儿童语言技巧迅速发展、语言能力明显提高的一个时期。他们的讲话中会出现规范的、完整的词句；能比较系统地叙述生活见闻，而且能生动、有表情地描述事物；能够反应比较快地与人对答，语言的灵活性大大增强了。

由于小肌肉运动技能的发展，5~6岁儿童的双手更灵巧。他们会更加喜欢那些能满足想象力和创造力的多变性玩具，并能长时间地、专注地探索物体的多种操作可能。比如，在游戏中他们会用玩具合作"搭建"熟悉的建筑物，在体育活动中也会想出较有特色的玩法。他们在歌舞、乐器、绘画等方面的表现能力大大增强，有的孩子还非常热衷于戏剧表演。

二、3~6岁时期孩童的教育

3~6岁的孩子正处于所谓"精力旺盛的时候",身体的一切机能都开始发展。他们喜欢与人亲近,喜欢接触社交生活;但偶尔会因为不成熟的行为表现和表达方式而被人误解为喜欢"反抗"。他们喜欢尝试,可以自如地玩耍或使用身边的任何事物。对他们来说,这世界上的事仍然多半是陌生的;为了了解事物的发展,他们会不厌其烦地去探究,并且展现出一种穷追不舍的精神。这一阶段的孩子,人格发展逐渐成形;成长中对世界的接受程度和理解程度的差异所导致的偏差与混乱,已普遍地出现在孩子身上。

（一）保持耐心

首先,父母一定要理解幼儿在这一阶段的多话现象。语言的发展必须经过"听与说"的阶段才能完成,当幼儿学习语言时,与成人的交流是不可缺少的。所以,大人应为小孩确立正确的说话典范,同时也要当幼儿忠实的听众。家长最好不要抑制幼儿说话的欲望,对他们的话要表示关切,制造一个愉快的说话气氛;而例如"啰唆！""闭嘴！"等训斥孩子的语句、禁止小孩说话的态度是最不应该的。如果家中有客人,大人担心孩子牙牙学语会影响成人之间的谈话时,可先告诉孩子,安抚孩子的情绪,让孩子养成等待的习惯。

这一阶段的孩子并非要父母时刻陪伴,只要每天抽出足够的时间耐心地关注孩子就够了。若家长需要完成工作、处理私人事务,也应当对孩子的行为作出反应。比如,回应孩子"原来这样呀",或者专注地看着孩子的眼睛,让孩子感受到自己是被关注的。这虽然只是非常简单的反应,但已经让孩子相当满足了。

此外,家长的家庭角色分工也是很重要的。当父母一方在忙碌时,可以由另一方代为陪伴孩子。这不仅能减轻家长的负担,更能增进家长双方与孩子之间的情感,避免家长教育缺位对孩子的影响。

在家里显得活泼、健谈的孩子,面对陌生的环境时却有可能比较羞涩。当孩子面对陌生人时,这种羞涩就可能更加明显。这时候大人也许会急躁地说:

"在家不是讲得很好吗？现在怎么搞的？"这反而会打击孩子的自信心，甚至会对孩子的自尊造成影响。这种现象，与其说是孩子本身的能力问题，不如说是孩子社会经验不足的问题。只要多锻炼孩子的社会能力，让孩子适应陌生的人和环境，自然就可以慢慢克服这种障碍了。

3~6岁的孩子语言能力发展已经较为完善了，但在语言组织上还比较简单。这一阶段的孩子在面对一些复杂的、高级的词汇时，尚不能理解它们的含义，只是在简单地套用成人的话语。如果家长发现孩子说粗话，或话话中出现了一些令人不能接受的字眼时，不要放大这些话语的作用，而应当认真引导。当孩子第一次说粗话时，父母不妨对孩子说："这句话不好听，不应该这么说哦！"然后教导孩子正确的说法。

（二）正确对待孩子的自言自语

3~6岁的孩子往往会自言自语，这是儿童心理发展过程中的一种正常现象。它又被称为"自我中心言语"，是孩子语言发展过程中的一个重要阶段。

人在日常生活中用于交流的语言称作外部语言，而在头脑中用以思考的语言则是内部语言。对于孩子来说，他们已具备了一定的外部语言，但还没有形成内部语言。由于内部语言的不完善，当孩子思考问题时，往往要借助外部动作或语言的帮助。孩子在游戏时，一边做动作，一边说话，用语言补充行动，用语言指导行动。

自言自语是孩子从外部语言向内部语言过渡的形式。孩子在自言自语时，往往不需要他人回答。当大人听到孩子自言自语时，大可不必担心，也不要厌烦，更不要阻止孩子的自言自语。随着年龄的增长，孩子的自言自语现象将逐渐消失。

（三）让孩子从小接受音乐教育

让孩子从小就接受音乐教育，并非让他们将来都成为歌唱家或演奏家。音乐教育的目的是培养孩子的多元智能，使孩子通过音乐快乐、健康地成长。音乐是一种美的事物，最适合让孩子感受美、发展孩子的审美意识。孩子能够在学习音乐中找到乐趣，开发智力，陶冶情操。在弹奏乐器时，需要孩子动手、动脑，运用多种感觉器官，这就发展了孩子的观察力、记忆力、理解力和创造力。

持之以恒的音乐练习，还可以培养孩子良好的非智力品质。从小树立孩子面对困难的信心和勇气，培养其顽强的毅力，养成良好的学习习惯，提高艺术修养，形成良好的性格。对于孩子而言，音乐启蒙主要来源于良好的家庭音乐环境，这让孩子在不知不觉中受到熏陶。家长可以用多种类的乐曲陪伴孩子的不同活动。比如，用轻松愉快的抒情乐曲伴随孩子起床和进餐；用节奏明快的进行曲伴随孩子游戏；用优美安静的摇篮曲伴随孩子入睡。

此外，家长还可以给孩子提供一些简单的乐器，让他们在弹奏中实际体会到音乐美。家长还可常带孩子去参加一些轻松活泼的演奏会或文艺晚会等。总之，家长最好通过各种方式让孩子生活在一个充满音乐的环境之中，久而久之，孩子就会和音乐交上朋友，并对音乐产生浓厚的兴趣。

| 拓展阅读 |

音乐与智商

美国加州大学的科学家研究证明，接受音乐训练的儿童的智商要远高于其他同龄孩子。还有一项统计研究，美国国会议员和五百强企业高管中，接近90%的人在幼年就受到过音乐教育。在俄罗斯就有医学专家使用音乐对体弱的婴儿和早产婴儿进行治疗的案例。现代科研结果已经证明并得出了结论，音乐确实有助于孩子的成长发育和身体健康，有助于孩子的智力发展和道德情感形成，并对孩子的一生有着潜移默化的深远影响。

（四）培养孩子的耐性

3~6岁的孩子对一切事物都感兴趣，一句话、一张图片、外界一点点新鲜的刺激都会吸引他的注意力。如果家长不及时地帮助孩子训练注意力，孩子就容易形成兴趣改变得快、耐性及坚持性差等习惯。一个人要想在事业上获得成功，不仅需要有聪明才智，还需要有持之以恒的毅力。因此，培养孩子克服困难、坚持努力的品质是很重要的。

培养孩子的注意力，需要家长耐心地引导。父母可以用亲切的语言把孩子的注意力吸引到他所做的事情上，在完成任务过程中避免分散孩子的注意力，使孩子坚持完成所进行的活动。比如，孩子画画只画了一半就想离开，父母应提醒孩子："画完了之后，你能不能给我讲讲画的是什么呀？"孩子感受到了外在的动力，就很容易坚持画完。

"兴趣是孩子最好的老师"，父母不要把自己的意愿强加给孩子，逼迫孩子学习。对于感兴趣的活动，孩子更容易坚持、容易获得满足感；而满足感又能给孩子带来继续坚持的动力。在这样的良性循环下，孩子会更自觉地坚持。

（五）看图说话

看图说话既能丰富孩子的知识，又能培养孩子的语言表达能力，是锻炼孩子语言表达的好方法。当家长打算给孩子讲述某一本书的内容时，最好事先把这本书看一遍，熟悉其中情节。一开始，家长可以用语言吸引孩子的的兴趣，比如，"这儿有一个有趣的故事，你想知道吗？"或者让孩子自己发现它，这时家长再开始给孩子讲述书中的故事。

父母讲述故事时，语言尽量形象、生动，可以适当加些动作。一次讲述内容不要太多，以免孩子失去兴趣。家长可以边讲故事边让孩子翻页，或者用手指图画，更便于孩子理解故事内容。家长也需要给孩子自己组织语言、描述故事的机会；经过训练，逐渐地孩子就能讲述自己熟悉的故事。

对于单张的图片，家长可以先让孩子观察，然后让孩子把所看到的画面用语言复述给家长听。父母可以巧妙地问些问题，如"这幅画上有些什么？""他们在干些什么？"鼓励孩子运用观察力和语言表达能力。

当孩子讲得不好时，家长不要指责、训斥孩子。可以从易到难，开始讲好一两句话就行了。孩子若讲话不分先后顺序、不断重复多余的话，或者一句说不完就急着说下一句，父母应耐心地鼓励孩子，给孩子做正确的示范，让孩子模仿，提醒孩子先想好了再讲。经过多次训练后，孩子会越讲越好。

（六）游戏就是学习

许多父母认为，游戏是浪费孩子的学习时间，因此极力减少孩子的娱乐活动。从教育学角度看，这无疑是一种错误的认识。

事实上，游戏是孩子与外界交流的一个媒介。游戏是孩子探索和实验的过程。在游戏中，孩子逐渐地接触世界、对世间事物有了基本的了解，建立起自己与世界的关系。孩子的游戏过程，就是他们身体成长的过程，就是他们智力、创造力等的发展过程。因而，每个孩子都需要游戏，以促进各方面的健康发展。

同时，游戏也可帮助孩子发展其语言表达能力。因此，对孩子而言，游戏就是学习。游戏是孩子成长过程中不可缺少的部分，应该充分重视游戏的价值。父母应积极创造条件，让孩子多参加有意义的游戏活动。

| 小贴士 |

适合3～6岁幼儿的亲子游戏

1. 找朋友

准备教具：大小不同的拼图数组。

游戏说明：首先，将拼图拆开、分散在桌子上，让孩子通过形状区分拼图，进行第一次分类。其次，让孩子通过视觉及触觉分辨大小拼图的差异，然后加以细分。最后，家长和孩子进行比赛，看谁最快把拼图拼好。

注意事项：每次游戏过后要收拾好周围，让孩子养成物归原处的好习惯；在游戏过程中，避免孩子误食拼图发生意外；幼儿注意力并不容易持久，玩游戏时应在没有杂物的环境下进行；大人玩游戏投入程度会直接影响孩子，父母玩得越投入，孩子就越容易玩得开心；要以轻松、好玩为前提，不要让孩子察觉是在学东西，否则会引起孩子抗拒。

2. 小神探

目标：锻炼孩子记忆力和对物体的辨识能力

准备教具：约 10 种孩子喜欢的东西（如水果、糖果、巧克力、小玩具等）。

游戏说明：家长把 10 种小东西放在桌子上，用 1 分钟时间让幼儿记住桌子上的所有东西，然后把幼儿的眼睛蒙上，这时，家长将桌子上的几样物件藏起来，让幼儿睁开眼睛后仔细看，家长问"桌子上什么没有了"，孩子猜对即可获得奖励。

3. 脚踏车

目标：训练孩子腰部和腿部的控制力，培养孩子的身体协调能力。

游戏说明：家长和孩子在床的两头分别躺下，然后抬起腿，脚心贴着对方的脚心，在空中像骑自行车一样一前一后蹬动，一边蹬一遍念儿歌。

4. 我是小陀螺

目标：让孩子在快速运动中保持肢体平衡，促使平衡觉的发展。

游戏说明：让孩子找一个空地站好，可以把手臂伸平，不要扶任何东西，可以把手放在腿两边，原地旋转。当孩子旋转几圈后，家长可以让孩子停下来，看看孩子能不能保持平衡。之后，让孩子静静地站立一会儿，直到孩子感觉不到头晕。这种方法连续做 3 次，为了引起孩子的兴趣，爸爸妈妈可以和孩子轮流做，看谁能坚持不倒下。

注意事项：如果孩子的年龄小，家长可以适当地帮助孩子；还可以和孩子换成翻跟头、侧滚的游戏，来刺激孩子的平衡觉发展。

（七）引导孩子进入科学境界

孩子的好奇心强，求知欲旺盛，喜欢运动、游戏。对儿童的科学教育，并不只是单纯地教授科学原理，而是通过实际的生活经验，引导孩子建立观察自然、爱护自然、探索自然的正确态度，进而启发其思考与解决问题的能力。科学的启蒙教育，不仅可以开启孩子的智力，培养孩子的观察力、想象力和创造力，还可以培养孩子良好的个性品质。

孩子对科学产生兴趣，往往出自偶然的发现。父母在日常生活中的有意安排与引导，可以激发孩子探索科学世界奥秘的兴趣，并帮助孩子掌握基本的探索科学的方法，有利于孩子逻辑思维能力的发展。

（八）培养分类和对应的能力

分类是按一定标准将物品进行分组归类，它是儿童掌握数、空间、规则等概念的基础。父母可以在日常生活中发展孩子的分类能力，如将买回的蔬菜、水果、日用品分类；将洗完的上衣、裤子等分类；将书本、文具分类放置等。这种分类活动与孩子生活接近，孩子会有比较强烈的兴趣。

对应是把相关的事物进行配合。日常生活中有许多可让儿童进行对应的活动，如一张桌子前摆一把椅子、一个碗上摆一双筷子、每双鞋的左右脚对应等。这些活动为掌握数的概念提供了丰富的感性经验。利用日常生活中的各种情境和活动，帮助儿童学习掌握分类和对应概念，是一种行之有效的方法。

（九）保持温馨的家庭环境

家庭房间、家具布置整洁美观、舒适宜人，不仅有利于陶冶孩子的情操，也能培养孩子良好的生活习惯。同时，和睦温馨的家庭环境对孩子成长的影响也比较大。家人之间和睦相处，每个家庭成员自尊、自爱、自重，严格要求，互敬互爱，按照正确的道德规范办事，子女就能在和谐的家庭生活中学会如何做人、如何爱人、如何处理人与人之间的关系。在这种家庭中成长的孩子，一般性格比较开朗、活泼上进、心地善良，具有优良的道德品质和行为习惯。

第三节　儿童期（6~12岁）

一、6~12岁时期儿童身心发展特点

（一）6~12岁儿童生理发育特点

6~8岁的孩童在生理上已经有较大发展。他们的骨骼肌肉茁壮成长，但

肌肉发育尚不完全，含水分多，肌肉纤维较细，肌腱宽而短，关节的软骨较厚，关节囊韧带薄而松弛，关节周围肌肉较细长，关节的伸展性活动范围较大，牢固性较差，容易发生脱臼。因此，在体育活动和锻炼时不宜进行剧烈运动。这一阶段，孩子的神经系统中负责调节心脏活动的部分已发展完成。孩子的血液循环比较快、心跳较快，应防止心脏负担过重和体力活动过度。

8~10岁的孩童身体发育处于相对平稳阶段。这一时期的孩子，女生的身体发育均早于男生，但在各个领域也存在差异。他们的骨骼成分中胶质较多，钙质较少，可塑性较大，富弹性，坚固性较差，不易骨折，但容易弯曲变形、脱臼和损伤，因此，要特别注意身体姿势的培养。他们肌肉中含水率较高，肌肉细长而且柔嫩，因此，在日常生活中，家长要多安排中、小强度的练习活动，不宜安排静力性或爆发性练习，也不宜进行过分剧烈或耐久性过大的练习活动。这一时期的孩童神经系统发展较快，兴奋和抑制的机能有所增强，每日平均睡眠时间为10小时左右，清醒时间增多，控制和调节自己行为的能力提高较明显。

10~12岁的孩童身体发育处于人生中的第二个增长高峰阶段。值得注意的是，有些女生已经开始出现月经初潮；部分女生月经初潮的年龄，恰好是女生素质增长波动起伏或下降的阶段。女生由于月经初潮的到来，引起生理、心理上的一系列变化，给部分女生的素质发展带来一些困难。因此，这时应开始注意女生的身心状况。这一阶段的孩子，心脏仍具有儿童特点，脉搏频率较快，但心脏发育十分显著，已接近青春期的水平。因此，适当加大运动量，会使他们的心脏容积和心脏功能得到显著发展。

（二）6~12岁儿童心理发展特点

6~7岁儿童心理水平还停留在具体形象阶段；心理活动的随意性和目的性虽有所发展，但仍以不随意性为主。他们的集体意识比较模糊，还不能清楚地意识到自己和集体的关系；还不具备自我评价能力，对活动的成功与失败不会放到心上，但喜欢听表扬的话，很容易从被批评的负面情绪中恢复。

这一时期的孩子开始进入学校，开始独立处理周围环境中的事情。当孩子意识到"我已经是一名小学生了"的时候，行为也会发生一些变化。由依恋不舍到轻松愉快，这是这一时期孩子的共同特征。上学以后，少数孩子还离不开家长，这是孩子心理没有"断乳"的表现。这种孩子缺少家长的陪伴会感到不安，在众人面前不敢说话，回到家以后则马上恢复。部分家长对这一现象不够了解，往往用强硬、逼迫的手段压抑孩子的诉求；这种反意志行为，恰好给孩子增加了不安的心理成分。

6岁的孩子对外界有一种天然的敏感，想要学会过去自己不懂的东西，所以提出的问题特别多。有人认为孩子爱提问题是善于思考的表现，其实这是这个阶段的孩子共有的一个特点。

7~8岁的孩子心理渐趋稳定，可以熟练地做自己想做的事，并能把自己的想法简单地记下来。无论写字、绘画还是游戏都比较自如。在此之前，他们与成年人最大的差别就在于不会用文字表达思想。由于个人能力的提高和思维方式发生了变化，这时的孩童心理趋向稳定，显示出一定的个性特征。他们能自主处理的事情越来越多，自信心不断增强，也出现了初步的竞争意识。在发现别人的表现比自己好或者差时，部分孩子的心理会产生变化。当别人不如自己时，他们的内心会感到自豪得意。

8~9岁的孩子感知觉的无意性和情绪性比较明显。这一阶段的孩子注意不够稳定、不易持久，有意注意虽有发展，但还很不完善。他们集中注意力的能力较差，自制力也较差。他们在进行身体练习时，容易被新颖的内容所吸引，而常忘记练习的主要目的。他们对感知动作的认识比较模糊，容易把相近的动作混淆起来，时间和空间感较差。

这一阶段的孩子活动时不受性别的限制。他们的集体意识开始形成，其兴趣由个人活动逐渐转至集体而有组织的活动。愿意主动参加集体活动，开朗活泼，这是求知欲旺盛、身体发育迅速的表现。他们会特别愿意选择合得来的同学一起练习。他们的评价意识开始形成，开始担心自己成绩不佳、担心自己在练习中影响集体、能分辨同学中能力的高低及学习态度的好坏。这一时期的孩子共同特点是积极做事，但又缺乏耐心；由于行为多变、对事物充满探究心态，所以总是试图摆弄物件，也常常因此受到指责和批评。

这时的孩童开始表现出趋利避害的心理特点，即对自己有利的事就做，有利的话就说，不利的事就躲避。这是道德观念形成过程中的一个重要时期。他们绝对崇拜有力量的英雄人物，除了动画片中的英雄之外，电影、电视中的主人公、有影响力的杰出人物等，都会成为他们的偶像。他们对崇拜的人物有时会达到入迷的程度。此外，他们会在有力量、个头高的学生面前，表现得服服帖帖，对这种"孩子王"言听计从。

9～10岁的孩子自我评价意识已经形成，思维形式向抽象思维过渡，可以进行比较复杂的分析，在分析问题时开始确立"自己"的位置。他们会在反复比较、衡量的过程中认识自己的行为与他人行为的关系，并把"自己"作为一个独立的人，等同于他人。这个"自己"常常站在主观愿望的对立面。在处理事物时，能够说服自己，调整自己的立场和看法。

大众经常认为这个年纪的孩子非常难以引导；有些专家认为，这一时期的孩子个性差别最大。各个孩子的身体发育表现出明显的差别，发育快的已接近中学生，发育慢的还像幼儿；心理方面也是如此，由于家庭环境和其他条件的差异，孩子对事物的体验差距很大。

10～11岁的孩子感知觉已具有少年阶段的特点，发展到一定水平。他们感知事物的目的性比童年阶段明确，感知事物的精确性也有所改善。这一时期的孩子集中注意能力有所发展，集中注意、专心致志的时间可达25分钟左右；注意分配能力也有提高，在注意腿的动作同时，还能注意到手或脚的动作，注意上下肢动作的同时，还能注意到重心的变换。他们的有意记忆在不断发展，开始由被动的记忆过渡到自觉的记忆。他们的思维发展已从具体形象思维向抽象逻辑思维过渡，但仍然会与感性经验相联系，具有很大成分的具体形象性，还是习惯于模仿实际动作。此外，男性、女性的性别特点在这一时期明显地表露出来，孩子在活动时开始注意性别界限。

10～11岁的孩子非常关心学习成绩，他们对于学习优秀的同学开始产生敬佩的心理。这个阶段的心理健康培养非常重要，家长需要让孩子正确看待成绩，避免把羡慕变成嫉妒，还要注意不能因为一时的落后就灰心丧气，也不能因为一时的优秀就骄傲自满。过往的教育方法，用在 10 岁孩子身上已经无效了。孩子对许多事情有自己的打算和想法，家长最好不要干涉孩子的正当活动。这是家长和孩子在权利和义务方面互相尊重的体现。

11~12 岁的孩子专心致志的时间可达 30 分钟左右，短时记忆力不亚于成年人，记忆准确率也比较高。记忆力增强是辩证思维形成的一大前提，它使还在大脑中存储的信息迅速增加，令孩子可以进行比较复杂的推理和运算。他们的集体意识持续发展，已不满足于无规则要求的游乐性游戏，而愿做体力和智力相结合的游戏，特别喜爱有一定规则的竞赛，并且已开始把体育活动作为抒发感情的途径。

这一时期的孩子正在从少年心理向青年心理过渡，既带有少年的天真，又会表现出青年人的成熟。随着知识的积累和对事物体验的深化，他们的内心世界比较丰富。他们开始关心新闻，寻找自己感兴趣的话题或信息；讨论文艺表演、体育比赛成为大部分人生活中的一件大事；追踪社会热点，崇拜偶像，表现出作为社会一员的责任心和浪漫色彩。除了注意事物外表的形式之外，他们更注意对事物的分析和主观体会，对很多问题都可以作出自己的回答。这一阶段的孩子已经升入六年级，马上要进入中学，学习压力开始增大。生活方面也不那么随便，受到更多的约束，也容易短时间失去自信。这些都表明，这时的孩子实际上已开始进入青年时期。

二、6~12 岁儿童的教育

这个阶段的孩子开始拥有第二个世界了：学校！进入群体社会，他感受到群体的力量，表扬或批评都会起到暗示教育的作用。在在这一时期的家庭教育中，父母应在语言和行为上传递爱的信息：爱是最伟大的动力。假如孩子能感受到爱的阳光和雨露，他这颗小树苗就能茁壮成长。所以，家长正面教育的力量非常重要：你有怎样的期待，孩子就会变成怎样。父母应该始终用正面语言传递正思维和正能量。

（一）帮助孩子培养自信

父母要帮助孩子培养自信心，家长要多用"拇指教育"（即表扬），而少用"食指教育"（即批评）。在家庭教育当中，家长在对孩子进行教育和管理的时候，不能单纯进行"拇指教育"，应该"拇指教育"与"食指教育"相互结合，促进小孩的健康成长。首先，对于"拇指教育"父母应该持续进行。习惯不是一天就可以养成的，一次的赞扬对于孩子来说就如昙花一现，没有实质性的效果。在生活中，父母要善于利用方方面面的教育契机，要从日常生活中的各个方面进行鼓励。例如，养成孩子诚实的品质。如果没有按时完成学校老师布置的作业，父母应该鼓励孩子诚实地告诉老师原因，争取老师的原谅。如果回家晚了，也应该讲出原因，而不是编造理由欺骗家长等。而父母在教育过程中也要采用让孩子"敢于说真话"的手段。其次，在进行"食指教育"的时候尤其要注意场合，不能随便伤害一个孩子的自尊心。比如，有一些家长经常在公开的场合指责、呵斥、殴打孩子等，这些都是不恰当的行为，这样都会严重伤害孩子的自尊。最后，涉及违反法律的问题，父母应该以"食指教育"为主。法律是社会的最低底线，一旦逾越了这条线，就进入了罪恶的深渊。因此，我们应该让孩子意识到"以法律底线自律"的重要性，防微杜渐，把苗头扼杀在摇篮之中。"食指教育"以严格著称，这是一种非常有效的办法。但"拇指教育"也是不可或缺的，有研究者甚至认为在孩子12岁以前要对孩子进行不少于2万次的"赞美"，而且"赞美"一定要及时，当面批评要在宽松中严肃，这里又可以引用"三明治教育"：缺点夹在优点中讲，批评夹在希望中讲（肯定——但是——相信）。如果做错了，应认清错在哪里。改掉一次错，就会越来越好了。避免让孩子害怕犯错，或者是养成屈于父母威严的逃避心态。

| 拓展阅读 |

什么是"拇指教育"和"食指教育"？

古希腊的哲学家柏拉图认为，人的天赋是有很大差异的，有黄金、白银、铁和铜之分，不同的人应该放到合适的位置去，担当不同的责任，即各司其职，使社会功能最大化。我国的孔子也提出因材施教的教育理论。不同的国家，人们对于教育的方法和理念都是不同的。即使是同一个地方的人，教育方式也有所不同。教育者所采取的教育措施的差异背后折射出的，其实是对不同人性假设的预判。而拇指教育和食指教育就包含着两种典型的不同的人性假设在里面。

第一，拇指教育。

所谓的拇指教育，指的是西方国家推崇的一种文化理念，他们认为小孩的本性是好的，因此，只要施以正确的引导，就可以促进小孩的健康成长。比如，课堂上老师提问学生问题，学生都积极回答，即使回答错误，老师也不会责骂，而是以鼓励的语言来安慰学生。老师经常会说"很好，非常好，不错，很棒"等话语。他们崇尚人本主义的教育理念。人本主义强调学生的主体地位，强调人的尊严和价值，促进个性化发展和发挥潜能。它认为教育的目的就是实现人的发展，因此，要为学习者创造良好的环境和氛围。这种学习理念背后就是马斯洛的自我实现人假设，又称为Y理论，该理论指出：人类需要的最高层次就是自我实现……每个人都必须成为自己所希望的那种人……能力要求被运用，只有发挥出来，它才会停止吵闹。

第二，食指教育。

所谓的食指教育，就是指在东亚圈范围内比较盛行的一种教育方式，它主要关注学生的消极方面，及时指出和批评受教育者的错误，以达到改正效果。在中国的传统文化中，"棍棒底下出孝子""忠言逆耳利于行"都是对食指教育的直接反映。在这种教育理念下，孩子像活在父母、老师、同学、社会的监视之下，一有错误就会被指出。比如，一旦发现有同学做得不好，其他同学就立刻跑到办公室告诉老师，违纪的同学受到的将是当众严厉的批评和惩罚。食指教育理念告诉我们人都是恶的，是自私自利的，因此，要对孩子进行严格监督和控制。

（二）帮助孩子养成良好习惯

"习惯要从娃娃抓起"，习惯的好坏影响一个人的一生。家长们要想把自己的孩子培养成才，就必须从培养孩子的良好习惯入手，并做到持之以恒。那么，如何培养孩子良好的生活习惯呢？可以从以下几个方面入手。

1. 生活有规律

生活的规律性要求孩子按时作息，讲究卫生。个人良好的卫生习惯是孩子身体健康的直接条件，应做到勤洗手，早晚刷牙。同时，父母还要注意对孩子进行公共卫生的教育，让孩子养成不随手扔垃圾的习惯。家长要尽量保持孩子的生活起居在所有时间里的一致性。长期坚持下来，孩子自己也能学会独立按一贯的生活规律来制定合适的作息时间表。一旦孩子习惯于一种有规律的生活，时间观念就自然会内化成他自己的一种宝贵素质，自我意识的控制力与意志力就会得到长足的发展。

2. 自己的事情自己做

家长应该有意识地从小锻炼孩子"自己的事情自己做"的习惯，不要替孩子做他自己力所能及的事情。事实上，6~12岁这个年龄段的孩子已经能够独立完成很多劳动了。厨房整洁远不如发展孩子的责任感、自立能力、自尊心、自信心和办事能力来得重要，因为这些都是健康人格的基础。要孩子做家务的目的，并非仅是要把繁琐的工作做好，或教孩子"如何去做"。做家务也可帮孩子了解人必须合作和向着共同的目标努力。当孩子在生活中养成了自己的事情自己做的习惯，养成主动承担一些家务劳动的生活习惯时，孩子的独力意识与自我责任感就已大大增强了。

3. 学会节俭

现代的孩子，对金钱的意识不强，导致花钱大手大脚，开运动会、去春游拿10元、20元还嫌少。之所以会出现这种情况，主要是家长没有注意对孩子进行节俭这一习惯的培养，甚至有的家长认为让孩子节俭是寒酸的表现。其实，想一想一个从小不知道节俭的孩子，长大了又怎么会节俭呢？培养孩子节俭的习惯，要定量给孩子零花钱，让孩子自己去支配这些钱，如果提前花完，不补，不预支，通过这样的锻炼，培养孩子对金钱的正确认识，让孩子学会节制、学会理财，从而树立正确的金钱观。此外，家长要有意识地引领孩子不同他人攀比，或者弱化孩子的虚荣心，也可以尝试让孩子利用假期去尝试一下赚钱的艰辛，让他知道金钱来之不易，这样他就不会乱花钱了。

4. 上网要有度

常言道"言传不如身教"，在电子产品的使用上，家长要以身作则，少看电视多读书，严格控制上网时间，用行动产生说服力，这样的纠正效果会更好。玩游戏是孩子的天性，首先，在孩子玩游戏之前，要与孩子一起制定规则，一旦制定就要严格遵守，给孩子树立规矩意识，切不可因孩子一时表现好了，家长一高兴就允许他上网或超时上网，否则是把上网玩游戏当成奖品了，他们对游戏的兴趣也就被刺激得更浓厚了。对于自制力差的孩子家长要多一点儿耐心，要慢慢指导孩子在玩游戏中自己学会控制，最好不要和孩子形成管制与被管制的关系，要从孩子的感受出发，让孩子养成自我控制的好习惯。其次，家长要正面引导孩子玩那些益智的、健康的游戏，避免孩子去接触那些充满暴力与色情的游戏。最后，家长要多培养孩子的多种兴趣爱好，寓教于乐，这样孩子就不会把注意力只放在玩游戏上了。

5. 待人有礼貌

在现实生活中，我们经常可以听到或看到，客人来访时有的孩子不知道问候，甚至还有的孩子言语随意、满嘴脏话，而家长则以"我这孩子真不懂事，不好意思让您见笑了"就轻描淡写地过去了。其实，家长必须要知道，文明礼貌是一个人有教养的表现，也是一个人立身的根本。在一个缺乏教养的人身上，"勇敢"就会成为"粗暴"，"学识"就会成为"迂腐"，"机智"就会成为"狡猾"，"质朴"就会成为"粗鲁"，"宽厚"就会成为"谄媚"。家长们千万不可抱着"孩子长大了就会懂"的心态，因为当孩子还没有成熟的自我认识的时候，往往意识不到事情的严重性，而养成习惯之后，他就不觉得这是一件错事了，更别提改正了。因此，家长要让孩子穿衣整洁，并养成爱护衣服的习惯；教育孩子去别人家时要先敲门，征得他人允许后方可进入，入室后不乱动他人的物品；在家接待客人时，学会让座、请茶、送客等基本礼节，且不影响大人之间的交谈；到公共场所要爱护环境卫生，自觉遵守公共秩序；尊敬老人、师长等。

6. 养成读书好习惯

阅读是一个孩子感知事物、懂得道理的有效途径。阅读要从孩子感兴趣的内容入手，可以是一些带插图的故事，也可以是孩子喜欢的电视剧的剧本。等孩子喜欢上读书之后再逐步地提高要求，切忌"一口吃成胖子"。家长也可以陪着孩子读，在陪读一个阶段之后一定要让孩子自己读。当孩子做功课磨蹭时，先不要催促他写，而是由着他，并记下他的用时，然后与他一起分析做这些功课到底需要多少时间，这些多用的时间他可以做多少他感兴趣的事，这样孩子就会明白自己的磨蹭将会使自己失去做自己感兴趣的事的机会，慢慢地也会明白这样做是得不偿失的，他就会意识到时间的宝贵，也会自觉地提高自己的效率，久而久之就实现了孩子自己学习的目的。

（三）培养孩子的广泛兴趣

兴趣是最好的老师。孩子兴趣爱好的发展一直是现在家长们的关注重点，这对生活在当下的孩子来讲是一件非常可喜的事情，因为我们都知道一个有兴趣爱好、有梦想的人往往能帮助自己更好地应对人生的风险和挑战。但在帮助孩子发展兴趣爱好的过程中，父母却又常常遇到很多棘手的问题，不知从何下手。

| 案例 |

家长的常见问题

——"我应该让孩子从几岁开发他们的兴趣和爱好？我们邻居的孩子已经报了3个兴趣班了，我们的孩子是不是也应该去学？报这些班是不是越早越好？"

——"我给孩子报了好几个兴趣班,每个他都要上,每个都不愿意丢,但每个他都好像不是很专注地学习。"

——"我的孩子报兴趣班的时候,我问过他要不要学,而且也告诉他学的过程中要吃苦,他都点头答应了我,可是坚持了不到两个月,现在就没兴趣了,该怎么办?"

——"孩子上兴趣班的时候,我其实经常表扬和肯定他,甚至还经常鼓励他继续学习,可是效果并不好,奖励的时候好一点,奖励一过又是老样子。"

——"我的孩子如果认真学,其实可以学得很好,但就是不能集中精力,不够专注。"

——"我的孩子受不起挫折,老师一批评,或者遇到一点儿困难就放弃,就不想学了,就说没兴趣了。"

——"我的孩子现在问他有什么兴趣爱好,他都说没有,除了玩、看电视、打游戏,其他都没什么兴趣。"

——"我的孩子已经上小学高年级了,学业繁重,现在打算把他的兴趣班都取消掉。"

要回答以上问题,家长应该首先意识到"兴趣与爱好"的重要性。

1. 每个孩子都是独特的,都能发展出自己的兴趣和爱好,拥有自己的特长

有不少孩子看起来好像什么爱好都没有,他们看起来对画画、跳舞、弹琴、下棋、书法、唱歌、体育运动等都不感兴趣,这时,家长不能简单地认为这个孩子缺乏培养兴趣的条件,或者说没有天赋,这恰好说明这个孩子的兴趣爱好被包裹得太过严实紧密,家长需要花更多时间才能发掘。作为家长,在挖掘和培养孩子兴趣爱好上要树立一个观点:相信孩子一定有自己的兴趣,这些兴趣可能和别人一样,也可能不一样,并且不一定要听起来非常厉害,也有可能独具特色,总之,孩子喜欢才是最重要的。

2. 早期挖掘孩子兴趣爱好时，以"玩"为目的而不是以"教和学"为目的

玩本身是很有意义的，因为玩耍是身心愉悦的事情，愉悦的感受才让人有兴趣，才会引领孩子进一步去发现、去感受、去思考。在孩子单独玩耍或者和孩子一起玩耍的过程中，父母做观察者和参与者比做教导者更有作用，父母要多创造机会让孩子接触各种事物，这比兴趣班数量的多少更重要。

| 案例 |

妈妈教我弹钢琴

我很小就开始学钢琴，但有时候我也会偷懒。妈妈总是教训我："这么简单的曲子，你都不会弹？""你就是缺乏毅力。""你不是说好弹30分钟吗，怎么总是这样，遇到一点儿问题就退缩？"妈妈这么训我让我很难受，就越来越不喜欢练琴了。但是后来妈妈变了，她不再那样训我了，当我遇到困难时她就慢慢开导我："这首曲子的确很难，你弹了十几遍都没有完全弹出来，所以你非常沮丧，对吗？""妈妈能帮你什么吗？需要我坐在你身边或者我们活动一下再继续？""这首曲子已经弹得很熟了，要不我们试着把这首曲子分成几个部分，我们一段一段攻克，你要是愿意，妈妈会陪着你的！"在妈妈的鼓励下，我的琴技也在不断提高呢，而且弹琴也不再是件"痛苦"的事情了！

（四）帮助孩子学习

家长应该重视孩子学习与日常生活之间的联系，不要让孩子的学习脱离实际生活，应当将学习贯穿于儿童的日常生活和交往中。为此，家长要遵循小学生的年龄特征，重视他们的学习过程，要用喜闻乐见的方式去帮助和引导儿童。首先，家长应让孩子充分体会成功带来的喜悦和满足，尤其对于学习成绩较差，而又缺乏自信的孩子更应如此。这样可以激发孩子对学习的兴趣。其次，家长可以将孩子的目标细化成阶段计划，让孩子看到自己进步的希望，保

持激情,并且要善于发现孩子的进步,并及时给予表扬和鼓励,多启发孩子与不同阶段的自己比较,切忌用孩子的短处去比较别的孩子的长处。最后,家长可以引导孩子把广泛的兴趣中的积极因素迁移到学习上来,当孩子对功课以外的事物产生兴趣时,一味的阻挠是不明智的,最好的办法是采用兴趣迁移,将孩子对体育、文艺、收藏等方面的兴趣因势利导迁移到学习上来。总之,帮助孩子掌握良好的学习方法,要对学生进行学习方法的具体指导,很多孩子对学习不感兴趣导致学习成绩不好,是因为学习方法不恰当。所以,对学生进行具体的学习方法指导是有必要的,如指导孩子如何听课、如何回答问题、如何解题、如何复习等。欲速则不达,不能把孩子逼得太紧,否则孩子会焦躁、不耐烦,潜意识里产生反抗情绪,反倒更不利于帮助孩子学习。课余时间里,家长可以多带孩子去博物馆、动物园、图书馆等地方,用不同的方式不断刺激孩子的好奇心和求知欲。同时,父母是孩子的榜样,父母先要爱学习,求知欲强,不断进行学习活动,为孩子对知识保持持续兴趣作出榜样。

第四节 青春期(12~18岁)

一、12~18岁青少年身心发展特点

(一)12~15岁青少年身心发展特点

12~15岁的孩子正处在告别幼稚走向成熟的过渡时期,即青春期。青春期的孩子面临着生理和心理上的"突变",这对他们的发展、对教师和家长的教育都是一个很大的挑战。进入青春期的孩子到了人体生长发育的第二个高峰,他们生理上发生巨大变化,身高、体重迅速增长,各个脏器如心、肺、肝脏等功能日趋成熟,各项指标达到或接近成人标准。一般情况下,女孩比男孩早一年左右进入青春期,从乳房开始发育到月经初潮,需要2~3年,继而长出腋毛、阴毛,骨盆变大,全身皮下脂肪增多,形成女性丰满的体态;男孩

则会长出胡须、喉结突出、声音低沉、肌肉骨骼发育坚实，形成男性的魁梧体格。

12～15岁的孩子心理发展方面，伴随着青春期的性发育，初中生的性心理也发生了质的飞跃，大多数学生表现出一系列性心理行为，主要表现为性心理的朦胧性和神秘感、动荡性和压抑性等。进入初中以后，孩子们开始探索真正的自我，渴望独立，自己决定自己的事情，但由于思维发展、生活技能和社会经验还没有完全成熟、完善，仍要依靠父母。此时，父母与孩子的"代沟"表现比较明显。进入青春期后，孩子们开始学习自我观察和评价，但这些评价具有相当强的主观性和片面性，常常容易发生极端变化，经常处于自负与自卑的内心冲突之中。认知的发展变化迅速，如记忆、逻辑思维等都得到了快速的发展。

（二）15～18岁青少年身心发展特点

15～18岁的孩子在经过青春期的急速发育后，进入了相对稳定阶段，也就是发育成熟和定型阶段。他们的身体生长主要表现在形态发育、体内器官的成熟与机能的发育、性生理成熟等几个方面。此外，这一时期的孩子心理发展呈现出如下特点：第一，认知结构的完整体系基本形成，思维能力基本上完成了向理论思维的转化，抽象逻辑思维占了优势地位，辩证思维和创造性思维有了很大的发展。第二，观察力、有意识记能力、有意想象能力迅速发展，思维的目的性、方向性更明确，认知系统的自我评价和自我控制能力明显增强。第三，自我意识的能力和水平提高，内容进一步丰富和深刻，表现在自我明显分化、对自己形象的关注、自我评价能力进一步提高、自尊心与自卑感并存等方面。第四，在情绪情感方面，以外显为主向以内隐为主发展，以冲动为主向以自制为主发展，以直接、具体为主向以间接、抽象为主发展，以生理需要为主向以社会性需要为主转变。第五，在性意识方面，呈现出身心发展不平衡、对身体发育的关心和烦恼、对异性的兴趣增加等特点。

（三）12～18岁青春期的"叛逆"

这个时期是孩子生理发育和心理发育剧烈变化的时期，孩子对独立自主的要求是全面性的，孩子独立意识和成人意识开始觉醒，强烈渴望摆脱家长束缚，按照自己的想法来独立行事。

1."叛逆期"孩子的三大心理过渡

一是从依赖性向独立性转变。这是青少年期孩子心理发展的最显著特征，孩子进入青春期后，生理上出现三大"巨变"，即"性机能发育成熟，身体外形急剧变化，体内机能迅速健全"，为青春期的心理发展奠定了一定的基础。由于这些变化，孩子开始逐渐摆脱对父母的依赖，独立意识的发展日趋明显，这时他们愿意父母像对待大人一样对待他们，小到生活料理，大到对个人前途、家庭大事、社会上的大事，他们都希望能够发挥自己的独立人格的作用，不再像以前那样只听父母的意见了，而要表明自己的意愿和看法。进入一个喜欢怀疑和争论的时期，喜欢批判地看待一切，这不是孩子对父母不尊重，而是他们向独立性发展的典型表现。

二是从"自我朦胧"向"自知之明"过渡。这主要体现在自我评价上从外在性向内在性过渡、从情境性向稳定性发展、从依从性向独立性过渡。从外在性向内在性过渡：青春期的孩子，自我评价不再以外部的行为表现为主，而是开始侧重于自己的内心世界，比如，他们开始从自己的兴趣、爱好、能力、气质、性格等稳定的心理特征来评价自己的个性，同时也依据自己的成绩变化、品行表现、人际关系等来评价自己在班级中的地位，他们重视在同学与同学、同学与自己的对比中来认识自己（如爱打扮，注重别的同学的穿着，女生开始出现攀比心理等）。从情境性向稳定性发展：由于自我评价的内在性和抽象性程度的提高，青少年时期孩子的自我评价不再以一时一事而变化，具有了一定的稳定性，但同时，这个阶段的孩子的自我评价具有较高的主观片面性，特别是自我评价偏高。从依从性向独立性过渡：青少年不再像幼年期和童年期那样依从父母和老师对自己的评价，而是能较独立地评价自己，不盲从于老师和家长的权威，比较在乎同伴对自己的评价。

三是从幼稚向成熟转变。行为方面：孩子从最初的模仿行为到越来越重视和喜欢创造性行为。生活愿望方面：孩子从空想到已经在心中有了自己的理想。交友方面：从自发性交友到有选择性交友。思维方面：孩子从具体形象思维到抽象逻辑思维的转变。

2."叛逆期"孩子的三大心理矛盾

一是渴望独立与现实对家长依赖的心理矛盾：青春期是孩子自我意识迅猛发展的时期，随着成人意识的发展，他们希望父母能将他们视为成年人，像成人一样对待他们，这时的他们最讨厌父母仍像对待孩子一样，对他们的活动事无巨细地一一过问，对他们的事情千叮咛万嘱咐地唠叨，但同时他们又不具备独立自主的经济基础和物质条件，他们想摆脱父母的依赖，可自己又不具备充分的生活自理能力，于是这种渴求独立和现实依赖的矛盾，使孩子的心理上经常产生冲突、不安，为了消除这种矛盾冲突或求得心理上的平衡，他们常常以孩子气的行为方式对抗父母或成人，以显示自己不再是儿童。例如，对父母的批评与责备，不管正确与否，都表现出愈演愈烈的反抗情绪，故意与父母唱反调更是常态。同时，他们的反抗更多的是以潜在的形式表现，如对父母生活和教育上的安排采取不关心、不表态、无所谓的态度等。

二是心理闭锁与渴望获得理解的心理矛盾：随着年龄的增长和心智的成熟，孩子开始有了自己心中的小秘密，不愿什么都跟家长谈，尽管内心世界变得更加丰富多彩了，但心理活动的外在表露却失去了儿童的天真、单纯、直爽。这里说的闭锁性就是对不理解他内心的人不透露自己的秘密，这是青少年时期孩子最显著的心理变化之一。与父母之间话不投机，觉得父母不能真正理解自己，使青少年时期孩子心理上常有一种孤独感，时间长了又产生了希望别人理解、渴求吐露心声的需要，这种需要往往通过写日记、书信和选择最知心的朋友的方式加以处理，从而得到心理安慰和平衡。而且到了这个时候，知己的地位已经远远大于父母和老师的地位。这一心理矛盾及其行为特点，如果不能被父母或成年人理解并通过适当的方式进行处理，很可能会造成对孩子的误解和感情隔阂，进而影响孩子的情感生活和社会适应性，引发一些青春期常见的心理障碍，如抑郁和焦虑都跟孩子心理发展的这一矛盾有重要关系。

三是性生理发育成熟与性心理相对幼稚的心理矛盾：随着性器官和性机能的发育成熟，青少年期的孩子在生理上出现了一些前所未有的急剧和显著的变化，大多数青少年在感兴趣和好奇的同时，也会不同程度地感到不安和害羞，甚至产生恐惧以及不知所措的心理，如果处理不当还会出现性犯罪的倾向。

二、12~18岁青少年青春期的教育

孩子长大了，就不能像管理和教育小孩子那样去对待他们，如果父母总是老一套，老调重弹或频繁地提出某种要求，那么，在教育子女上可能出现三种情况。第一，引起冲突。父母的过分照顾或反复说教、命令斥责使孩子感到是对他的不尊重、不信任，因而表现出对立情绪和抗拒行为，孩子的反抗又会引起父母的愤怒和不满，进一步去斥责孩子，这样下去会影响父母和孩子的感情，造成关系紧张。第二，对家长敬而远之。有的父母给孩子的压力过大，孩子无法反抗，就采取你说你的、我做我的，敬而远之的方法，或另找知心朋友交流。第三，屈从于父母的压力。孩子变得唯唯诺诺，唯命是从，压抑了孩子独立性的发挥，助长了孩子形成"奴性"，久而久之，孩子缺乏主见，可能会没有发展前途。所以，父母要随着孩子独立意识的发展变化改善自己的管理和教育方式。

（一）给孩子平等的发言权

耐心倾听孩子的想法和观点，不管这些想法和观点在你看来是多么可笑与不现实，都一定要耐心和认真地听完，一定要尊重孩子的人格。不要随意指责和草率地对孩子的观点给予否认与评价。要对孩子的想法和观点有积极的反应，让孩子充分地表达完自己的想法，作出积极的姿态："你的这个想法不错，要是再加一点或改变一点就更完善了。"家长积极的反应可以让孩子心情愉快，充满成就感。换句话说，即使家长不太认同孩子的想法或观点，也要充分给予孩子自我表达的权利，而不应该简单粗暴地扼杀孩子主动表达的诉求。

（二）批评孩子时切记不要伤害孩子的自尊心

分清场合和措辞，切莫当着孩子在孩子的朋友或老师面前言辞激烈地批评孩子，批评要讲究就事论事，对事不对人，且措辞要适当，切忌"你简直无可救药""你怎么不如某某学习好"等伤害孩子自尊心、诋毁人格的话语。也不要用"你怎么从来……""你怎么总是……"等言语，要着眼事实，不要翻旧账。适当冷处理，当孩子情绪反应强烈、言辞激烈冲动的时候，家长干脆采取不理睬的态度，给予孩子冷静思考和自我反思的空间，等双方平息冲动后再做沟通或教育。

（三）让孩子学会将心比心

家长干涉过问孩子的行为，要善于直截了当地说出自己的担心和忧虑，让孩子知道家长的爱心，比如，"妈妈理解你，但你这样妈妈真的很担心，相信你能理解妈妈的心情，自己能处理好这件事情"，希望孩子站在家长的角度考虑和体会家长的爱心与不便（不易）。

（四）进行性生理教育

青春期的性教育很有必要，有些孩子不习惯身体急速的发展和特征的急剧变化，变得害羞腼腆，甚至因发育得不一样，产生忧虑、苦闷或自卑、孤独等心理。所以，在孩子出现第二性征的时候对孩子进行性生理教育，一般妈妈对女孩讲，爸爸对男孩讲比较好。配合学校进行性教育，针对自己孩子的实际情况，考虑一定的方法，有选择性地进行针对性教育。

| 小贴士 |

青春期性教育中家长常犯的三大错

对青春期孩子的教育一直是一个大难题，尤其是青春期性教育更是难以开展，对于孩子来说，正确的青春期性教育是必需的，而对于家长来说，如何有效地开展性教育却是一个大难题，两者之间的矛盾，使得家长在教育中常常陷入误区。

第一，家长羞于谈性。

受中国传统观念影响，有太多家长认为，性是不能摆在桌面上，说不出口的事。对孩子讲起来总是羞于开口，总是含含糊糊、羞羞答答。这种态度反而增加了性的神秘色彩，更加激起孩子的好奇心。所以家长应大方地对孩子进行性教育，让孩子从小就能以非常坦诚的态度去面对性，在性心理发育过程中少走弯路。

第二，家长对性教育知识储备不够。

有的家长担心对孩子进行性教育，会使孩子从此对性产生好奇探究的心理，会诱发他们去从事不正当的性活动，如此多的顾虑使家长和教师们对性退避三舍，不敢在孩子面前提及。这种观念是不对的，科学的性教育不仅对孩子无害，而且对孩子健康成长是必要的。

第三，家长对青春期性教育认识不够。

许多父母认为，孩子大了男女间的问题他们自然会知道。青春期孩子渴望知道有关性的知识，并且有一定的性要求。他们的好奇心往往促使他们迫切去寻找答案。家长、教师不给予积极帮助，孩子就会去"访师"，有可能被引到错误的道路上去。相当一部分家长羞于谈性，把性教育的阵地拱手交出，等孩子因为性愚昧而作出错事，才去责罚孩子。家长要向孩子传授科学的性知识，帮助他树立正确的道德观念，这样就可以提高孩子对大众媒体各种性观念的辨别能力。

参考文献

[1] 江绍伦.教与育的心理学[M].邵瑞珍，译.南昌：江西教育出版社，1985.

[2] 罗伯特·M.加涅.学习的条件[M].付统先，译.北京：人民教育出版社，1986.

[3] 罗家英.学前儿童发展心理学[M].2版.北京：科学出版社，2011.

[4] 申继亮，等. 当代儿童青少年心理学的进展 [M]. 杭州：浙江教育出版社，1993.

[5] 朱智贤. 中国儿童青少年心理发展与教育 [M]. 北京：中国卓越出版社，1994.

[6] 林崇德. 学习与发展 [M]. 北京：北京师范大学出版社，2002.

第八章 家长教育的内容

本章概要

家长教育是由父母作为主导,在家庭环境中对子女进行的生活知识和技能方面的教育。家长教育本质上是一门反映家长如何在子女成长过程中提高家庭生活质量的一般规律的新兴学科。"家长"不仅仅指孩子的父亲和母亲,还包括孩子的祖父母、外祖父母和"准父母"及其他监护人。

对于如何理解家长教育的内涵,学术界对此看法不一。一方面,家长教育对父母教育的功能要求随社会发展而变化,并且随着发展中的父母角色继续扩展;另一方面,家长教育融合了心理学、教育学等多个学科理论知识,还没有发展成为一门独立的学科。

家长教育的内容经历了三个阶段的发展。第一阶段,注重增加父母对孩子进行养育的知识;第二阶段,增加了怎样把父母纳入孩子学校教育体系、部分

"家庭支持"服务等内容;第三阶段,对家庭教育进行了定义,即围绕孩子成长、父母成长、亲子关系,帮助父母扩展认识和理解、清晰态度、掌握所需知识和技能的过程。但是,在父母教育的形式、内容、知识传播及课程组织者的定位等方面仍有不一样的观点。

家长教育的教育对象更加宽泛。基于中国特殊国情,抚育、教育孩子成长的并不仅仅限于父母。因此,与"亲职教育"或"父母教育"相比,家长教育的教育对象,增加了除父母之外的其他人员。

家长教育的内容相对狭窄。家长教育与"亲职教育"或"父母教育"相比,前者注重的是如何"教育",而后者则兼顾"教育"与"养育",即"教养"。由此观之,家长教育的针对性更强,围绕家长如何教育孩子这个最迫切需要解决的问题,集中教学内容,摒弃庞杂、凌乱的其他内容,从而获取更好的实效。

本章将从学业支持、独立生活技能的培养、人际关系技能的培养、健康安全教育(性教育)、情感支持五个方面阐述家长教育的内容,提供支持。

第一节 学业支持

一、从不同角度对孩子的成绩进行分析

家长在对孩子进行教育的时候经常陷入一些误区。最严重的误区就是,家长往往忽视了培养孩子学习习惯、促使养成学习兴趣、设立正确学习目标等学业支持的主要任务,而在孩子的学习成绩上投入了大量的精力和兴趣。因此,家长应从不同角度对孩子的成绩进行分析,从理论和实践上对孩子的学业成绩进行支持。

(一)从孩子的学习水平层面进行分析

表8-1说明了孩子学习水平由低到高逐级递进的三个不同层面,家长在

平时辅导孩子作业时，应细心观察孩子在哪一层面需要加强，有针对性地解决孩子的学习成绩问题。

表8-1 孩子学习水平的三个层面

要素	含义
综合技能水平	解决相对复杂问题的能力水平
基本技能水平	基于知识和概念等方面问题的掌握，解决相对基本问题的能力水平
基础知识、基本概念掌握水平	对语义、定理、公式、基本观点的识记能力水平

（二）从孩子的非智力因素方面进行分析

非智力因素包括学习兴趣、学习习惯、意志品质、情绪、责任心等方面。孩子的学习成绩也受到非智力因素的影响，家长应注意孩子在学习过程中学习兴趣、学习习惯、情绪状态等方面是否良好，这些因素都关乎孩子能否取得较好的学业成绩。

（三）从孩子的学习方法方面进行分析

不难发现，有些孩子学习特别用功、保持良好的学习态度和习惯，但是学习成绩总是很难有大的提高，往往保持在某一水平线上，与"付出"不呈比例。这个时候家长应具体分析，孩子在学习方法上是不是有待提高。必要时，家长可以主动联系孩子的老师帮助分析。

（四）从孩子的智力因素方面进行分析

孩子学习成绩难以提高，可能存在智力方面的问题。智力主要表现为观察力、记忆力、思维力、想象力四个基本要素。这四个要素因人而异，呈现高低不一致的分布状态。有些孩子的观察力强但是记忆力弱，有些孩子记忆力强但是思维力差，所以，就需要根据孩子的实际情况仔细分析，取长补短，克服能力的不足，促进孩子的智力全面发展。

（五）从孩子与老师的关系方面进行分析

俗话说，"亲其师，信其道"。孩子如果喜欢哪位老师，就会相应地喜欢哪门学科，"爱屋及乌"地喜欢上这位老师的课程，积极配合老师完成课程作业，其学习成绩也会逐步提高；相反，如果孩子不喜欢哪位老师，就会消极应对哪门课程，最后导致学习成绩下滑。那么，在孩子心中，不喜欢老师的原因有哪些?

（1）"老师不重视我。课堂上老师对我提问的次数少，很少跟我进行交流。"

（2）"我学习不好，老师不会重视我的。我对某科学习没有兴趣，成绩不好，老师不会喜欢我这样的学生。"

（3）"我就是这样，老师爱咋样咋样。老师课堂上批评我不遵守纪律，我根本没有给别的小朋友传递纸条。"

（4）"老师批评学生方法不当，甚至冤枉了自己，心理委屈，不愿主动和老师进行交流。"

小贴士

孩子不喜欢老师怎么办?

要解决孩子不喜欢老师的问题，必须分析具体原因是什么，找准了原因，再思考解决的措施。在孩子与老师的对立情绪中，有时我们会发现是孩子的问题，有时也会发现老师应该承担一定的责任。尽管学校要求老师要平等地对待每一个学生、关爱每一个学生，要把不良情绪丢在课堂以外，但是老师们也是普普通通的凡人，俗话说，人非圣贤，孰能无过，老师也不是完美无缺的，有时也会受情绪或教育方式方法的影响，也就难免会在无意识中出现教育上的不周到之处。但是，学生或家长往往不便于或者说不好意思给老师提意见，要求老师改变教育方法。一旦出现这种情况家长该怎么办呢？首先，家长要告诉孩子老师也是普通人，难免有缺点、有错误，但老师绝对不是故意跟谁过不去，老师也像父母一样，希望每个孩子成人成才，要尊敬老师，如果因为老师工作中有缺点、有错误就与老师产生对立情绪，只会影响自己的学习。家长还要注意不要站在孩子的立场，对老师评头论足，因为一旦家长对老师不满意，孩子也就会厌烦老师，从而也就会厌烦老师所教的学科，这对孩子的学习有害无益。其次，家长可以主动到学校跟老师交流，一是了解孩子的学习情况，知道家长该如何配合学校、老师做工作；二是让老师更多地了解孩子的情况，以便采取更为有效的教育方式方法。另外，还可以指导孩子学会主动与老师交流。有的孩子出于害羞、胆怯，与老师面对面沟通时心里发怵，这种情况可以让孩子以书面的形式与老师交流，告诉老师自己真实的想法和愿望，老师多半会接受学生的意见。

二、有效改善孩子学习状况的方法

家长按照以上建议来分析孩子的学习状况，而不是只以分数做标准来评价孩子，"对症下药"，才能有效改善孩子的学习状况。

（一）不强制要求孩子考多少分，投入更多精力分析问题

每次孩子考试之前，有些家长总会硬性地要求孩子考试必须考到多少分。这对孩子学习并无多大帮助。相反，家长应在孩子考试后，陪着孩子分析学习的强项有哪些，总结经验，力争更上一层楼。对孩子的弱项给予具体强化指导，制订学习计划，改进学习方法，具体问题具体分析。当然，在这个过程中，应调动孩子主动思考的学习积极性，而不是强制孩子去学习。

（二）重视家校合作，主动联系老师了解孩子学习状况

学校的班主任和任课教师，最了解孩子的学习状况，知道孩子最喜欢什么科目，适应什么样的教学方法。家长应通过学校班主任和任课教师，了解老师对孩子有哪些学习建议，配合老师做好孩子的学习辅导。

（三）转变与孩子谈论分数的说话方式

家长理解了孩子的分数背后有很多影响因素之后，应转变与孩子谈论分数的说话方式，切记不要在孩子考试后催着向孩子要成绩单，或时不时地问"成绩单发了没有？"

有些孩子会主动将成绩单交给父母，这时家长应该说："你主动把成绩单给家长看，很好。让我们坐下来具体分析分析这次考试情况，好吗？"

有些孩子不愿意向家长透露自己的成绩信息,这时家长应以平和的语气引导孩子:"这次考试应该总结一下,你先考虑考虑,今天或明天晚上咱们一起分析分析。"

有些孩子考试没考好,不敢面对家长,这时家长应保持理性,平和对待孩子的成绩问题:"这次没考好,咱们再继续努力,相信你能自己总结经验教训。什么时间一起讨论讨论?"

当然,以上只是一些参考建议,每个家庭面临的教育不一样,也要因人而异,因材施教。

第二节　独立生活技能的培养

独立生活技能,即不依赖他人,可以照顾自己吃穿住行的能力。它是一个人进行正常生活必须具备的最基本能力,还包括对艰苦环境的适应能力和面临挫折时的应变能力。独立生活能力不是与生俱来的,而是在后天环境的熏陶下教育培养出来的(见表8-2)。

表8-2　四种独立生活能力简介

名称	定义	举例
独立意识	孩子自己能够意识到自己的事情自己做	如选择喜欢的文具,和朋友互动等
生活自理能力	孩子生活方面的自理能力和好习惯的养成	如衣食住行、吃喝拉撒等
学习方面的动手操作能力	有关学习生活的常规知识	如整理书包、课本,学会使用剪刀、铅笔刀、橡皮和其他工具等
服务性劳动的能力	参加力所能及的劳动,学会有关劳动技能	如会开、关门窗,扫地、抹桌子、煮饭等

父母培养孩子的独立生活能力,是一项长期、繁琐、细致的工作,需要坚持不懈地进行,在这个过程中,还应注意以下几点。

（1）耐心不可少。孩子还处在独立生活的过程中，不可避免地会出现很多问题。比如，孩子在自己动手学穿衣服的时候，会出现穿得慢、衣服扣子扣错等情况，这时父母应该教孩子正确的穿衣方法，保持耐心，并及时夸奖、鼓励孩子的尝试，不要因为孩子一两次的失败就失去耐心了。

（2）从简到繁，循序渐进慢慢来。想要孩子在短时间内就养成独立生活能力，这是不现实的。事物的发展应遵循从简到繁、循序渐进的原则，在父母培养孩子的独立性方面也不例外。以培养孩子独立吃饭为例：1岁，教孩子用小勺吃饭；1岁半左右，教孩子左手扶碗、右手拿勺独立吃饭；2岁半，让孩子自己干净利落地吃完一顿饭。

（3）生动游戏比生硬说教更能调动孩子积极性。父母可以尝试用生动、形象的游戏来唤起孩子独立的积极性。比如，培养三四岁孩子独立洗脸能力，就可以用游戏的口吻说："今天，我们比赛看谁洗脸洗得又快又干净，好不好？"然后父母和孩子每人一块毛巾，以游戏的方式，边示范边讲述先洗脸还是先洗手，这样一来，孩子会带着浓厚的兴趣和父母一起"参与游戏"。

（4）切记不要"三天打鱼，两天晒网"。独立生活能力的培养不是一蹴而就的，需要慢慢地、长期地坚持。家庭方面，对孩子的培养意见应统一，有些家庭父母千方百计让孩子自己做事情，爷爷奶奶却要"好心"帮着办，这对培养孩子独立生活能力是不利的。只有学校、家长拧成一股绳，共同协商，反复强化，促成习惯巩固的条件联系，才能使孩子尽早形成独立生活的能力。

（5）说理沟通培养独立意识。孩子独立生活能力的培养，首先应培养独立意识。父母应该通过说理教育让孩子明白，要对自己的生活、学习负责，不能完全依赖父母和老师。父母应该让孩子懂得慢慢地学会生存，自己的事情不能依靠别人，遇到问题和困难要自己学会想办法解决。

总而言之，培养孩子的生活技能比学习成绩更重要！

第三节　人际关系技能的培养

人与人之间的交往是人类生存发展的基本需要，也是现代社会对人的基本要求。孩子的社会交往更是其生长发育和个性发展的基本需求，也是孩子社会化阶段最重要的内容。生活中经常可以看到，有些孩子在家中说话滔滔不绝，做事有条有序，但是一进入集体环境，就会表现出交往能力差、不习惯或不愿意与人交往等问题。

一、从心理角度看孩子的社交

孩子进入学校生活以后，自我意识和安全感会不断得到强化，进而逐渐减少对父母的依赖。他会主动融入学校生活，与其他小朋友一起合作学习与玩耍，在这个过程中孩子就会意识到，原来每个小朋友的想法都不是完全一样的。有些人被人喜欢，有些人被人讨厌。你会观察到孩子更加有意愿和一些孩子玩耍，同时与他们建立友谊。在这个过程中，孩子会发现自己被别人喜欢的特征，这对培养孩子的自尊心能提供强烈的支持作用。

随着孩子自我意识和安全感不断得到强化，男孩和女孩也表现出一定的心理差异。男孩倾向于模仿、学习与自己关系较近的父亲、大哥哥等，女孩则更喜欢向母亲、大姐姐及其他同龄女孩学习。专家学者的研究表明，遗传因素是男孩和女孩生理与社会差异的主要影响因素。比如，一般情况下，男孩更加调皮、爱捣蛋，而女孩则表现得更为文静、淑女。但是，孩子这一阶段的遗传发展特点，也会不同程度地受到社会文化和家庭背景影响。

孩子除了耳濡目染了解父母在家庭中的角色分工，也会在朋友或邻居的家庭中感受到传统的男女角色，还会在电视、报纸、杂志、图书、广告牌等媒介中获取男女的角色信息。比如，广告宣传倾向于宣传女孩穿时髦、好看的衣服、戴潮流的饰品。男孩则会受到社会的影响，不会在精细打扮上投入很多精力，而在游戏和运动方面花费大量时间。

二、如何培养受欢迎的孩子

一般来说，同伴和大人偏向于喜欢主动与人交往，并与之建立良好社会关系的孩子。但是，现代家庭中孩子缺少同龄玩伴的比较多，尤其是独生子女家庭，孩子的接触面较窄，产生了"自我中心"。这类孩子一般分为调皮捣蛋攻击型和寡言少语沉默型。

从小爱调皮捣蛋不合群的孩子，有些很有才华，往往因为外在的交往能力使得"英雄无用武之地"，难以发挥才华，处处受挫，进而产生自卑心理；相反，具有一定社交能力的孩子，往往在说话、处事等方面表现得体，更容易得到外界的认可，从而让自己更加自信。

没有人喜欢和嚣张乖戾的人交往，而充满快乐和热情的人往往受到人们的喜爱。父母应以身作则，教孩子如何与人交往，培育和谐的人际交往能力。

三、家长以身示范为孩子立榜样

模仿是孩子在青年期以前一种重要的学习方式，喜欢模仿是这个时期孩子的主要心理特点。家长和孩子在生活中接触时间最多，家长的说话方式、行为举止以及处理事情的方式，都自然而然地成为孩子模仿的对象。无论是性格开朗、乐于交往、与他人能和谐相处的家长，还是性格孤僻、不喜欢与人交往、与他人很少交流的家长，孩子都会受到直接或间接影响。所以，家长在言行举止、待人接物方面以身作则，成为孩子学习的榜样尤为重要。

四、为孩子创设交往的条件

交往能力的培养离不开与他人的交流和互动。如果没有一定的交往机会，交往就无从谈起，交往能力的培养也是空谈。家长应在孩子交往机会方面发挥作用，创造合适的条件，让孩子在与人交往中感受交流的乐趣。参加朋友聚会，带孩子参加社会实践活动，可以在活动中认识更多的人，增加与人交往的机会。

| 案例 |

因为失恋"生病"的女孩

在某种意义上，家庭所给予的最好帮助，或许仅仅是"陪伴者"的本来含义。

李晴被父亲喊起床后，百无聊赖地坐在青旅客厅最后一排沙发上，用宽大外套罩住双手。

"暴食一个月，重了10公斤。"她语气猎奇，仿佛在说一个与己无关的笑话。

这位明艳的女孩患有严重的进食障碍：因为失恋而暴食，又因为暴食后担心发胖而产生抑郁和焦虑情绪。

晚餐时间，父亲老李，总是热情地动员女儿陪他去吃饭，一旦女儿拒绝，他就陷入焦虑，因为女儿午夜可能躲在无人角落暴食……

距父女旅行结束还有一天时，李晴告诉父亲，希望父亲和她一起给老妈和外婆买点儿礼物。老李看着女儿，这次没有责备——虽然这又是一次女儿释放压力的疯狂购物，但这是她很难得的一次为家人采购礼物。

老李尊重了女儿的想法。临走前，老李摸着女儿的头，玩笑似的说："早知道女儿会因为失恋发展出心理问题，就应该教教她怎么谈恋爱，而不是一直补文化课。"

五、抓住孩子交往的时机，及时鼓励和表扬

鼓励和表扬对孩子树立人际交往信心具有重要作用。因此，当孩子勇敢迈出交往的步伐时，如孩子说"妈妈，我想去某某家，邀请他来我们家吃饭"，家长要通过语言、行为或物质奖励等方式对孩子的交往能力进行肯定。同时，家

长也应当在孩子的人际关系发展期，探讨孩子在与他人交往方面存在哪些问题及取得哪些进步，使孩子体会到与人交往的兴趣，筑牢人际交往的信心和勇气。

六、在"游戏"中体味人际交往乐趣

毋庸置疑，随着现代科技的发展，网络游戏成为孩子最依赖的活动载体。孩子通过虚拟身份进行网络游戏，通过角色扮演的方式可以体会"爸爸""妈妈""警察""医生"等社会角色，在这个过程中，孩子自然而然会对人际交往产生好奇、兴奋。通过这种方式，使得孩子的交往行为潜移默化地迁移到现实生活中来。

| 小贴士 |

教给孩子交往的技巧

一般来说，孩子都有与人交往的愿望，但往往由于交往的方式方法不当，使交往无法继续，甚至出现争吵打架等不良行为，因此交往也需要一定的技巧。首先要教孩子用语言与他人交流，如"谢谢""不客气""对不起""没关系""您好""……行吗？""……好吗？""可以吗？""我们一起玩吧！"等，这些神奇的话在与人交往时很有效。其次要教孩子学会等待、轮流、分享，在交往中待人热情、主动，遇到困难、矛盾试着自己解决等，逐步学会与人交往，学会交朋友。

孩子缺乏生活经验，更缺乏交往经验，为了使孩子能够与他人友好相处，成为群体中受欢迎的人，家长可以教一些简单而实用的方法。如言行要有礼貌，只有讲礼貌才会受人欢迎，朋友才会喜欢和他一起玩；要遵守一定的规则，如在游戏中要遵守事先定好的规则，否则就容易发生矛盾，造成不友好的气氛；要主动帮助别人，一个乐于助人的孩子能获得同伴的喜爱，也能获得更多的朋友，这些方法都有助于提高孩子的交往能力。

第四节 健康安全教育(性教育)

性教育并非一件小事,会影响孩子的身体和心理健康发展。孩子大概 2 岁时,作为家长要对孩子及时进行性教育。因为随着孩子的发育成长,孩子 2 岁左右基本上会对自己的身体产生好奇和兴趣,大概明白男生和女生是存在差异的,而这也是父母对孩子进行性教育的最佳开始时段。父母应依据孩子不同的成长阶段,对其进行符合该年龄段的性教育。

一、让孩子知道什么是"隐私部位"(0~3岁)

孩子意识中几乎没有"隐私部位"的概念。有些孩子喜欢掀起自己的衣服,女孩露小内裤,男孩露白肚皮,这是笔者和朋友一起去幼儿园接她孩子的时候,发现孩子们常做的动作。

"隐私部位"的概念,只能通过父母在家中来教育孩子,老师是难以起作用的。例如,在家中父母给孩子穿衣服的时候,就可以一边穿一边告诉孩子:"宝宝的这个地方只能爸爸妈妈看,其他人不可以看哦,在家里以外的地方不可以把自己的这个位置亮出来。""这些地方是你的'隐私部位',除了爸爸妈妈以外,对别人是要保密的哦。"通过这种方式,和孩子经常沟通,孩子自然而然就知道什么是"隐私部位"了。

但是需要注意的一点,有些妈妈从小逗孩子开心时会常用"小鸡鸡"这样的措辞,这在性教育上是不好的说法。因为这容易让宝宝回避准确的词汇,从而对"阴部""私处"等词汇产生不良情感,甚至提到或听到以上词汇就会产生羞耻感。

二、教孩子怎样对待"隐私部位"(3~6岁)

"没有任何人,有权利触碰你的隐私部位!"这是 3~6 岁孩子必须知道的安全知识。

在孩子洗澡或者擦拭身体的时候，父母可以告诉孩子，自己的隐私部位除了爸爸妈妈洗澡的时候可以触碰，其他任何人都不能摸、不能碰！就算是好朋友也不行。不能认为小孩子之间相互触碰是无心的举动，"不能擅自触碰"是绝对的、不可讨价还价的，没有"如果"和"万一"。

父母教育孩子，有人不经过允许试图触碰孩子的隐私部位时，一定要第一时间告诉爸爸妈妈，别被其他人的威胁、恐吓吓住，爸爸妈妈会保护孩子不受伤害。这样可先让孩子了解，一旦受到侵犯，知道如何保护自己，如何让爸爸妈妈来保护自己。

除了爸爸妈妈之外，父母可以给孩子指定其他的安全对象，如爷爷、奶奶、外公、外婆，一旦碰到无理的触碰行为，爸爸妈妈不在孩子身旁，就可以告诉这些亲人们。

父母只有让孩子知道怎样对待自己的隐私部位，才能最大限度上让孩子远离性侵。

同时，父母还要教育孩子不能随意去触碰其他孩子的隐私部位，触碰其他孩子的隐私部位是非常不好的举动，会让别人厌恶的。

表8-3所列这些性教育雷区，千万不要踩！

表8-3　性教育雷区

性教育雷区	表现
不尊重孩子的身体和隐私	逗弄男宝宝的生殖器，拿宝宝的生殖器开玩笑，给男宝宝穿裙子化妆，让给孩子穿着开裆裤就出现在众人眼前，让宝宝在公众场合大小便，把宝宝的隐私部位拍照发到网上，让男宝宝和女宝宝同床同被睡觉、一起洗澡等
允许别人随便亲孩子	天气好把小宝宝抱出家门晒太阳透风时，就会有很多阿姨、奶奶围观可爱粉嫩的小宝宝。虽然小宝宝可能还不懂拒绝，但他不愿意时就会大哭，大人请不要拿"这孩子太内向了"当理由，甚至用"亲一口给你糖吃"来哄孩子，尊重孩子的同时也在尊重自己
忽视孩子的求助提示	当孩子透露"有人抱我，还给我糖吃""有人想亲我""妈妈，我肚子（屁股）疼"时，家长一定要放在心上，观察孩子近几天的状况和身边接触的人，让宝宝远离性侵犯

| 小贴士 |

如何对儿童进行性教育？

很多家长对"性"这个问题很避讳,但始终是要面对的。那么,家长怎样对儿童进行性教育呢?

家庭是儿童性教育的主要场所,父母是儿童性教育的启蒙老师。做父母要懂得如何向孩子进行教育。父母应把性教育贯穿在日常生活中去进行。

孩子出生后,无论性别如何,在取名、着装、生活用品的选择上都不应混淆,以免孩子从小对自己和他人形成性朦胧意识,从而影响孩子的性取向。期望孩子是父母所盼求的性别,双亲偏爱男孩或女孩,有意地把女孩扮男装或将男孩扮女装,均会影响孩子的性自认,可能会导致后来性格和行为上的改变。

当孩子能听懂语言时,父母应把性教育贯穿在日常生活中,如在洗澡、着装、修整发型及玩具选择等方面要有明确的性别区分。还可通过书报、画册、影视、讲故事等去引导孩子观察动物、植物的生长和繁殖,使孩子对生殖产生一种自然的认识,从而使他们接受大自然,热爱人类,认识生命本质,使性自认得以完成。

自由探索自己的身体是健康性教育的良好开端。父母在家庭生活中,要选择适当时机,如洗澡、睡前等,很自然地让孩子认识自己的身体,尤其是要让孩子认识到生殖器官与人体其他器官一样并不神秘,而且引导孩子要保持自体清洁,养成良好的卫生习惯。

当孩子提出有关性方面的疑问时,父母不应回避,宜用孩子能理解和接受的语言及方式予以解答,使孩子的好奇心和求知欲得到解决和满足。

几点建议:

(1)家长应保持平和积极的心态迎接孩子的到来,无论男孩女孩,都是独立的生命个体。

（2）男孩和女孩有不同的生理特征和社会属性，家长应根据孩子的性别"区别"对待，从生活习惯和生活方式上培养孩子树立正确的性别观念。

（3）如果发现孩子出现性别认识模糊、性别意识偏差等问题，一定要及时纠正，进行性别意识教育，促进孩子身心健康发展。

| 小贴士 |

性教育的三原则

第一，身体接触的一般原则。

1.家长要告诉孩子，每个人的身体都是属于自己的，应该被尊重。

2.可以抚触自己的身体，但抚触有些部位不宜当众进行。

3.不能随意接触别人的身体，如果在接触时别人表示反对，应该及时中止。

4.不可接触别人的一些部位。

5.除了父母、亲近的照看者和医生以外，任何人不能接触自己的隐私部位。

6.如果任何人的接触让你感到不舒服或"不对"，即使是亲友师长，孩子都有权要求中止。

第二，让孩子树立隐私感。

1.人身体上有些部位比另一些部位更特殊，不宜暴露。

2.有些事不适合当众做，但可以在卫生间或自己的卧室做。

3.男女有别，有些事情男、女要分开做。

4.隐私并不等于不好。

第三，如何回答孩子的"怪"问题？

1.孩子指着父母的生殖器官问那是什么时，该怎么说？

答：婴幼儿时期的孩子处于无性意识状态，你只要简单易懂地告诉他那是什么、有什么用就可以了。

2. 可不可以和孩子一起洗澡？

答：当然可以。和学龄前的孩子一起洗澡，也是一种性教育，因为通过亲子共浴，你可以教给孩子很多有关人体的知识。孩子长大后，当他不想和你一起洗澡，或者开始有些抵触时，就是停止亲子共浴的时候了。

3. 孩子会掀女孩的裙子，如何处理？

答：学龄前的孩子，总是对遮住的东西充满好奇，这与色情无关。这时候，家长可以问他想知道什么，告诉他："每一个人都有一些地方不可以让别人看，除了爸爸妈妈帮你洗澡时可以看，其他人谁都不可以。如果有人看了你的隐私部位，一定要告诉爸爸妈妈。姐姐穿着裙子就是不让别人看的意思，你当然不能看了。"

4. 为什么男孩子站着尿尿，而女孩子蹲着尿尿？

答：直接告诉孩子，那是因为性器官不同。

5. 为什么不可以随便亲人、抱人呢？

答：这样做别人可能感到不舒服，别人不愿意就不要勉强他们。

6. 为什么不能随便乱摸女孩子？

答：告诉孩子，"如果人家不愿意，身体每一个地方都不能随便摸；你的身体也一样，你不愿意，别人就不可以摸"。

第五节　情感支持

情感不仅仅指人的喜怒哀乐，而是泛指人的一切感官的、机体的、心理的以及精神的感受。情感是人们心灵上的一种寄托，也是生活中不可或缺的一部分。

一、什么是情感支持?

情感支持一般泛指感情上给予的一切鼓励、关心和爱护。

这种情感上的支持表达的方式有很多种,曾经看到过这样一句话:"温暖是什么?温暖就是在我哭泣时旁边递过来的手帕;也是在我饥饿时,妈妈做的一碗热腾腾的面。"

其实,有时候往往是在某个不经意间就感觉到了这种情感上的支持。

对于孩子来说,可能会更简单一些,家长一句夸奖的话就可能足以让他们开心好久。

如果说父母和孩子之间是靠什么搭建了最稳定和持久的关系,那就是情感支持。

(一)做错事情时的宽容

在孩子做错事情时,多一些宽容,少一些责备。别说孩子不懂事,就要让他长记性,其实孩子都是懂事的,孩子和大人一样都有自尊心。

孩子在做错事情时,本身就已经知道了自己的错误,心里会产生害怕被责罚的恐惧感。如果这时候家长还是一味地责备、吓唬孩子,就很有可能会对孩子造成第二次伤害。

既然错误已经发生,家长就应该冷静处理。让孩子意识到自己的错误并保证下次不会有同样的错误发生就可以了。

(二)失败时的鼓励

孩子考试成绩很不好,或者是在做一件事情失败以后,这时候孩子的心情是极度低落并充满挫败感的。

这个时候,家长就应该及时地给孩子鼓励。对任何人来说都是一样,一次失败并不能说明什么问题,重要的是以后的成功。

如果这个时候,家长不能及时给孩子鼓励,反而责骂孩子,用其他的孩子来对比,这无疑是给孩子造成更大的伤害,很有可能使孩子产生心理上的叛逆或自卑。

（三）伤心时的关心

每个人都会有心事，当然孩子也是，学会关注孩子，在他伤心的时候及时地关心安慰他。

孩子学校里被老师批评了、和好朋友吵架了或者是某个小愿望没能实现，这些都有可能会让他们伤心难过。

不要认为这些都是小事，没有什么。孩子的世界和成人是不一样的，在家长的眼中这些都是小事，但在孩子的心里已经足够大了。

在孩子伤心委屈的时候，给他一个拥抱和安慰。让孩子的委屈有处可诉，这绝对有利于孩子的身心健康成长。

|案例|

来自生活中的反例

1. 曾经在公园中看到一对母女游玩，小女孩活泼可爱，手上拿着一个气球和一个冰激凌，一边吃冰激凌一边蹦蹦跳跳地走着。

妈妈提醒她慢点儿走，不要乱蹦乱跳容易摔倒。提醒过几次之后，小女孩还是那样蹦蹦跳跳地走着，妈妈见没有作用，便不再说了，跟在小女孩后面边玩手机边走。

忽然，小女孩摔倒了，手上的气球炸了，冰激凌也掉到了地上，小女孩一身泥土眼泪汪汪地看着妈妈。

而这位妈妈，走过去一把把小女孩从地上拽起来，"让你不要乱蹦乱跳，看，摔倒了吧！以后这样不听话，别想我带你出来玩。不听话的孩子鼻子会变长，等着你的鼻子变长吧，以后就没人敢跟你玩了！"

小女孩"哇"的一声就哭了，而这位妈妈还在不停地训斥着孩子。

2. 在一次回家的时候，听爸爸说起邻居家的小孩凯凯打伤了妈妈，离家出走了。

听到这件事情后，我十分不解。因为在我印象中凯凯是一个极其听话的孩子，见过他几次，性格很是腼腆，不爱说话，也常常听到邻居之间的讨论，对他都是夸赞，夸他性格乖、听话、从不惹事。

究竟是什么原因，导致一个大家都公认的好孩子打伤自己的妈妈，然后离家出走呢？

后来听说，凯凯的父母对凯凯特别严厉，一直以来都是打骂，从来没有过一句安慰鼓励的话。

这次，因为凯凯期中考试没有考好，凯凯的妈妈再一次责骂凯凯，还拿别的孩子来和凯凯比较，言辞极其激烈，凯凯一怒之下打伤了妈妈，离家出走。

这两件事中很明显，小女孩和凯凯都是没有得到家长情感支持的孩子。

小女孩本来就已经摔倒了，并且还弄坏了自己喜爱的东西，心里已经够难过伤心的了，也许她正在后悔自己为什么没有听妈妈的话，那样就不会摔倒，不会弄坏心爱的东西了。

在她向妈妈求助，寻求安慰与帮助的时候，这位妈妈却没有给予孩子情感的支持，而是不断地责备和吓唬。

我想，那个小女孩在摔倒时都没有哭泣，而在母亲责备之后哭了起来，大概是真的害怕委屈到极致了吧！

而凯凯，从一个人人称赞的好孩子变成一个打伤妈妈离家出走的坏孩子，这中间他的内心究竟经历了怎样的伤心、委屈和绝望啊！

在他无论怎么做都得不到父母的半句称赞的时候，在他经历失败的挫折后还要继续接受母亲的责骂时，他终于再也忍不住了，就很自然地作出了冲动的事情。

其实，有些事并没有那么严重，反倒是家长的责备给孩子的心理上又加上了压力，加剧了事情的恶化。

二、学会倾听,给予孩子情感的支持

在生活中,不妨蹲下来放低你的高度,学会倾听孩子的心声,尝试着和孩子成为好朋友,拉近你和孩子之间的距离。

(一)多一些宽容,少一些责备

在孩子已经犯错的时候,冷静地坐下来,和孩子谈话分析这种错误:为什么会出现这种错误?应该如何改善?

而不是对孩子无尽的责备,你认为这样会让孩子长记性,从而下一次不敢再这样做。但其实你会发现,下一次这种错误依然会发生,并且很有可能会愈演愈烈。

对于孩子来说,犯错只是无意的,爱玩是孩子的天性,他们可能也没有想到这种爱玩的天性会让自己犯错。所以,当孩子犯错的时候,不要跟他发脾气着急去责备。

责备并不能解决事情的根源,并且还有可能导致孩子的逆反心理。

(二)多一些鼓励,少一些比较

永远不要拿那些所谓的好孩子来和你的孩子比较。

每个孩子都有自己的优点和缺点,没有绝对的好孩子,也没有绝对的坏孩子。你眼中的好孩子,他的家长也会有很多烦恼的事情。

孩子面对失败时,再承受家长的责备对比,很容易就会造成孩子的自卑心理,会一直觉得他不如那个孩子,不如其他孩子。这样当孩子面对事情的时候,就会潜意识地认为自己没有能力去完成任务。

本来只是一次失败,因为家长错误的方式就造成了永远的失败。

在你的孩子在某件事情上失败时,不要着急去否定他,你的态度有可能会对孩子造成一生的影响。

学会和之前的结果去对比,从中发现积极的一面去鼓励孩子,创造下一次的成功。

（三）多一些关心，少一些忽视

现在的大部分家长都忙于工作，很容易就忽视了孩子的成长。

比起其他东西来说，孩子更需要父母的陪伴和安慰，尤其在孩子伤心委屈的时候更是这样。

学会去关注孩子，关注孩子的交往圈，关注孩子的心情变化，关注孩子生活中的每一件小事。及时和孩子沟通，给孩子安慰和支持。

每个孩子都有属于自己的一个小世界，在这个小世界当中，家长如何去扮演自己的角色，这对孩子将是一生的影响。

参考文献

[1] 郑渊洁. 郑渊洁家庭教育课 [M]. 天津：天津人民出版社，2018.

[2] 方刚. 家庭性教育16讲 [M]. 北京：中国社会科学出版社，2016.

[3] 武志红. 为何家会伤人 [M]. 北京：北京联合出版公司，2018.

[4] 张志平. 情感的本质与意义：舍勒的情感现象学概论 [M]. 上海：上海人民出版社，2006.

[5] 许平，胡君. 基于移动终端的社区家长教育研究 [J]. 中国成人教育，2008（23）.

[6] 赵剑，张韵君，江伟，等. 回归本原：大学生生命教育的一个视角 [J]. 江汉大学学报（社会科学版），2011（2）.

[7] 吴钢. 幼儿亲职教育现状与需求研究——以X市为例 [D]. 重庆：西南大学，2015.

[8] 赵美玲. 终身教育理念下的农村家长教育现状研究——以山西省吕梁市兴县为例 [D]. 临汾：山西师范大学，2014.

[9] 张燕娟. 幼儿家长教育支持体系存在的问题及对策研究 [D]. 南充：西华师范大学，2018.

[10] 怎样引导3岁孩子形成良好人际关系 [EB/OL].（2012-09-17）. http://blog.sina.com.cn/s/blog_9b4b45bf01018olu.html.

[11] 别把女孩打扮成男孩 专家提幼儿性教育方法 [EB/OL].（2008-08-05）. http://health.sohu.com/20080805/n258599255.shtml.

[12] 孩子"怪"问题要巧答 家庭性教育六大原则 [EB/OL].（2010-11-26）. http://blog.sina.com.cn/s/blog_484bac6f0100mtpo.html.

[13] 家长必读：如何回答孩子关于性的问题？ [EB/OL].（2013-12-21）.http://edu.sina.com.cn/zxx/2013-12-21/1348404864.shtml.

[14] 关于性教育，你为什么觉得有口难开？ [EB/OL].（2015-11-09）.http://www.sohu.com/a/40489291_110440.

[15] 儿童性教育也需分清年龄段才好 [EB/OL].（2013-02-09）.http://www.qbaobei.com/jiaoyu/xingjiaoyu/20130114_247798.html.

[16] 家长学校教案 [EB/OL].（2016-10-04）.https://www.docin.com/p-1751055968.html.

后 记

本书是由来自北京师范大学珠海分校、北京理工大学珠海学院、暨南大学珠海校区的八位女博士、女教授发起设立的珠海妇女发展研究会中的几位常年从事家庭教育的学者共同合作完成的成果。在本书即将付梓之际，我们向所有关注和支持本书的珠海市妇女联合会领导、珠海市高新区妇女联合会领导、珠海市高新区总工会领导，以及对本书写作给予支持的各位同仁和出版社的同志们致以真诚的感谢。

本书是一本教育意涵深刻又通俗易懂的家庭教育手册，既有国内外家庭教育领域中最前沿的理论和知识，又贴近中国家庭教育的现实，并能够有针对性地提供指导建议；它既有较强的学术性，同时也是家庭教育实践者们的有力工具。

本书分为两篇，它们的作者和主要内容简述如下。

上篇"家庭教育的理念与思维架构"，包括：第一章"教育·学习态与人生层级——从小孩子教育谈起"；第二章"构建教育·自我学习的思维架构体系"。作者：韩允武（教授）。

下篇"家庭教育的课程体系"，具体内容包括：

第三章"家庭教育应树立的核心观念"。本章主要讲述了在高度重视家庭教育的中国社会，从事家庭教育的教育者们应该树立怎样的观念、重视哪些内容。作者：克燕南（北京师范大学心理学博士）。

第四章"家长应如何对待孩子"。本章主要讲述了父母对待孩子的方式深刻影响着孩子的情感、认知和行为的发展。为此，家长应该给予孩子支持，使其健康成长。作者：雷有光（北京师范大学珠海分校教育学院副院长，教育学博士）。

第五章"家长应具备的教育能力"。本章主要讲述了在当今这个复杂社会中培养一个身心智健全的孩子,家长需要承担哪些责任、需要具备哪些能力。作者:周红霞(北京师范大学公共管理硕士,正面管教讲师)。

第六章"家长需要处理好的各种关系"。本章讲述家长为了更好地培养孩子的各方面能力,需要处理和协商好的七种人际关系:家长与自我的关系、同胞关系、夫妻关系、隔代关系、单亲与离异家庭关系、家长与教师的关系以及孩子与朋友的关系。作者:丁泽(北京师范大学珠海分校物流学院教师,教育学硕士)。

第七章"不同阶段儿童的身心发展特征与教育"。本章讲述了不同时期,即婴幼儿期、幼儿期、儿童期、青春期孩子的心理特点和在不同的阶段,家庭教育者教育孩子的一些策略和方法。作者:武晓伟(北京师范大学珠海分校副教授,教育学博士)。

第八章"家长教育的内容"。本章主要讲述了"家长教育"的概念和主要内容。作者:颜凡(北京师范大学珠海分校心理咨询中心心理咨询师,教育学、心理学双硕士)。

本书凝结了高校几位学者的心血,他们有着教育学、心理学、管理学等不同专业背景,长期关注家庭教育领域的最新研究,并且都具有养育、教育孩子的丰富经验,以及从事家庭教育辅导、培训的一线教学经历,本书是各位学者思想的交互和经验的分享。同时,非常感谢朱梅林教授作为"统筹者"为本书确立了指导思想和写作思路。

感谢北京师范大学珠海分校和珠海妇女发展研究会的大力支持,感谢北京师范大学珠海分校教育学院的杨露露老师、何梓晴同学为本书文字进行了若干次校对和整理。此外,还要感谢知识产权出版社和李海波编辑为本书的编撰出版工作所付出的辛劳!

武晓伟

2019 年 5 月

于北京师范大学珠海分校"教工之家"